片 目 考

――徳永康元言語学論集――

汲古書院

目　次

言語学論考・翻訳・講演

fél szem（片目）考 …………………………………………… 3
フィン・ウゴル語の語頭のＳ音について ……………………… 17
フィン・ウゴル諸語の母音調和 ………………………………… 37
ハンガリー語 ……………………………………………………… 41
ウラル語族 ………………………………………………………… 93

一般音韻論　ラズィツィウス・ジュラ（著） ………………… 117
ラズィツィウス・ジュラ —— 人と業績 ……………………… 147
レグイとその業績 ………………………………………………… 159
ハンガリーの言語学 ……………………………………………… 173
ハンガリイに於ける言語学・民俗学研究の近況 ……………… 191
ハンガリーにおける近年のフン研究について ………………… 203
ハンガリーのアジア研究 ………………………………………… 205
ハンガリー語の古文献 …………………………………………… 211
ハンガリー語の辞書 ……………………………………………… 221
ハンガリイ民族の起源 …………………………………………… 227
ハンガリーの言語地図 …………………………………………… 235
ムンカーチとウドムルト語研究 ………………………………… 239

随想──書物と人々

シロコゴロフのトゥングース語辞典 …………………………… 245
日本へ来たハンガリー人 —— 幕末から明治まで …………… 247
ロッツ・コレクションについて ………………………………… 251
シベリアの旅行記 ………………………………………………… 255

戦前のブダペスト大学 ……………………………………259
ブダペスト大学 ……………………………………………261
ハンガリー科学アカデミー図書館 ………………………267
シベリア研究の資料 ………………………………………271
ハンガリー語の古文献 ……………………………………273
フィン・ウゴル学会に出席して …………………………275
第三回国際ハンガリー言語学会 …………………………277

 初出一覧 ……………………………………………………279
 あとがき ……………………………………………………281

言語学論考・翻訳・講演

fél szem（片目）考

　「片目」のことを、英語・ドイツ語・フランス語などの印欧語では、『一つの目』（単数形：an eye, ein Auge, un œil）と言うが、ハンガリー語はこれを『半分（片方）の目』（fél szem）と表現する（fél「半分、片方、片側」、szem「目」）。
　勿論、この『半分（片方）』（fél）という語は、「片目」の場合にかぎらず、すべて一対で存在しているものの「片方」を指すときに用いられる。例えば、一対をなす人体の各部分（手、足、肩、耳、など）や、その部分の服飾具（手袋、靴下、靴、など）の「片方」は、ハンガリー語では、fél kéz「片手」、fél láb「片足」、fél kesztyű「片方の手袋」のごとくあらわされる。
　このような例を挙げれば、

　　Úgy nézi a *fél szemével*,……「彼は（彼の）片目で見る。」（Molnár Ferenc：Liliom.）

　　Akkor ő az ajtófélbe kapaszkodott *félkézzel*,……「そのとき彼は片手で門柱につかまった。」（Móricz Zsigmond：Légy jó mindhalálig.）

　　……az öregnek csak *fél keze* van……「その老人には（彼の）片手しかなかった。」（Gárdonyi Géza：Egri csillagok.）

　　Tűnődik, *féllabon* állván,………「片脚で立って考えこみ、…」（Arany János：A rab gólya.）

　　……csak a fél *fülbevaló* veszett el……「片方の耳飾りだけが紛失した。」（Heltai Jenő：111-es.）

かような例は、文法的〈数〉に関するハンガリー語の特徴として、多くの言語学書にしばしば引用されるが、これはハンガリー語だけでなく、ウラル系の諸言語には広く見出される現象なのである。
　ここでまた「片目」を、一対のものの「片方」の例として挙げれば、

　　〔ヴォグル語〕 sam-pāl（sam「目」、pāl「半分、片方、片側」）；

〔オスチャーク語〕　sem-pēlək (sem「目」、pēlək「半分、片方、片側」）；

〔ジリェーン語〕　śin-peḷ (śin「目」、peḷ「半分、片方、片側」）；

〔ヴォチャーク語〕　pɑl-śin (pɑl「半分、片方、片側」、śin「目」）；

〔チェレミス語〕　pel-šinzɑ (pel「半分、片方、片側」、šinzɑ「目」）；

〔フィンランド語〕　silmä-puoli (silmä「目」、puoli「半分、片方、片側」）；

〔ラップ語〕　čal'bme-boelle (čal'bme「目」、boelle「半分、片方、片側」）；

〔オスチャーク・サモイェード語〕　pɛläl´sɑji (pɛle「半分、片方、片側」、sɑji「目」）；

のように、モルドヴィン語をのぞく大多数のウラル系諸言語では、ハンガリー語と同じく『半分（片方）・目』或いは『目・半分（片方）』という語であらわされている。

また、これと同じく、〈数〉に関する問題の一つとして、ハンガリー語の特殊な用法とされているものに、次のような現象がある。

即ち、ハンガリー語では、一対のものの「両方」—例えば、「片目」に対する「両眼」—について言う場合、文法範疇としての〈数〉（単数・複数）があるにもかかわらず、ふつうには〈複数形〉(szemek「両眼」、szemeim「私の両眼」、szemeid「お前の両眼」、szemei「彼（彼女）の両眼」）でなく、〈単数形〉(szem, szemem, szemed, szeme) が用いられる。

Szemed égjen mint az üstökös láng.

「お前の目は彗星の焔のように燃えよ。」(Vörösmarty Mihály：A vén cigány.)

És bele tekintett gyönyörű *szemébe*.

「そして彼は麗しい（彼女の）目の中にじっと見入った。」(Petőfi Sándor：János vitéz.)

Észrevette a könnyet a fiú *szemében*.

「彼女は少年の（彼の）目の中に涙をみとめた。」(Móra Ferenc：Aranykoporsó.)

Prágában a császár *szeme* közé nézek.

「プラハで私は皇帝の（彼の）〔両〕眼の間を見つめる。」[2]

勿論、「目」以外の「手」「足」などについても同様である。例えば、

A *kezem*, *lábam* most már akkora, hogy nagyobb nem lesz.

「私の手も足も、もうこれ以上大きくならない程まで成長した。」
(Gárdonyi Géza：Egri csillagok.)

但し、「両眼」「両手」などに対して、〈単数形〉でなく〈複数形〉が用いられている例もかなり多い。15-16世紀頃のハンガリー語古写本（ラテン語から翻訳した宗教的文書）には、szemeim「私の両眼」、kezeim「私の両手」のような〈複数形〉の例が多く見出されるが、これと同時代の書簡類には常に〈単数形〉(szemem, kezem, など) が用いられていることから見れば、この〈複数形〉は明かにラテン語原文からの直訳的文体によって生じたものと考えられる。このほか、現代でも、「両眼」「両手」などはしばしば〈複数形〉であらわされるが、かような例は特に文体意識の強い作家の文章に多い。例えば、

A nő…… *szemeit* lesütve állt……「女は……（彼女の）両眼を伏せて立っていた。……」
(Jókai Mór：Erdély aranykora.)
Pista villogó *szemekkel*……nézett……「ピシュタはぎらぎら光る両眼で……見やった。……」(Babits Mihály：Timár Virgil fia.)
……ezeket a kék *szemeket* kérdőleg függesztette rá.「……彼はこの青い両眼をふしぎそうに〔ベーテルに〕向けた。」(Zilahy Lajos：Két fogoly.)

尚、特に「両眼」であることを強調する場合に、数詞két「2」を添えて『二つの目』(két szem) と言うことは珍しくないが、このときには常に〈単数形〉があらわれる。また、「片目」であることを強調する場合に、数詞egy「1」を添えて『一つの目』(egy szem) と言うこともしばしばある（「一つ目小僧」のような場合は、勿論 egy をつけて egyszemű「一つ目（のもの）」と表現する）。

一対をなすものの「両方」—「両眼など」—を〈単数形〉であらわすことも、ハンガリー語のみに見られる特殊な用法ではない。同系のヴォグル語、オスチャーク語、ジリェーン語、ヴォチャーク語、チェレミス語なども、ハンガリー語と同様に、「両眼」を指す場合には、ふつう〈単数形〉を用いる。但しその中でも、文法的〈数〉に関して単数・複数のほかに双数を区別するヴォグル語、オスチャーク語では、「両眼」「両手」などの意味をあらわすのに、〈単数形〉と〈双数形〉が併立的に用いられている。一方、ウラル諸語のうちでも、モルドヴィン語、バルト・フィン諸語、ラップ語、ユラーク・サモイェード語では、

一対のものの「両方」に対して〈複数形〉を用いるのがふつうである。

　尚、以上のような「片目」(fél szem) と「両眼」(szem)——一対の「片方」と「両方」の表現法——の問題は、ウラル諸語の双数（両数）に関連のある現象として論じられることが多い。

　ここでウラル語の双数(6)について簡単に述べると、現存のウラル諸語のうちで、文法的〈数〉としての双数を持つ言語は、サモイェード諸語と、フィン語派のラップ語、ウゴル語派のヴォグル語、オスチャーク語だけである。尤も、孤立的現象としては、これ以外のウラル語にも、〈双数形〉の残存と考えられるものがある。例えば、ハンガリー語の数詞 kettő「2」(7)、フィンランド語の人称代名詞語幹 minu-（一人称単数）、sinu-（二人称単数）(8) など。

　これら、単数・複数のほかに双数を区別する諸言語は、更に次のような二つのグループに分類できる。

（Ⅰ）双数形が、人称代名詞、所有人称語尾、動詞の人称語尾にしかあらわれない言語（ラップ語）。

（Ⅱ）双数形が、人称代名詞、人称語尾のほか、一般の名詞にもあらわれる言語（サモイェード諸語(9)、ヴォグル語、オスチャーク語）。

　即ち、人称代名詞の体系は、
〔ラップ語〕

	単数	双数	複数
1人称	mon	moɑi	mī
2人称	don	doɑi	dī
3人称	son	soɑi	sī

〔ヴォグル語〕

	単数	双数	複数
1人称	ɑm	mēn	mɑn
2人称	nɑŋ	nēn	nɑn
3人称	taw	tēn	tan

のように（Ⅰ）（Ⅱ）の言語とも同じ型であるが、一般の名詞については、（Ⅰ）に

属する言語では単数と複数しか区別しないのに対し、(Ⅱ) に属する言語は単数・双数・複数を区別することができる。

〔ラップ語〕bar'dne「息子（単数）」、bardnek「息子たち（複数）」；

〔ヴォグル語〕kwol「家（単数）」、kwoliɣ「二つの家（双数）」、kwolɔt「多くの家（複数）」；

従って、所有人称語尾がつく場合には、各人称ごとに、(Ⅰ) の言語は六つの、(Ⅱ) の言語は九つの接尾形を持つことになる。一人称の場合を例にとれば、[10]

〔ラップ語〕

bar'dnam	「私（単数）の息子（単数）」
bar'dname	「私たち二人（双）の息子（単）」
bar'dnamek	「私たち多勢（複）の息子（単）」
bardniidâm	「私（単）の息子たち（複）」
bardniidæmĕ	「私たち二人（双）の息子たち（複）」
bardniidæmĕk	「私たち多勢（複）の息子たち（複）」

〔ヴォグル語〕

kwoləm	「私（単数）の一つの家（単数）」
kwoləmēn	「私たち二人（双）の一つの家（単）」
kwolūw	「私たち多勢（複）の一つの家（単）」
kwoläɣəm	「私（単）の二つの家（双）」
kwoläɣəmēn	「私たち二人（双）の二つの家（双）」
kwoläɣnūw	「私たち多勢（複）の二つの家（双）」
kwolänɔm	「私（単）の多くの家（複）」
kwolänəmēn	「私たち二人（双）の多くの家（複）」
kwolärnūw	「私たち多勢（複）の多くの家（複）」

ウラル語の双数と、前に述べた「片目」の問題との間に関連をみとめようとする見解は、(Ⅰ) 双数を持つウラル諸語——例えば、ヴォグル語、オスチャーク語——において、「片目」が『半分の目』（〔ヴォグル語〕sam pālėm「私の片目」）と表現され、「両眼」が双数形（〔ヴォグル語〕samäɣėm「私の両眼」）であらわされていることと、(Ⅱ) 双数を持たない多くのウラル諸語——ハンガリー

語など——においても、「片目」は『半分の目』（〔ハンガリー語〕fél szemem「私の片目」）と表現され、「両眼」は複数形でなく単数形（〔ハンガリー語〕szemem「私の（両）眼」）であらわされていることを、その根拠としている。

これについては、Kertészの次のような説がある。Kertészによれば、フィン・ウゴル語には、本来、一対の身体部分などの「両方」を言う場合に用いられる双数形——いわゆる〈自然双数〉——があり、一対のものの「片方」は『半分の…』という形であらわされた（ヴォグル語、オスチャーク語は、現在までほぼその状態を保ったと見る）。この場合、双数形が〈二数〉を意味するものとすれば、一対の「両方」をあらわす双数系（2）と、「片方」をあらわす『半分の…』（½）の関係は一見不可解であるが、この〈双数形〉の意味が、単に「（同種の）二つの個体」でなく、「二つの部分から成る単一体（全体）」であると考えれば、容易に理解することができる。一方、双数を失った諸言語では、一対の「両方」は、双数形——「二つの部分から成る単一体」の意味の——に代るものとして、当然単数形であらわされることになった（ハンガリー語、ジリェーン語、ヴォチャーク語、チェレミス語、など。——また、ヴォグル語、オスチャーク語でも、一対の「両方」は単数形であらわされることが多くなっている）。尚、フィン・ウゴル諸語のうちには、モルドヴィン語などのように、一対の「両方」が複数形であらわされている言語もあるが、Kertészは、これを単数形に代って生じた新しい現象とする。

双数と、「片目」「両眼」の問題との関連については、このほか、次のようなGyörkeの説がある。

現在のウラル系諸言語では、「両眼」——一対の「両方」——は、それぞれの言語において、単数形・双数形・複数形の何れかであらわされている。これを、各言語について更に詳しく調べると、「両眼」を双数形であらわす言語では、この〈双数形〉は常に「両眼」の意味しか持たない（この場合、更に数詞「2」を添えることもある）。

〔ヴォグル語〕　　samäγėm　　「私の両眼」
　　　　　　　　samäγä　　　「彼の両眼」
　　　　　　　　kit samäγėm　「（二つの）私の両眼」

次に、「両眼」を単数形であらわす言語では、この〈単数形〉は「両眼」を示すだけでなく、「片目」の意味で用いられることがある（この場合には数詞「1」を伴うことが多い）。

〔ハンガリー語〕　szemem　　「私の（両）眼」
　　　　　　　　egy-ik szemem　「私の一方の目」[15]

更に、「両眼」を複数形であらわす言語では、この場合の〈複数形〉は、「両眼」のほかに、「多くの目（多勢の人たちの目）」というふつうの複数形の意味にも用いられる。

〔エストニア語〕　sılmad　　「両眼」「多くの目」

以上の事実は、Györke によれば、本来ウラル語では、一対の「両方」をあらわす場合に双数形が用いられたことを示すものである。Györke はこれを、ヴォグル語——この言語では「両方」をあらわす場合に単数形・双数形のどちらでも用いられる——を例にとって、次のように説明している。

ヴォグル語で「両眼」をあらわす本来の形態は双数形（例えば、samäγėm「私の両眼」）で、この場合「片目」は単数形（sam「目」）によって示されていた（kit samäγėm の kit「2」は、単なる強調を示すにすぎない）。次に、本来三つの（単数・双数・複数）の形を区別していたウラル語の〈数〉の語尾の体系において、双数形が次第に消滅するにつれて、単数形がその役割を引受け、「両眼」は単数形 sam であらわされることが多くなった。従って、「片目」の方は、単数形 sam に数詞 akw'「1」を添えた akw' sam「一つの目」——この akw' も、本来は kit samäγėm の kit と同じく、単なる強調の意味しか持たなかったのだが——か、或いは単数 sam の『半分』としての sam-pāl「目・半分」であらわされるようになった（現在のヴォグル語では、sam-pāl の方がふつうに用いられている）。

以上のように、Györke によれば、本来、ウラル語では、一対のものの「両方」は双数形によって、「片方」は単数形によってあらわされていたが、双数

形の消滅に伴って、その役割―「両方」という意味―は、或いは単数形（ハンガリー語、ヴォグル語、オスチャーク語、ジリェーン語、ヴォチャーク語、チェレミス語、など）によって、或いは複数形（モルドヴィン語、バルト・フィン諸語、ラップ語、など）によって引継がれ、更に前者の場合（「両方」を単数形であらわすようになった言語）では、「片方」が『半分の…』―単数（１）に対する『半分』（½）―という語で表現されるようになったと見るのである（但し、この説では、バルト・フィン諸語、ラップ語のように、「両眼」を複数形であらわしながら、「片目」を『半分の目』と表現する言語があることの理由は説明されていない）。

　ここで挙げた Kertész と Györke の見解は、どちらも、ウラル語では一対のものの「両方」が本来双数形であらわされていたこと、即ちウラル語には元来いわゆる〈自然双数〉（natürlicher Dualis）が存在したことをみとめている。しかし、必ずしも、これらの説のように、ウラル語の双数形の本来の意味が、この〈自然双数〉であったと考える根拠はない[16]。一方、（Ⅰ）ウラル系の多くの言語では、一対のものの「両方」がふつう単数形であらわされていること、（Ⅱ）「両方」の意味に対して単数形・双数形のどちらをも用い得る言語（ヴォグル語、オスチャーク語）においても、単数形の方が多くあらわれていること[17]、（Ⅲ）「両方」をふつう複数形であらわす言語（バルト・フィン諸語、ラップ語、など）にも古くは単数形の例がかなりあること[18]、これらの事実に注目すれば、ウラル語では一対のものの「両方」は、始めから単数形であらわされていたと見る方が、妥当な説明と言えるだろう。

　もし、かように、ウラル語の双数が本来〈自然双数〉ではなく、一対のものの「両方」はもともと単数形であらわされていたとすれば、一対の「片方」も、現在の大多数のウラル諸語の例（前に述べた「片目」など）が示すように、始めから『半分』という語によってあらわされていたことになる。従って、一対のものの「両方」を示す現在のモルドヴィン語、バルト・フィン諸語、ラップ語などの複数形と、ヴォグル語、オスチャーク語などの双数形とは、何れも後に本来の単数形に代って行われるようになったものと考えられる。この複数形

は、おそらく印欧諸語からの影響によって用いられるようになったものであろう。また、双数形の方は、以下に述べるようにもしウラル語の〈双数形〉の本来の意味が対偶関係をあらわすものであったとすれば、それが一対のものの「両方」の意味に転用された場合と考えられよう。

　尚、ウラル語の〈双数形〉の意味については、現在の諸言語—主としてヴォグル語、オスチャーク語—の用例によって、大体次のように分類することができる。
（Ⅰ）〈二数〉を示すもの。〔オスチャーク語〕eweŋen「二人の娘」、〔ヴォグル語〕kwoläγəm「私の二軒の家」、のように、「同種の二つの個体」をあらわす場合である。
（Ⅱ）一対をなす身体部分などの「両方」を示すもの。これは、前に述べたいわゆる〈自然双数〉である。例えば、〔ヴォグル語〕saməγèm「私の両眼」。
（Ⅲ）人称代名詞の双数形（例えば、〔ヴォグル語〕mēn「私たち二人」、nēn「お前たち二人」、tēn「彼ら二人」、など）で、当然これは、所有人称語尾、動詞人称語尾の双数形と関連している。この人称代名詞、人称語尾の双数形は、サモィェード諸語、ヴォグル語、オスチャーク語だけでなく、（Ⅰ）（Ⅱ）の双数を持たないラップ語にも存する。また、この種の双数は世界各地域のかなり多数の言語に見られ、W. Schmidtのように、これを双数一般の起原とする見解もある。
（Ⅳ）対偶関係を示す双数。『父・母』『夫・妻』『夏・冬』『天・地』などのように、意味上関連ある一組をなす二語が、それぞれどちらも双数形をとる場合。例えば、〔ヴォグル語〕jäγaγèm-āŋkwäγèm「私の父〈双数形〉・私の母〈双数形〉」、〔オスチャーク語〕imeŋən-igeŋən「老婆〈双数形〉・老爺〈双数形〉」、〔ユラーク・サモィェード語〕wōōsookoho´ puhućaha´「老爺〈双数形〉・老婆〈双数形〉」（この imeŋən-igeŋən などの例は、勿論「老婆（一人）・老爺（一人）」の意味であって、「老婆（二人）・老爺（二人）」ではない）。この種の双数は、印欧語のいわゆる〈省略双数〉（elliptischer Dualis）—例えば、〔古代インド語〕mitrá（双数形）「ミトラ神（とヴァルナ神）」、または、mitrā váruṇā（どちらも双数形）「ミトラ神とヴァルナ神」—に似ているが、古代インド語とは逆に、ウラル諸語では〔オスチャーク語〕imeŋən-igeŋən のような mitrá váruṇa 型がふつうで、省略形（mitrá型）の方ははるかに少い。この種の〈双数形〉の例は、ヴォグル語、オスチャーク語、サモィェード諸語を通じて広く

見出され、ウラル語では〈自然双数〉より古い用法とも考えられる。尚、双数を全く持たない他のウラル諸語にも、〔モルドヴィン語〕atʹat babat（どちらも複数形）「老爺（一人）・老婆（一人）」のような例がかなり多く見出されること、また一般にウラル諸語には、〔ハンガリー語〕arc「顔」（←orr-szá(j)「鼻・口」）、〔ジリェーン語〕ai̯-mam「父・母（両親）」、〔ヴォチャーク語〕nli̯-pi「子供」（←「娘・息子」）、〔モルドヴィン語〕śulo-pʹekʹe「内臓」（←「腸・胃」）、〔エストニア語〕lū-liha「身体」（←「骨・肉」）、〔ラップ語〕idʹdʹa-peivē「夜・昼（一昼夜）」のような構造を持つ複合語が非常に多いことなども、これに関連のある現象と見てもよいであろう。

以上述べたように、『半分（片方）の目』（fél szem）という言い方は、ウラル語の双数と直接関連のある現象とはみとめ難い。けれども、一対のものの「片方」が『半分』という語であらわされ、一対の「両方」が〈単数形〉であらわされるという、文法上の〈数〉に関する構造的特徴が、ウラル諸語の大部分に共通であること、またこれと同じような構造がアルタイ諸語の多くのものにも見られ、更にエスキモー・アレウト語やギリヤーク語などにも類似の現象が見出されていることは、typologyの分野での興味ある一つの問題といえるであろう。

註

（1） 例えば、Otto Jespersen : *The Philosophy of Grammar*. London, 1924. 189-190頁。
（2） この文例の「目」は、「両眼」を意味することが特に明かな場合である（M. Kertész : Über den finnisch-ugrischen Dual.〔*KSz. Tom.* XIV.〕95頁）。
（3） M. Kertész : Über den finnisch-ugrischen Dual.（*KSz. Tom.* XIV. Budapest, 1913-14.）92頁。
（4） 大部分のウラル系諸言語では、アルタイ諸言語と同じく、数詞を伴う名詞は、実際の数に関係なく常に〈単数形〉（語幹形）をとる。例えば、

〔オスチャーク語〕　　kàt kèu̯　　「二つの石」
〔ヴォグル語〕　　　　χūrĕm nē　　「三人の女」
〔ジリェーン語〕　　　vit-śo saldat　「五百人の兵士」
〔ハンガリー語〕　　　sok ház　　　「多数の家」

fél szem（片目）考　　13

（5）　この二つの言語では、それぞれ方言によって稍々事情を異にするが、今までに蒐集・公刊された言語資料に関するかぎり、〈単数形〉の方が〈双数形〉よりも使用される頻度がかなり大きい。尚、ヴォグル語においては、一つの民謡のなかで、同一の語（例えば「両眼」「両手」）の〈単数形〉〈双数形〉が交互に――しかも、或る場合には〈単数形〉の方が先に、或る場合にはその逆の順序で――あらわれているような例もある。

（6）　ウラル系諸語の双数語尾は実質的にも対応して居り、これらの比較から共通祖語の*γ を推定できる（ヴォグル語の名詞双数語尾-iγ, -äγ-, (-αγ-)；オスチャーク語の名詞双数語尾-ŋən〔これは標準語的な北部方言の形で、東部・南部諸方言には-γən, -kən；-gen, -kenなどがある。〕；ユラーク・サモイェード語（ネネツ語）の名詞双数語尾-hαˊ；ラップ語の三人称双数所有人称語尾-skâ、三人称過去の動詞双数語尾 gâ；など）。

（7）　ハンガリー語の数詞「2」には、形容詞的に用いられる場合のkét と、名詞的に用いられる kettő の二つの形がある。一方、ヴォグル語の数詞「2」も、これと同じように、kit（形容詞的）と kitiγ（名詞的）の二つの形を持つ（但し、kitiγ は形容詞的に用いられることもある）。この kitiγ は明らかに双数形（-iγ はヴォグル語の名詞双数語尾）なので、ハンガリー語の kettő も本来双数形であったことが推定される。

（8）　Erkki Itkonen：Onko itämerensuomessa jälkiä duaalista?（*Virittäjä*. Helsinki, 1955.）173頁。

（9）　サモイェード諸語のうち、オスチャーク・サモイェード語（セリクプ語）は、名詞の oblique case の場合には双数形をとることが少ない。また、同じく南部サモイェード語に属するカマシ語――この言語は20世紀はじめに死語となった――には、M. A. Castrén：Grammatik der samojedischen Sprachen.（St-Petersburg, 1854.）によれば、ラップ語と同じように、人称代名詞、所有人称語尾、動詞人称語尾にしか双数形があらわれない――Castrén はこれをチュルク語の影響による双数形の消滅の結果としている（同書、179頁）――が、Kai Donner-A. J. Joki：Kamassisches Wörterbuch.（Helsinki, 1944.）には、カマシ語の名詞双数形の例（kaγāzəgei「二人の兄弟」）が挙げられている（同書、128頁）。

（10）　ラップ語の例は Björn Collinder、ヴォグル語の例は Kálmán Béla の表記法による。

（11）　M. Kertész：Über den finnisch-ugrischen Dual.（*KSz. Tom.* XIV, Budapest, 1913-14. 74-105頁）。

(12)　サモイェード諸語をのぞく、ウラル語族の主要な語派。

(13)　Kertész は、この見解を R. Gauthiot：Du nombre duel.（*Festschrift* V. Thomsen.〔Leipzig, 1912〕）から得たと述べているが、かような考えはすでにWilhelm v. Humboldtに見られる（*Wilhelm von Humboldt's gesammelte Werke*, Bd. 6.〔Berlin, 1848.〕"Ueber den Dualis." 589頁）。

(14)　Györke József：*Tő, képző, rag*. Budapest, 1943. 7 頁以下。

(15)　egyik「一方の」は、数詞 egy「1」に-ik（三人称複数の所有人称語尾）が接尾した形である。

(16)　Paavo Ravila：Über die Verwendung der Numeruszeichen in den uralischen Sprachen.（*FUF*. Bd XXVII. Helsinki, 1941. 1-136頁）。は、ウラル語の双数形が本来〈自然双数〉であったという見解には反対するが、更にウラル語の〈数〉の語尾はすべて、本来は述語のみに存したという説を述べている。また、Asbjørn Nesheim：*Der lappische Dualis*.（Oslo, 1942.）にも、このRavilaと同様の見解がある。

(17)　この場合は、〈双数形〉の衰滅という、現在での一般的な傾向も考慮すべきであろう。

(18)　Ravila：上掲論文、20頁。

(19)　Ravilaは、これらの複数形について、モルドヴィン語の場合にはロシア語の影響を、バルト・フィン諸語とラップ語にはゲルマン語からの影響を推定している（上掲論文、19-20頁）。

(20)　W. Schmidt：*Sprachfamilien und Sprachenkreise der Erde*. Heidelberg, 1926. 316頁。

(21)　Karl Bouda：Der Dual des Obugrischen.（*JSFOu*. XLVII. Helsinki, 1933.）にヴォグル語、オスチャーク語からの多くの例がある。但し、これらの言語資料が殆んど口承の叙事詩、民話、民謡の類であることは考慮すべきであろう。

(22)　Beke Ödön：Az uráli és indoeurópai duális történetéhez.（A MTA Nyelv- és Irodalomtud. Oszt. Közl. X. Budapest, 1957.）347頁以下。

(23)　Zsirai Miklós：*Finnugor rokonságunk*. Budapest, 1937. 72-73頁。

(24)　D. R. Fuchs：Übereinstimmungen in der Syntax der finnisch-ugrischen und türkischen Sprachen.（*FUF*. Bd. XXIV. Helsinki, 1937.）298-299頁。

　　　　　Johannes Benzing：Die tungusischen Sprachen. Wiesbaden, 1955. 105頁。

(25)　Knut Bergsland：The Uralic "Half Eye" in the Light of Eskimo-Aleut.（*UAJ*. Bd XXVIII. Wiesbaden, 1956. 165-173頁）。

(26) 服部健氏の御教示による。尚、次の論文にもこの種の例が挙げられている。
V. Z. Panfilov：Grammaticheskoe chislo sushchestvitel'nykh v nivkhskom yazyke. (*Akad. Nauk SSSR. Institut Yazykoznaniya：Doklady i soobshcheniya.* XI. Moskva-Leningrad, 1958.) 55頁。

フィン・ウゴル語の語頭のＳ音について

フィン・ウゴル諸語の間で規則的な音韻対応を示す語彙中、次のような一群の語がある。

(ハンガリー語) öl「肘、腹 (Schoss) 両腕を拡げて測れる長さ (Klafter)」；(オスチャーク語) lôl, ʌȯʌ, tət, i̯ȯl "Faden, Klafter"；(ヴォグル語) täl "Klafter"；(ズュリエーン語) si̯l "Klafter"；(ヴォチャーク語) sul "Klafter"；(チェレミス語) šəl, sülö, šü.ʿlọ "Klafter, Faden"；(モルドヴィン語) səl' "Klafter, Faden"；(フィンランド語) süle- "Klafter；Schoss"；(エストニア語) süli "Schoss"；(ラップ語) [スウェーデンラップ語] salla, [ノルウェーラップ語] så`llå, [コラ・ラップ語] sall "Klafter".

(ハンガリー語) īn,「腱・神経」；(オスチャーク語) ʌȧn, tòn, i̯ȧn「腱・血管」；(ヴォグル語) tān「神経・血管・絃」；(ズュリエーン語) sǫn「血管・神経・腱」；(ヴォチャーク語) sǫn「腱」；(チェレミス語) šön, šiin, šiin「腱・血管」；(セルドヴィン語) san「腱・血管」；(フィンランド語) -suone-「血管・脈・神経」；(エストニア語) sōü「血管・腱」；(ラップ語) [スウェーデン] su̇ötna, [ノルウェー] suȯdnå, [コラ] si̯nu「腱・血管」.

(ハンガリー語) olvåd；(オスチャーク語) lʊl-, ʌȯʌ-, tȧl-, i̯ʊlȧ-；(ヴォグル語) tol-；(ズュリエーン語) si̯l-；(チェレミス語) šəl-, šul-；(モルドヴィン語) sola-；(フィンランド語) sula-；(ラップ語) šolᵉge-「溶ける」

語例中にあらわれる a は全て ɑ である。

(ハンガリー語) εpε；(ヴォグル語) tāp；(ズュリエーン語) sep；(ヴォチャーク語) sep；(モルドヴィン語) sep'ė；(フィンランド語) sappe-；(ラップ語) [スウェーデン] sàoppē；[ノルウェー] sàoppi，[コラ] sāope；「膽汁」．

(ハンガリー語) ēr「血管」；(オスチャーク語) ʌär, tėr, i̯ėr「根」；(ヴォグル語) tār「根」；(ヴォチャーク語) ser, (vir-ser「血管」— vir「血」）；(チェレミス語) šer, šär, śer (βür- śer「血管」—βür「血」).

(ハンガリー語) εv；(オスチャーク語) lȯi̯, ʌȯi̯, tȯi̯, i̯ȯi̯；(ヴォグル語) sai̯, säi̯；(ズュリエーン語) siś, si̯ś；(チェレミス語) šü, śüi̯；(モルドヴィン語) sij；(ラップ語) sēd'a；「膿」[3]．

(ハンガリー語) åv-「混入する」；(オスチャーク語) taŋ-, ʌoŋ-, lɒŋ-, iɒŋȧ-「入る」；(ヴォグル語) tuj-, toj-「入る」；(ズュリエーン語) sún-「潜る」；(ヴォチャーク語) zum-「沈む」；(チェレミス語) šuŋγaltam「潜る」；(モルドヴィン語) sova-, suva-「入る」；(フィンランド語) sovin (inf. sopia)；(エストニア語) sobima「一致する」；(ラップ語) suogyat, soayya-「入る」．

(ヴォグル語) tåβt；(オスチャーク語) loχ, ʌoχ；(モルドヴィン語) soks；(フィンランド語) sukse-「雪靴」．

(ズュリエーン語) su-「達する」；(ヴォチャーク語) sut-, süt-「達する」；(チェレミス語) šuam「達する・着く」；(モルドヴィン語) saja-, sa-「来る・着く・達する」；(フィンランド語) saa-, saapu-「着く・達する・来る」；(エストニア語) sāma「達する」．

(ハンガリー語) ö-；(オスチャーク語) tȯu̯, ʌȯu̯, lȯu̯, i̯oχ；(ヴォグル語) täβ, tü；(ズュリエーン語) si, si̯；(ヴォチャーク語) so；(モルドヴィン語) son；(フィンランド語) hän (⟨*sen ~ zen）；(ラップ語) son；[三人称単数代名詞]．

(ハンガリー語) ūjj「指・(衣服の) 袖」；(オスチャーク語) tit, ʌit, jit, lit「袖」；(ヴォグル語) tajt「袖」；(ズュリエーン語) soi「上膊」, sos「袖」；(ヴォチャーク語) suj「腕」；(チェレミス語) šokš「袖」；(ラップ語)［ノルウェー］soagia,［コラ］soj「翼・袖」.

(ズュリエーン語) sil；(チェレミス語) šel, śel'；(フィンランド語) silava「脂」.

これらの語の頭音の対応は次の通りである。(4)

  (ハンガリー語)   0 ［ゼロ］
  (オスチャーク語) l-, ʌ-, t-, j-
  (ヴォグル語)   t-
  (ズュリエーン語) s-
  (ヴォチャーク語) s-
  (チェレミス語) š-, (ś-)
  (モルドヴィン語) s-,
  (フィンランド語) s-,
  (ラップ語)   s-,

又、これとは別に、次のような一群の語がある。

(ハンガリー語) sem；(オスチャーク語) sem, sèm；(ヴォグル語) säm, šäm；(ズュリエーン語) śin；(ヴォチャーク語) śiṁ, śiṅ；(チェレミス語) šɪnᵈzä, sɪnᵈzä；(モルドヴィン語) śel'me, śel'm'ɛ；(フィンランド語) silmä；(ラップ語)［スウェーデン］t'š'alˤmē,［ノルウェー］t'š'âlˤbmi,［コラ］t'š'alme「目」.

(ハンガリー語) sāz；(オスチャーク語) sàt, sòt；(ヴォグル語) sāt, šēt；(ズュリエーン語) śo；(ヴォチャーク語) śu；(チェレミス語) šüðö；(モルドヴィン語) śada, śado；(フィンランド語) sata；(ラップ語)［スウェーデン］t'š'uōotē,

[ノルウェー]t'š'üɔɔti, [コラ]t'š'ueɔt「百」[5].

（ハンガリー語）sårv；（ズュリエーン語）śur；（ヴォチャーク語）śur；（チェレミス語）šur；（モルドヴィン語）śura, śuro；（フィンランド語）sarve-；（ラップ語）t'š'òrᵉvē, t'š'oɒrᵉvi, t'š'uɒrr'vᵉ「角」[6].

（ハンガリー語）sīv；（オスチャーク語）sǝm；（ヴォグル語）sim, šịm；（ズュリエーン語）śelem；（ヴォチャーク語）śulem；（チェレミス語）šüm；（モルドヴィン語）śed'ej；（フィンランド語）südän；（ラップ語）t'š'aδa「心」.

（オスチャーク語）sava, sŏ, sāvi；（ヴォグル語）sol', śul'；（ズュリエーン語）śoī；（ヴォチャーク語）śuj, śüj；（チェレミス語）šon, šun；（モルドヴィン語）śovoń, śovə̂ń；（フィンランド語）savi；（ラップ語）savv, šavv, šovv「粘土」[7].

（オスチャーク語）sòị, såị, soi；（ヴォグル語）sōl'；（ズュリエーン語）śul；（ヴォチャーク語）śulị；（チェレミス語）šoj；（モルドヴィン語）śulgo, śulga；（フィンランド語）sotka；（ラップ語）t'š'oaδge「水禽」.

（オスチャーク語）sòm；（ヴォグル語）sām；（ズュリエーン語）śöm；（ヴォチャーク語）śom；（チェレミス語）šüm, süm；（モルドヴィン語）śav；（フィンランド語）suomu；（ラップ語）t'š'ūmm「殻・皮・鱗」.

（ハンガリー語）sil；（チェレミス語）šol；（モルドヴィン語）śel'ej, śɛl'ī；（フィンランド語）salava「楡」.

（チェレミス語）šü, šüị；（モルドヴィン語）śed'；（フィンランド語）süsi (süte-)；（ラップ語）t'š'adda「炭」.

（オスチャーク語）sùrtì；（ヴォグル語）surti；（チェレミス語）šordə̂；（モルド

ヴィン語) śardo「糵」.

(ハンガリー語) sāj「口」; (ヴォグル語) sūnt「口」; (ヴォチャーク語) śu (śu Kwaśmem「渇」); (チェレミス語) šu, (ime-šu「針孔」); (フィンランド語) suu「口」; (ラップ語) t'š'odda「口」.

これらの語の頭音は次のような対応を示している[8]。

　　　　(ハンガリー語)　　　　s-
　　　　(オスチャーク語)　　　　s-
　　　　(ヴォグル語)　　　　　　s-, ś-,
　　　　(ズュリエーン語)　　　　ś-,
　　　　(ヴォチャーク語)　　　　ś-,
　　　　(チェレミス語)　　　　　š-, (s-)
　　　　(モルドヴィン語)　　　　ś-,
　　　　(フィンランド語)　　　　s-,
　　　　(ラップ語)　　　　　　　t'š'-,

　以上の二つの語群にあらわれている頭音は、互に類似した音であるが、チェレミス語（大部分の方言）とフィン諸語において区別されないだけで、他の諸言語においては夫々異なる二系列の規則的な対応を示して居り、おそらく起原的には原始フィン・ウゴル語の二つの異なる音韻 (*s, *ś) に基くものと考えられる[9]。

　上に挙げた語例において、二種以上の頭音を示すのは、第一群（以下 *s- 類と称す）のオスチャーク語とチェレミス語、第二群（以下 *ś- 類と称す）のヴォグル語とチェレミス語の場合である。この中チェレミス語の *ś- 類の s- は極めて少数の例外的な現象でありオスチャーク語の *s- 類の l, ʌ, t, i̯ も方言的変種[10]であるに過ぎないが、ヴォグル語の *ś- 類の s-, ś- と チェレミス語の *ś- 類の š-, ś- の場合は、方言的現象であるのみならず、この *ś- 類或は *s- 類に属[11]

する語彙の中の更に限られた或一定の語群のみにかかわるという複雑な関係を示す。以下この二つの場合について簡単な考察を試みる。

　現在のヴォグル語では、上掲の語例の示す通り、*s- 類の語はすべて s- の頭音を持つが、*ś- 類の語には s-, š- の二種の頭音があらわれている。これを更に詳しく調べれば、*ś 類の中には各方言ともに s- を示す語群（以下 A 類と呼ぶ）と、一部の方言では s- であるが他の方言で š- を示す語群（B 類）との二群が明かに区別される。例えば、⁽¹²⁾

（ヴォグル語）［Tavda 方言］sāλ-,［Konda 下流方言］sʌ-,［Konda 中流方言、Pelymka 方言、北部 Vagilsk 方言、南部 Vagilsk 方言、Lozva 下流方言］sē̮ʌ-,［Konda 上流方言］sḙl,［Lozva 上流方言、Sosva 方言］sāl-「光る・閃く」—（オスチャーク語）saṭ;（påi̯-saṭ「電光」）;（ヴォチャーク語）śeläkt'al-「輝く・閃く」;（フィンランド語）salama「電光」.

（ヴォグル語）［Tavda］sart, sårt,［Konda 下流］sårt,［北部 Vagilsk 方言］sar't,［Lozva 上流］sòrt,［Sosva］sòrᴅ「だつ（淡水魚）」—（オスチャーク語）sòrt, sårt;（ズュリエーン語）śir「だつ」.

（ヴォグル語）［Konda 下流］sēl-,［Konda 中流］sḙel,［Konda 上流］sḙl,［Lozva 上流、Sosva］sɛl「縁・辺」—（オスチャーク語）sìl', sìʌ「縁」;（ハンガリー語）szél「辺・端・境」.

（ヴォグル語）［Tavda］sül'k,［Konda］säl'γ-,［Pelymka、Lozva 下流］sɛl'l'-,［Vagilsk］säl'l'-,［Lozva、Sosva］sàl'γ-「唾を吐く」—（オスチャーク語）süi̯γem;（ズュリエーン語）śelalni;（ヴォチャーク語）śalâni̯;（モルドヴィン語）śel'gems;（ラップ語）t'š'olggat;（フィンランド語）sülkeä「唾を吐く」.

等は全方言に亘ってs-のみがあらわれている（A 類）が、次のような例、

（ヴォグル語）［Tavda, Pelymka, Vagilsk, Lozva 下流］šal'，［Konda 下流］sål'，
［Konda 中流、上流］sål'，［Lozva 上流、Sosva］sòl'「霜」—（オスチャーク語）
sùi̯, soi̯；（ラップ語）t'š'odde「霜」.

（ヴォグル語）［Tavda］šɛm,［Konda 下流］šəm,［Pelymka, 北部 Vagilsk］šĭm,
［南部 Vagilsk, Lozva 下流］šim,［Konda 中流］səm,［Konda 上流］sɪm,［Lozva
上流、Sosva］sim「心」—（オスチャーク語）səm；（ハンガリー語）sīv；（ズュ
リエーン語）śe̮le̮m；（ヴォチャーク語）śulem；（チェレミス語）šüm；（モルド
ヴィン語）śed'ej；（フィンランド語）südän；（ラップ語）t'š'ada「心」.

（ヴォグル語）［Tavda, Lozva 下流］šɛm,［Konda 下流、Vagilsk］šäm,［Pelymka］
šɛm,［Konda 中流、上流］säm,［Lozva 上流］sam,［Sosva］sàm「目」—（オ
スチャーク語）sem, sèm；（ハンガリー語）sem；（ズュリエーン語）śin；（ヴォ
チャーク語）śim, śin；（チェレミス語）šĭnᵈzä；（モルドヴィン語）śel'ḿe, śel'ḿɛ；
（フィンランド語）silmä；（ラップ語）［スウェーデン］t'š'alᶠmē,［ノルウァー］
t'š'àlᶠbmi,［コラ］t'š'alme「目」.

（ヴォグル語）［Konda 下流］šəpʌò,［Pelymka］šipʌuß,［北部 Vagilsk］šipʌn̄,
［南部 Vagilsk］šiplū,［Lozva 下流］šiplù,［Konda 中流］sopʌo,［Konda 上流、
Sosva］sipluβ「頸」—（オスチャーク語）sȧʙəɬ；（ズュリエーン語）śüli；（チェ
レミス語）śu, śuɪ「頸」；（モルドヴィン語）siv́e「襟」；（フィンランド語）
sevätä「頸を抱く」.

等では、Konda 上流及び中流方言、Lozva 上流方言、Sozva 方言には（即ち北
部方言、東部方言の大部分には）s- が、他の諸方言には š- が規則的にあらわ
れている（B類）。

この *ś- 類の語におけるＡＢ二群の成立については、Ｂ類の語の š- をヴォグ
ル語の比較的新しい時期に一部方言のみに生じた音韻変化の結果とみるべきも
のか、或はＡ類とＢ類の対立を原始フィン・ウゴル語における二つの異なる音

韻の夫々の発達とみるべきであろうか。

　第一の見解が認められるには、一定の方言に於いて、*ś- が何故にB類の語のみに限って ṣ́- を示すのかという説明が与えられなければならない。しかし、少くとも今日までの研究では、A類とB類の語が、音韻変化に関して区別さるべき統合上の条件——例えば、A類は後方母音語、B類は前方母音語であるというような条件——は知られていないのである。

　後者の見解については Setälä と Toivonen の説がある。Setälä はA類、B類を原始フィン・ウゴル語の *s- と *ś- の対応形とするが、これは本来の*s- 類の語との関聯からみて妥当と思われない。Toivonen は、ヴォグル語における次のような借用語、

[Tavda 方言] šäl'、[Konda 下流方言] s̆ȧl'、[Pelymka 方言] šoal'、[北部 Vagilsk 方言] šäl'、[南部 Vagilsk 方言] šäl'、[Konda 中流・上流方言] šọal'、[Lozva 上流方言、Sosva 方言] sāl'；＜（ロシヤ語）шаль

等に、ヴォグル語の古い時期のš-が今日の方言的š-〜s- に変化している例のあることから、B類の原始フィン・ウゴル語における音価をšに近いものと推定し、これとは別にフィン・ウゴル語には *ś- 類と考えられる語類があるので、前者を *ṣ́- とした。

　［A］（原始フィン・ウゴル語）*ś- → （原始ヴォグル語）*s- → （今日のヴォグル語）s-.
　［B］（原始フィン・ウゴル語）*ṣ́- → （原始ヴォグル語）*š- → （今日のヴォグル語）š- 〜 s-.

　しかしこの説明は、*ṣ́- が他のフィン・ウゴル諸語ではすべて *ś- と合流したのに、ヴォグル語のみにおいてこの区別を保ったことになり、ヴォグル語と極めて近い関係にあるオスチャーク語にもかような区別がみとめられない以上、やはり首肯しがたい説のように考えられる。但し、今日のヴォグル語で方言的

にš- 〜 s- を示す音は、前掲の借用語の例からみて、明かに *š- から変化したものである故、古い時期のヴォグル語ではA類の語は*s-（*ś- 類の語はオスチャーク語・ハンガリー語の何れにおいてもs- であるから、既に原始ウゴル語の時期に *s- に変化していたことは疑いない)、B類の語は *š- であったと推定される。従って新しい資料が見出されぬ限り、A類B類の成立については、原始ウゴル語→原始ヴォグル語の *s-（[原始フィン・ウゴル語] *ś-）の語群の一部（B類）が、未知の何らかの統合的条件に基く音韻変化（s- ＞ š-）を蒙り、古い時期のヴォグル語でA類とB類とに分たれ、A類は s- を保ち、B類は š- となり更にこれが方言的に š- 〜 s- を示すようになったという複雑な説明を仮定せねばならないわけである。

　今日のチェレミス語の大部分の方言では、前述したように、*s- 類の語も *ś- 類の語も一様に š- という頭音を示しているが、東部方言に属するマルミジュ（Malmyž）方言のみには ś- の頭音を持つ語が存在する。これは Wichmann が 1905-6年の現地調査で発見した事実であって、彼の採録した語例の若干を挙げてみれば、次のようなものである。(17)

（マルミジュ方言）śekš,（ウルジュム、ツァレヴォコクシャイスク [クラスノユクシャイスク]、ヤランスク方言）šekxš,（コズモデミヤンスク方言）säkxš,（ペルム方言）šekš, šexš,（ビルスク [ウファ] 方言）šekš「膽汁」.

（マルミジュ方言）śel',（ウルジュム、ツァレヴォコクシャイスク、ヤランスク、コズモデミヤンスク、ビルスク方言）šel「脂」.

（マルミジュ方言）śer,（ウルジュム、ツァレヴォコクシャイスク、ヤランスク、ペルム、ビルスク方言）šer,（コズモデミヤンスク方言）šär「血管」.

（マルミジュ方言）śil,（ウルジュム、ツァレヴォコクシャイスク方言）šəl,（ヤランスク、コズモデミヤンスク方言）šel,（ペルム方言）šəl,（ビルスク方言）šəl「肉」.

（マルミジュ方言）śüi,（ウルジュム、ツァレヴォコクシャイスク、ヤランスク、コズモデミヤンスク、ペルム方言）śü「膿」.

（マルミジュ方言）śǜl'ǫ,（ウルジュム、ツァレヴォコクシャイスク方言）sǜ·l'ȯ.（ヤランスク方言）šǜ·l'n̥,（コズモデミヤンスク方言）šəl,（ペルム方言）šül'ö,（ビルスク方言）šülö, 'Klafter'.

（マルミジュ方言）śün,（ウルジュム、ヤランスク、コズモデミヤンスク、ペルム方言）šun,（ツァレヴォコクシャイスク方言）šön「睫」.

これは何れも、他のフィン・ウゴル諸語に見出される対応例からみて、*s- 類の語であることが明かなものであるが、而も共通の特徴として、すべてがいわゆる前方母音を持つ語であることが注目される(18)。
ところが、Wichmann の記載例から *s- 類の後方母音語を挙げてみると、

（マルミジュ方言）šuža·r「妹」,（他方言）š-.
（マルミジュ方言）šul-「溶ける」,（他方言）š-.
（マルミジュ方言）šokt-「篩う」,（他方言）š-.

等の例が示すように、チェレミス語の他の諸方言と同様、マルミジュ方言でも š- の頭音があらわれており、又、ś- 類の語のマルミジュ方言の例をみれば、

（マルミジュ方言）šińǯå「目」,（他方言）š-.
（マルミジュ方言）šü·δǫ-「百」,（他方言）š-.
（マルミジュ方言）šüi̯「炭」,（他方言）š-.

等の如く、マルミジュ方言においても他の諸方言においても一様に、而も母音の種類にかかわりなく、すべて š- 音を示す。

但し、この Wichmann による資料には更に若干の訂正を加える必要がある。それは第一次大戦中に独墺側同盟軍の捕虜となったロシヤ兵のチェレミス族出身者を、ハンガリー学士院の委嘱で Beke が調査した報告が後年発表された[19]が、それによれば *s- 類の語で前方母音を持つものがマルミジュ方言で ś- の頭音を示すのみでなく、後方母音語の中にも方言的に s- を示している例が多数見出されるからである。例えば、

(マルミジュ方言) soks,（他方言）šokˑš「袖」.
(マルミジュ方言) soktam,（他方言）šoktam, šaktam「篩う」.
(マルミジュ方言) sokteˑ,（他方言）šokteˑ, šaˑkte「篩」.
(マルミジュ、ウルジュム方言),（ウファ・ビルクス方言）sulǎ,（他方言）šulǎ, šôla「融ける」.
(マルミジュ方言、ウルジュム方言) suŋgaltam,（他方言）šuŋgaltam「潜る」.
(マルミジュ方言、ウルジュム方言) suzar,（他方言）šužar, šüžar, šôžar「妹・姪・少女」.

等では、*s- 類の後方母音語が、東部方言群に属するマルミジュ方言（大部分）、ウルジュム方言、ウファ及びペルム方言（一部）において s- の頭音を示している。

しからば原始フィン・ウゴル語の *s- 及び *ś- と、現在のチェレミス語で上述のような対応を示す頭音との間に、いかなる音韻変化の過程を推定すべきであろうか。これについては次のような説明が試みられている。

Setälä[20] は、*s- と *ś- がチェレミス語においてその区別を失い、次いで音韻変化により š- となった、という漠然たる説明をしているにすぎないが、Paasonen[21] の見解によれば、先ず *ś- がその Mouillierung を失って（ś- ＞ s-）本来の *s- との区別がなくなり、更にその後 s- ＞ š- という音韻変化が生じてすべてが š- になったのである。そして、チェレミス語におけるチュワシュ語からの借用語で本来 š (＜ urtürk. j, δ) の頭音を持っていた語が、チェレミス語では š でなくて s- を示していること、例えば、

（東部方言）samʳrək,（西部方言）samərək,（山地方言）sämərək「幼児」—（チュワシュ語）śamrȃk.
（東部方言）saŋya,（西部方言）saŋga,（山地方言）semⁿgä「額」—（チュワシュ語）śamGa.
（東部方言）serem,（山地方言）sirem「書く」—（チュワシュ語）śir-.
（東部方言）（西部方言）seŋem,（山地方言）sɪŋgem「勝つ」—（チュワシュ語）śən-.

等の語例が見出される事実を根拠として、フィン・ウゴル起原の語の *ś- に ś- ＞ s- の音韻変化が起った時期を推論し、それを、チュワシュ族の祖とされるヴォルガ・ボルガール族とチェレミス族との接触によってこれらの語が借用された時期よりも更に古いものと見た。一方、チュワシュ語及びタタール語からの借用語で、本来頭音 s- を有したと推定されるものは、現在のチェレミス語で ś- の頭音を示している故、s- ＞ ś- はボルガール・チェレミス両者の接触後に生じた変化とみられる。

又、Wichmann は、以上の過程を次のように説明している。原始フィン・ウゴル語の *ś- は、チェレミス語の古い時期において先ず ś- ＞ š- の音韻変化を蒙った。この変化は、前に挙げたチュワシュ語からの借用語（借用された際の頭音が ś- で今日のチェレミス語では s- を示しているもの）の存在から、チェレミス族とヴォルガ・ボルガール族との接触以前の時期に起ったものと考えられる。一方、原始フィン・ウゴル語の *s- 類の語に s- ＞ ś- の音韻変化が生じたのは、前に述べたように本来 s- の頭音を有していたチュワシュ語からの借用語が現在のチェレミス語で ś- 音を示している事実からみて、ボルガール族との接触以後の時期である。しかし、マルミジュ方言では、この s- ＞ ś- の音韻変化の起る以前に、前方母音語の *s- はその母音の影響で口蓋音化して ś- となっていたため、s- ＞ ś- の変化を蒙らずに今日まで ś- の頭音を保ったのである。

以上の諸説の中で、Setälä と Paasonen の見解、先ず最初に s- ＞ ś- 或は ś- ＞ s- の音韻変化が起って *s- と *ś- とが合流したという推定は、前に挙げた今日

のマルミジュその他の東部方言における š- や s- の存在を説明し得ない。何となれば、もし *s- と *š- との間の区別が最初に失われたとすれば、今日のマルミジュ方言では、*s（+前方母音）類の語のみでなく *š（+前方母音）類の語も一様に š- の頭音を示している筈であるし、又東部諸方言に亘り、*š（+後方母音）の語群の中にも *s（+後方母音）の語と同様に現在 s- の頭音を示すものが多く見出される筈だからである。[25]

一方、Wichmann の説明は、チュワシュからの借用語の例によっても支持することができる。即ち、かような借用語の中、本来 š- の頭音を有していた語は今日のチェレミス語では一般に s- になっているがマルミジュ方言では š- の頭音を示していること[26]、又本来 s- の頭音を持っていた前方母音がマルミジュ方言のみに s- ――他の諸方言では š- ――の頭音を示す例のあることである。[27]

しかし、この Wichmann の説明では、前掲の Beke の報告――*s- 類の後方母音語の多くがマルミジュ方言を含む東部諸方言では他方言の š- に対し s- を示す――に触れていないが、これは、チェレミス語における s- ＞ š- の音韻変化が東部方言――殊にマルミジュ方言――では西部方言より後れて起り、現在も行われつつあることを示すものであろう。[28]

註
（1） フィン・ウゴル諸語（Finnisch-ugrisch）に属するのは、
（A） フィン語派
Syrjänisch [Komi], Wotjakisch [ud-murt], Tscheremissisch [Mari], Mordwinisch, Ostseefinnisch (Finnisch [Suomi], Karelisch, Wepsisch, Wotisch, Livisch, Estnisch), Lappisch [Saame].
（B） ウゴル語派
Ungarisch [Magyar], Wogulisch [Mansi], Ostjakisch [Hanti],
尚、これら諸語はサモエード語（Samojedisch）と共に、ウラル語族（Uralisch）をなす。
（2） Szinnyei J.: *Magyar Nyelvhasonlitas.* Budapest, 1927.
Gombocz Z. és Melich J.: *Magyar Etymologiai Szotár.* Budapest, 1914-.
Paasonen, H.: *Die finnisch-ugrischen s-Laute.* Helsinki, 1918.

（3） ヴォグル語の sa̰i, sä̰i はおそらくズュリエーン語からの借用語であろう。

（4） H. Paasonen: *Die finnisch-ugrischen s-Laute*（1918）には、この類の頭音を示す語が86例挙げられている。

（5） この語の、原始フィン・ウゴル語推定形は *śata であるから、印欧諸族のサテム派、おそらくインド・イラン諸族からの借用であろう（［サンスクリット］śatám,［アヴェスタ］satəm, 等、参照）。

（6） この語もインド・イラン語派からの古い借用語であろう。

（7） ラップ語の例はフィンランド語、或はカレリア語からの借用であろう。

（8） Paasonen 前掲書によれば、この類の頭音を示す語が76例ある。

（9） Szinnyei J.: *Magyar Nyelvhasonlitás*（1927）26-27頁、及び *Finnisch-ugrische Sprachwissenschaft*（1922）22頁参照。但し Setälä（*Über ein monilliertes's im Finnisch-ugrischen*［1899］及び *Zur finnisch-ugrischen Lautlehre*［1902］）は、

　　（ハンガリー）sålåg,（オスチャーク）saλó,（モルドヴィン）sodan,（フィンランド）sitoa「結ぶ」「紐」

等の語の存在することから、これの原始フィン・ウゴル語における推定形を *s- とし、本文中の第一類の頭音を *z̦- と推定している。しかし、この場合の *s- 類に当る語例は極めて少ない。

サモエード語については、資料が不充分なので、Paasonen, H.: *Beiträge zur finnisch-samojedischen Lautgeschichte.*（Budapest. 1917.）所蔵の語例の若干を以下に引用するに止める。

　　（ユラーク・サモエード）tiwie,（タウギ）t'imi,（エニセイ・サモエード）t'ibe, t'ie,（オスチャーク・サモエード）ti, 'Klafter' ―（ハンガリー語）öl, 等。

　　（ユラーク・サモエード）tean, tön,（タウギ）tāŋ,（エニセイ・サモエード）ti, ti,（オスチャーク・サモエード）ten, čen,（カマシ）then「腱」―（ハンガリー語）in, 等。

　　（ユラーク・サモエード）saen, haem,（タウギ）śaime,（エニセイ・サモエード）sei,（カマシ）sima,（ユイバル）sima,（モトル）sima「目」―（ハンガリー語）sem 等。

　　（ユラーク・サモエード）seai, siei,（タウギ）sa, soa,（エニセイ・サモエード）seo, seijo,（オスチャーク・サモエード）set'e, sid'e,（ユイバル）sei, ―（ハンガリー語）siv, 等。

これらの諸例によれば、第一類の語にはサモエード語では t, t' が対応し、第二類

の語には s-, (ś-, h-) が対応している。

尚、この *s-, *s- に当るInlaut, Auslaut のシビラントの例を挙げれば、

（ハンガリー語）fēsek；（オスチャーク語）pit-, pəl；（ヴォグル語）pit'i, pət'；（ズュリエーン語）poz, pōz；（ヴォチャーク語）puz, piz（「卵」）；（チェレミス語）pəžāš；（モルドヴィン語）p'iza；（フィンランド語）pesä；（ラップ語）［スウェーデン］pĕssē〜（gen.）peɛsē, ［ノルウェー］Beɛssì〜（gen.）Beɛsì「巣」

（オスチャーク語）χȯl, χȯʌ, χùt, χùt'；（ズュリエーン語）kōz；（ヴォチャーク語）kiz；（チェレミス語）kož；（モルドヴィン語）kuz；（フィンランド語）Kuuse-；（ラップ語）［ノルウェー］Guòsså〜（gen.）Gùoså「樅」

（モルドヴィン語）K'iza；（フィンランド語）Kesä；（ラップ語）［ノルウェー］Geɛssì〜（gen.）Geɛsì「夏」

（ハンガリー語）māj；（オスチャーク語）mɒɣôl, mū`ə̂ʌ, mūɣət, mūɣəl'；（ヴォグル語）màit；（ズュリエーン語）mus；（ヴォチャーク語）mus；（チェレミス語）mokš；（モルドヴィン語）maksa, makso；（フィンランド語）maksa；（ラップ語）muökse「肝臓」

（ハンガリー語）ij；（オスチャーク語）i̯ōɣôl, i̯ōɣə̂ʌ, i̯oɣə̂t, i̯ūɣəl'；（ヴォグル語）i̯ᴄɣt；（ラップ語）juöksa「弓」

（ヴォグル語）ūt-；（ズュリエーン語）es；（ヴォチャーク語）es；（フィンランド語）ukse-「戸」

及び、

（ハンガリー語）ös；（オスチャーク語）sùs, sòɣəs；（ヴォグル語）tɛχs, tüks；（ヴォチャーク語）siźil；（チェレミス語）šəžə；（モルドヴィン語）sokś；（フィンランド語）süksü, sūs；（ラップ語）［スウェーデン］t'š'akt'š'a, ［ノルウェー］t'š'åkt'š'å, ［コラ］t'š'akkt'š'「秋」

（ハンガリー語）hūs；（オスチャーク語）χùs, kòs；（ヴォグル語）kus；（ズュリエーン語）ki̯z；（ヴォチャーク語）ki̯z；（モルドヴィン語）komś, koməś「二十」

（ハンガリー語）ńust「てん（Edelmarder）」；（オスチャーク語）noɣə̂s「黒てん（Zobel）」；（ヴォグル語）ńuχs「黒てん」；（ズュリエーン語）ńiź「黒てん」；（ヴォチャーク語）ńiź「黒てん」；（エストニア語）nuGisc-「てん（Steinmarder）」

（オスチャーク語）pōrəs「豚」；（ヴォグル語）porəš'「豚」；（ズュリエーン語）pȯŕś「豚」,（ヴォナヤーク語）parś「豚」；（モルドヴィン語）puŕts'「仔豚」；

（フィンランド語）porsas「仔豚」

等の例に見る如く、次のような対応関係を示す。

	［第一類］	［第二類］
（ハンガリー語）	0 ［ゼロ］	s
（オスチャーク語）	l, ʌ, t, t'	s
（ヴォグル語）	t, t',	s, š',
（ズュリエーン語）	s, z,	ś, ź,
（ヴォチャーク語）	s, z,	ś, ź,
（チェレミス語）	š, ž,	ž
（モルドヴィン語）	s, z,	ś, ź, t'ś,
（フィンランド語）	s	s
（ラップ語）	s,	t'š', t't'š',

これは Anlaut の場合と、すべての言語において殆ど一致しているが、更にズュリエーン語、ヴォチャーク語、チェレミス語、モルドヴィン語では、第一類、第二類とも、Anlaut の無声音 (s, ś, š) に規則的に対応する有声音 (z, ź, ž) があらわれている。これは原始フィン・ウゴル語に存したと考えられる子音交替、いわゆる Stufenwechsel ――アクセントの関係によるもので、今日ではフィンランド語とラップ語のみにみられる――から説明されうる。従って原始フィン・ウゴル語 *s~*z、*ś~*ź を推定すべきであろう。

(10) Wichmann, Y.： *Tscheremissische Texte mit Wörterverzeichnis und grammatikalischem Abriss* (Helsingfors. 1923) に次のような例が若干ある。

（コズモデミヤンスク方言）seˑrməts,（ウルジュム方言）šeˑrmat'š',（マルミジュ方言）šörmṇt'š', 'Zaum' ――（ズュリエーン語）śermed,（ヴォチャーク語）śermet, 等。

（コズモデミヤンスク方言）sı̣nzä,（ウルジュム）šińd·ž'a̩,（マルミジュ方言）šińṇž'a̩, 'Auge' ――（ハンガリー語）sem,（オスチャーク語）sem, sèm,（ヴォグル語）säm, šäm,（ズュリエーン語）'sin,（ヴォチャーク語）śim, śin, 等。

(11) ［南部方言］t-,［カズイム方言、トレムュガン方言］ʌ-,［ヴァフ方言、オビ上流方言］l-,［ヴァスュガン方言］i̯-. (Gombocz, Z. és Melich J.； *Magyar Etymologiai Szótár* ［1914-］及び Paasonen, H. - Douner, K.； *Ostjakisches Wörterbuch* ［1926］参照)。

(12) Toivonen, Y. H.； *Kleiner Beitrag zur Geschichte der finnisch-ugrischen Sibilanten*

(MSFOn. LXVII), 1933. Munkácsi B.；*A vogul nyelvjárások.* Budapest, 1894.

尚、ヴォグル語の方言は、Kannists, A.：*Zur Geschichte des Vokalismus der ersten Silbe im Wogulischen*（1919）によれば、次のように分類される。

(1) 南部方言（Tawda 方言）　　(2) 東部方言（Konda 方言）

(3) 西部方言（Pelymka 方言、Wagilsk 方言、Loswa 下流方言）

(4) 北部方言（Loswa 上流方言、Soswa 方言）

(13)　Inlaut, Auslaut の場合も同様である。

(14)　Setälä, E. N., *Zur finnisch-ugrischen Lautlehre*（FUF. II）, 1902.

(15)　Toivonen, Y. H.；*Kleiner Beitrag zur Geschichte der finnisch-ugrischen Sibilanten*（MSFOn. LXVII), 1933.

(16)　この語群に属するのは次のような語である。(Szinnyei；NyH 及び FUS 参照)。

（ハンガリー語）egēr；（オスチャーク語）lŏŋgər, ʌɛŋᴜər teŋkər, i̯ŏnkər,（ヴォグル語）tɛŋgər, täŋkər；（ズュリエーン語）s̨i̯r；（ヴォチャーク語）s̨i̯r；（モルドヴィン語）［モクシャ方言］šejər,［エルジャ方言］tšejeŕ；（フィンランド語）hiire-「鼠」。

（ハンガリー語）irt-「根こぎにする・雑草をとる」；（オスチャーク語）lort-, ʌort-, tart-, i̯ort-「切る」；（ズュリエーン語）s̨i̯r-「切る・刈る・剃る」；（ヴォチャーク語）s̨i̯r-, šer-「切る・刈る」。

（ハンガリー語）ār「満潮・洪水」；（オスチャーク語）ʌōr, tòr, i̯ar「侵水地」；（ヴォグル語）tūr, tōr「湖」；（ズュリエーン語）šor「小川」；（ヴォチャーク語）šur「川」。

ラップ語については P. Ravila；*Die Stellung des Lappischen innerhalb der finnisch-ugrischen sprachfamilie*（FUF, XXIII, 1935）に次の例がある。

（モルドヴィン語）［エルジャ］tšovams,［モクシャ］šovams；（フィンランド語）hioa；（ラップ語）sâggjet 'schleifen'.

（モルドヴィン語）［エルジャ］tšama,［モクシャ］šama 'Gesicht, Antlitz'；（フィンランド語）haamu 'äussere Gestalt, Schatten'；（ラップ語）［スウェーデン］šipmo 'habitus, figura'.

以上の対応を標示すれば次のようになる。

（ハンガリー語）0［ゼロ］；（オスチャーク語）l-, ʌ- t-, i̯-；（ヴォグル語）t-；（ズュリエーン語）š；（ヴォチャーク語）š-；（チュレミス語）š-；（モルドヴィン語）š-, tš-；（フィンランド語）h-；（ラップ語）s-, š-.

これをみると、ウゴル語派（ハンガリー語、オスチャーク語、ヴォグル語）では、*s- 類の語と同一の対応音を示している。これは原始ウゴル語において *š- > s- の音韻変化が起ったことを推測させる。

(17)　Wichmann, Yrjö ; Zur Geschichte der finnisch-ugrischen anlautenden s- und č-Laute im Tscheremissischen (*FUF*, VI), 1906.

　　チェレミス族は、現在のソ聯邦内のマリ（Mari）自治共和国を中心として、即ちヴォルガ河の大弯曲部の北方、ヴィアトカ河とヴェトルガ河の中間に主として居住しているが、一部は遙か東方のペルム・ウファ附近にも分散している。

　　チェレミス族（チェレミス語）は、古くからその地理的分布によって、山地チェレミス（ヴォルガ右岸の高地のチェレミス）・草地域は森林チェレミス（ヴォルガ左岸の草地・森林地帯のチェレミス）・東部チェレミス（ペルム・ウファ附近のチェレミス）に三分されるのが普通であったが、Wichmann や Weske 等の研究の結果、今日では言語的には西部方言と東部方言に二大別される。この場合の西部方言には Kozmodemjansk 方言（いわゆる「山地チェレミス」方言）と Jaransk 方言（いわゆる「草地チェレミス」中の北西部）が属し、東部方言には Krasnokokšajsk, Čeboksar, Uržum, Malmyž, Jelabuga 諸方言（「草地チェレミス」の他の部分）、と Ufa, Perm 方言（「東部チェレミス」方言）が含まれる。

(18)　いわゆる前方母音と後方母音の類別に基く母音調和の現象は、チェレミス語（殊に西部方言）ではかなり規則的にあらわれている（方言的には母音の円唇性に関する調和の現象もみられる）。

(19)　Beke Ödön ; Zur Geschichte der finnisch-ugrischen s-Laute (*FUF.* XXII), 1934.
　　マルジュ方言では、Starinoneyer, Karmankina, Mamakova 各村、ウルジュム方言では Serednyj, Jadykbyljak, Petrušin, Niznaja, Süksa, Sabujal 各村、ペルム方言では Sarai 村、ウファ（ビルスク）方言では、Staro-Orjebaš, Starajaš, joškar-ßamaš 各村出身者の例が挙げられている。

(20)　Zur finnisch-ugrischen Lautlehre, 1902.

(21)　Die finnisch-ugrischen s-Laute, 1918.

(22)　この Paasonen（前掲書119頁）の挙げている例にはマルミジュ方言に特に注意が払われてはいないようだが、Wichmann ; *Tscheremissische Text* によれば、マルミジュ方言は š- の頭音を示す（註26参照）。

(23)　チェレミス族の当時の住地と推定されるヴォルガ中流地域へのボルガール族の出現については Ibn Rusta（西紀900年頃）の記載が最も古い記録であるから、こ

の時期はほぼ西紀8、9世紀以前と考えられる（考古学者のA. M. Tallgren [*Eberts Reallexikon der Vorgeschte*, Ⅲ, 356頁] によれば、ボルガール族のヴォルガ・カマ河地域への出現は600年頃である）。尚このヴォルガ・ボルガール族の勢力は、13世紀の蒙古の南露征服まで続いた。

(24) Wichmann, Yrjö ; Zur Geschichte der finnisch-ugrischen anlautenden s- und č-Laute im Tscheremissischen (*FUF.* VI), 1906.

(25) 原始フィン・ウゴル語 *ś- 類の語で、今日のチェレミス語で s- を示す例は若干あるが、これは西部方言のみにみられる現象である（註10参照）。

(26) Wichmann, Yrjö ; *Tscheremissische Texte mit Wörterverzeichnis und grammatikalischem Abriss* (Helsingfors, 1923) には、

（ウルジュム）saŋga·, （マルミジュ）śaŋGa·, 'stirn' （チュワシュ, śamGa）, （コズモデミヤンスク）sa·rta, （ウルジュム）sorta·, （マルミジュ）śorta· 'Keize', （チュワシュ śorDa, şurDa）.

（コズモデミヤンスク）sä·kẹm, （ウルジュム）sakẹ·m, （マルミジュ）śakẹ·m 'aufhängen', （チュワシュ śak-）.

（コズモデミヤンスク）se·lmä, （ウルジュム）salma·, （マルミジュ）śalma· 'Bratpfanne', （チュワシュ śalma）.

（ウルジュム）sò·lǝk, （マルミジュ）śò·luk 'Handtuch, Kopftuch', （チュワシュ şulǝk）.

のように、チュワシュ語 ś- 類の借用語でマルミジュ方言の例の挙げられているものが13例あり、その中の12例は他方言 s- ～ マルミジュ方言 ś、1例のみが各方言 ś- である。

(27) Wichmann 前掲書には、チュワシュ語 s- 類の借用語でマルミジュ方言の例が挙げられているものは1例しかないが、それには他方言 ś- に対しマルミジュ方言 ś- ～š- となっている。

（コズモデミヤンスク）śǝ·l'ǝ, （ウルジュム）sü·l'ǝ, （マルミジュ）šü·l'ǫ, sü·l'ǫ, 'Hafer' （チュワシュ sǝlǝ）.

(28) 以上を図示すれば次の通りである。

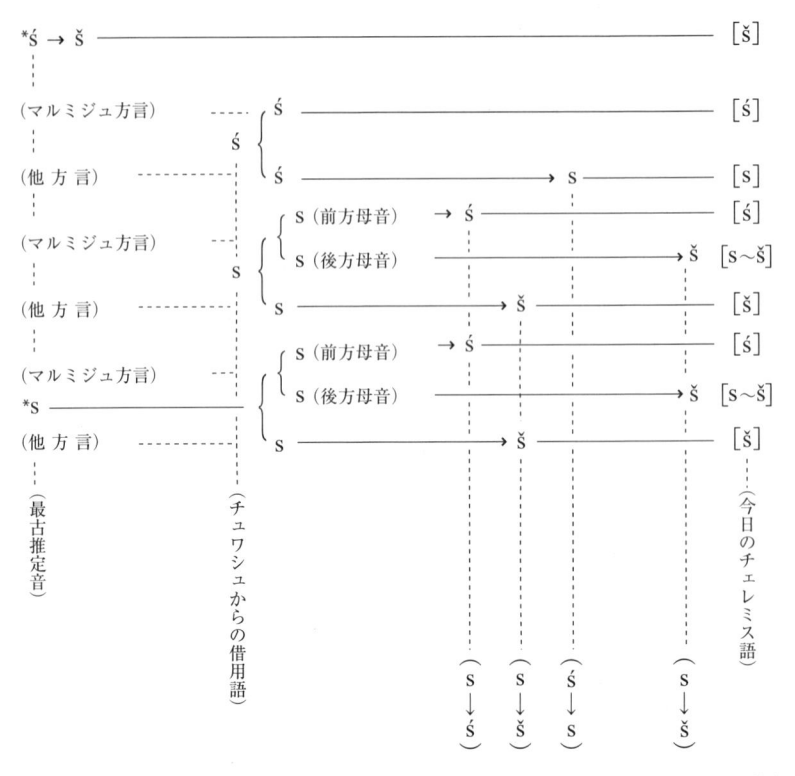

```
*ś → š ────────────────────────────────────── [š]

(マルミジュ方言) ┄┄┄┐    ┌ ś ──────────────────────────── [ś]
                  ś ┤
(他 方 言) ┄┄┄┄┄┄┘    └ ś ──────────────→ s ──── [s]

(マルミジュ方言) ┄┄┄┐    ┌ s (前方母音) → ś ──────────── [ś]
                  s ┤   │ s (後方母音) ──────────────→ š [s〜š]
(他 方 言) ┄┄┄┄┄┄┘    └ s ──────────────→ š ──── [š]

(マルミジュ方言) ┄┄┄┐    ┌ s (前方母音) → ś ──────────── [ś]
*s ┄┄┄┄┄┄┄┄┄┄┄┄┄┤   │ s (後方母音) ──────────────→ š [s〜š]
(他 方 言) ┄┄┄┄┄┄┘    └ s ──────────────→ š ──── [š]
```

（最古推定音）　（チュワシュからの借用語）　　　　　　　　　　　　　　　　（今日のチェレミス語）

s　s　ś　s
↓　↓　↓　↓
ś　š　s　š

　マルミジュ方言は一般に他方言と異る音韻的特徴を示しているが、まだその原因について何らかの推論を下しうるだけの充分な資料を持っていない。

　尚、［註10］に挙げたような例、即ち *ś- 類の語で、今日のチェレミス語方言において s- を示す語は、Wichmann (Tscheremissische Texte) に6‐7例、Beke（前掲書）に3例が見出され（Inlaut の *ś〜*ź 類にも同様の例が若干ある）、その殆どすべてが、コズモデミヤンスク（「山地チェレミス」）方言のみにみられる現象である。これについては更に検討を要する（これらの語の殆どすべてが、その語中に ts, 又は dz を有していることにも注意すべきであろう）。

フィン・ウゴル諸語の母音調和

　フィン・ウゴル諸語の中で、母音調和（Vokalharmonie）といふ現象のみられるのは、マヂャル語（ハンガリー語）、西シベリアのヴォグル語諸方言、フィン諸語中のスオミ語（フィンランド語）・カレリア語・エストニア語の或方言、欧露のモルドヴィン語・チェレミス語である。一方、ラップ語、オスチャーク語、ヴォチャーク・ズュリエーン語（及びサモエード語）には母音調和が見出されない（アルタイ系の諸言語には一層規則的な母音調和がある）。

　母音調和といふのは、synchroniqueな観点からいへば母音の配列に関する法則で、或一つの単語には或一定の種類の母音しかあらはれないといふこと、即ち或語には前方母音のみ、或語には後方母音だけしかあらはれない、また前方母音語には前方母音の語尾が、後方母音語には後方母音の語尾形がつくことを称するのであるが、そのあらはれ方の規則性は各方言によってかなり異なって居り一様でない。

　例へば、フィン・ウゴル諸語中、かなり規則的な母音調和を示してゐるマヂャル語とスオミ語の例を挙げると、

　（マヂャル語）ember「人」, erdö「森」, sikerül「成功する」, állat「動物」, gondolat「思想」, hosszú「長い」

　（スオミ語）käsi「手」, pöytä「机」, hyvä「よい」, loppu「終」, muna「卵」, paha「悪い」

　（マヂャル語）ember-nek (Dativ), kert-ben (Inessiv), állat-nak (Dativ), iskolá-ban (Inessiv).

などは母音調和の法則に従ってゐるが、次のやうな例も多い。即ち、

　（マヂャル語）csillag「星」, répa「かぶら」, pusztít「破壊する」

　（スオミ語）iso「大きい」, heikko「弱い」, tuli「火」

などでは、e, iが中性母音の役割をして居り、一語の中で後方母音と並存して

ゐる（これは一部は音韻変化の結果であり、一部は後方母音 i に由来してゐる）。

この他にも、母音調和の法則からいへば不規則な混合母音語が多数あるが、これは起原的には二つの語の合成語か、或いは外来の借用語かである。例へば、

　（マヂャル）földesúr「地主」, drágakő「宝石」, evangélium「福音」, templom「寺」, tallér「ターレル」

又、マヂャル語及びチェレミス語方言には、円唇性に関する母音調和があるが、これは或特定の条件の下においてのみあらはれるもので、範囲もごく狭い。

　（マヂャル）barát-hoz, heteg-hez, őr-höz,.（Allativの語尾）

diachroniqueな観点からみた母音調和について簡単に述べる（マヂャル語の場合について）。

マヂャル語の最も古い文献であるHalotti Beszéd（十三世紀前半）には、母音調和の法則に従ってゐない語が若干ある。例へば、

paradisum-ben, milost-ben, iov-ben（Inessiv）

halal-nec, pucul-nec（Dativ）

vilag-bele, uruzag-bele（Illativ）

などで、これらの格語尾は、現在のマヂャル語では語幹の母音に調和したparadicsom-ban, halál-nak, világ-ba 等の形になってゐる。

かやうな例から、マヂャル語の母音調和は、古くは語幹のみに限られ語尾には及んでゐなかったとみられるが、この場合 nec, ban などは当時の言語意識で或程度独立した語と感じられてゐた故に語幹の母音に調和しなかったのであらう。マヂャル語において、このやうな副詞に由来する第二次的格語尾と、これと同様な機能を有する後置詞とのちがひは、これらと前に来る名詞とが一語と意識されるか否かにあるに過ぎない。即ち、上述のben, necなどは次第に独立の語とは意識されなくなり、格語尾として語幹の母音に調和したのである（ház-ban「家の中で」, kert-ben「庭の中で」, ház-nak「家に（の）」, kert-nek「庭に（の）」。

一方、現在のマヂャル語の後置詞といふのは、未だ独立の語と意識されてゐるものであって、これらは母音調和をせず、先行の語と離して書かれる（asztal alatt「机の下で」, szék alatt「椅子の下で」, asztal mellett「机の傍で」, szék mellett「椅子の傍で」)。

ところが、時を示す-korなどは丁度この両者の過渡的な段階にあり、先行語につけて書かれるが母音調和はしない (kettőkor「二時に」, háromkor「三時に」)。しかし或方言には kettő-kö といふ形があり、これは母音調和がこの-korの場合にも及びつつあることを示してゐる。

以上は母音調和が語幹から語尾へ及んだ場合であるが、次に挙げるやうな諸例 (外来の借用又は語の合成によって生じた語) は、マヂャル語の母音調和が語幹内においてもかなり新しい時期に起り得たこと、更に現在でも起り得ることを示してゐる。

(借用語の場合) herceg (＜Herzog), togoly (＜Vogel), cukor (＜Zucker), Gergely (＜Gregor).

(合成語の場合) jámbor (＜jó-ember), ahajt (＜a-helyt).

次に、母音調和を示さない混合母音語 (借用語・合成語) に語尾がつく場合をしらべると、原則としては語尾の母音はその混合母音語の最後の音節の母音に調和する (bibliá-nak, ceruzá-nak, tésztá-nak, szóbeszéd-ben等)。しかし最後の音節にe, é, i, íが中性母音なのでこの語の全体が後方母音語として意識され語尾も後方母音の形をとるのが普通である (szomszéd-nak, jácint-nak, holmi-nak等)。

ところが、日常会話では、かういふ場合の語尾母音が語幹の最後の音節の母音に調和して前方母音形をとる傾向が次第に強くなって居り、新聞などにも次のやうな例が屡々みられる (Bukarest-ben, Fiumé-ben, Athén-ben, Mussolini-nek, 等)。

以上、例を省略して甚だ簡単に述べたが、これを総括すると、(1) 十三世紀の Halotti Beszéd の時代には母音調和は主として語幹内にあらはれてゐたが、その後次第にすべての語尾にも及ぶようになった、(2) 音韻変化に因る中性母音の成立や、語の合成・外来語の借用などによって、母音調和の規則性は常に妨げられてゐる、(3) しかし、かうして生じた混合母音語の一部には今日既に母音調和が行はれてゐる、(4) 今日の口語・方言では常に新しい母音調

和の現象が生じてゐる。そして、これらを通観していひ得ることは、マヂャル語においては、最古の文献の時代から今日に至るまで常に母音調和への傾向が生きて働いてゐるといふことである。

　この母音調和が、フィン・ウゴル祖語（或はウラル祖語）の時代から存してゐたか、又は個々の言語における後代の発達の結果かといふ問題については、フィン・ウゴル語学者の見解が一致してゐない。フィン・ウゴル諸語は極めて新しい文献しか持ってゐないため、かやうな問題の決定は困難である。要するに、母音調和といふ傾向がフィン・ウゴル語族の多くの言語に平行して存在してゐる以上、この間に何らかの関連を推定することは当然と思はれるが、一方、少くともフィン・ウゴル語研究の言辞の段階では、比較的古い文献に恵まれてゐるマヂャル語をとってみても、古い時代ほど規則的な母音調和は行はれてゐたといふ証明は見出されないのである。

ハンガリー語

I. 分　　布

1．ハンガリー語（Hungarian）―自称ではマヂャル（Magyar）語―を話す人口の総数は約1,200万で、その中の900万弱がハンガリー国内に居り、他の大部分は隣接諸国に少数民族として住んでいる。その内訳は、第二次大戦前の統計によると、ルーマニア（主としてトランシルヴァニア Transylvania 地方）に約150万、チェッコ＝スロヴァキア（主としてスロヴァキア Slovakia）に70万強、ユーゴー＝スラヴィア北部に約50万などであるが、この数は戦後の現在も大した変化がないものと思われる。尚、米国その他にもハンガリー語を話す移民がかなりいる。

2．ハンガリー語の方言的差異は比較的少ないが、ふつう次の8方言に分けられる。

 i) 西部方言：ハンガリーの最西部、ラーバ（Rába）河流域及びザラ（Zala）地方などの方言。

 ii) ドナウ河以西方言：前者の東に接し、ドナウ河に至る地域の方言。

 iii) アルフェルド（Alföld）［ハンガリー平野］方言：地域的にはハンガリー中央平野の大半を含むが、ユーゴー＝スラヴィア北部のハンガリー方言もこれに属する。

 iv) ドナウ・ティサ（Tisza）両河間の方言：ドナウ河・ティサ河中間地域の若干の方言。

 v) 北東方言：ハンガリー平野北部とティサ河上流地域の方言。

 vi) トランシルヴァニア中西部の方言：トランシルヴァニア地方（第一次大戦後はルーマニア領）に住む大部分のハンガリー人の方言。

 vii) セーケイ（Székely）方言：トランシルヴァニア東部山地に住むハン

ガリー人（セーケイ族）の方言。ルーマニアのモルドヴィア（Moldavia）地方にいる少数のハンガリー人（チャーンゴー Csángó 族）の方言もこれに属する。

viii) 北西方言：チェッコ＝スロヴァキア国内のスロヴァキア地方にいるハンガリー人（パローツ Palóc 族）の方言。

II. 系　　統

1. ハンガリー語は、その系統からはウラル語族に属し、周囲のインド＝ヨーロッパ系諸言語の間で言語的孤島をなしている。

2. ウラル語族（Uralic）に属する言語を挙げれば次の通りである。

（A）フィン・ウゴル（Finno-Ugrian）語派

　（a）フィン（Finnish）[1] 語派

　　（1）ペルム（Permian）語

　　　（i）ズュリェーン（Ziryen）語［コミ（Komi）[2] 語］

　　　（ii）ヴォチャーク（Votyak）語［ウドムルト（Udmurt）語］

　　（2）チェレミス（Cheremiss）語［マリ（Mari）語］

　　（3）モルドヴィン（Mordvin）語［モクシャ（Moksha）方言及びエルジャ（Erzya）方言］

　　（4）バルト＝フィン（Baltic Finnish、ドOstseefinnisch）諸語

　　　（i）フィン（Finnish）語［スオミ（Suomi）語］

　　　（ii）カレリア（Karelian）語

　　　（iii）ヴェプセ（Vepsian）語

　　　（iv）ヴォート（Votian）語

　　　（v）リーヴ（Livonian）語

　　　（vi）エストニア（Estonian）語

　　（5）ラップ（Lappish）語［サーメ（Saame）語］

　（b）ウゴル（Ugrian）語派

　　（1）オビ＝ウゴル（Ob-Ugrian）語

　　　（i）ヴォグル（Vogul）語［マンシ（Mansi）語］

（ⅱ）　オスチャーク（Ostyak）語［ハンティ（Hanti）語］

　（２）　ハンガリー語［マヂャル語］

（Ｂ）　サモイェード（Samoyed）諸語

　（１）　ユラーク＝サモイェード（Yurak Samoyed）語［ネネツ（Nenets）語］

　（２）　タウギ＝サモイェード（Tawgi Samoyed）語［ガナサン（Nganasan）語］

　（３）　イェニセイ＝サモイェード（Yenisei Samoyed）語［エネツ（Enets）語］

　（４）　オスチャーク＝サモイェード（Ostyak Samoyed）語［セリクプ（Sel'kup）語］

　これら諸言語の中、ズュリェーン語はヨーロッパ＝ロシアの北東部（ソ連邦内のコミ自治共和国地域）とカーマ（Kama）河上流地方に、ヴォチャーク語はその南方のカーマ、ヴィアトカ（Viatka）両河流域（ウドムルト自治共和国）に、チェレミス語はカザン（Kazan）附近のヴォルガ（Volga）河流域（マリ自治共和国）とその東方のウファ（Ufa）附近に、モルドヴィン語はヴォルガ河支流のモクシャ（Moksha）河、スーラ（Sura）河地方（モルドヴァ自治共和国）とクイビシェフ（Kuibyshev）附近のヴォルガ河流域に分布して居り、フィン［スオミ］語は北欧のフィンランド国内に住むフィン［スオミ］民族の言語、他のバルト＝フィン諸語はソ連邦のバルト海沿岸地方の小民族の言語、ラップ語はスカンディナヴィア半島最北部に住むラップ族の言語である。また、サモイェード語はシベリア西北部・北極海岸の広い地域に分布している。

　ハンガリー語と系統上で最も近い関係にあるオビ－ウゴル語は、その地理的分布からみれば逆に最も遠く離れて居り、この言語を用いる住民の文化水準も著しく異る。オビ＝ウゴル族の中で、ヴォグル族はウラル山脈東側のソスヴァ（Sosva）、コンダ（Konda）、タヴダ（Tavda）などオビ（Ob'）河諸支流の流域に、オスチャーク族はオビ河とイェニセイ河の流域に住み、何れも狩猟・漁撈によって生活する極めて未開の民族で、広大な地域に散住しているけれども、その人口はヴォグルが約5,000名、オスチャークが約２万名しかいない。

3．フィン＝ウゴル諸民族の原住地が何処であったかという問題については、言語学者・考古学者らによって多くの説が発表されているが、大体においては東はウラル山脈、西はヴォルガ河上流とオカ（Oka）河、北はカーマ河上流、南はビェラヤ（Byelaya）河に及ぶ地域に拡っていたものと推定される。更にこの中で西部派（フィン派）と東部派（ウゴル派）とが次第に分離し、そのウゴル派の一部は後にウラル山脈を東へ越えて今日のオビ＝ウゴル族となり、他の一部（ハンガリー［マヂャル］民族の祖先）が数世紀間の民族移動時代を経てヨーロッパに入ったのである。

III．文献の歴史

1．ハンガリー［マヂャル］民族が現在の国土へ入ったのは896年であるが、それ以前のハンガリー語については何の記録もない。[3]

2．ハンガリー語に関する最も古い資料は、10-11世紀頃のギリシャ語・ラテン語文書中に見出されるハンガリー名であって、例えば東ローマ皇帝 Konstantinos Porphyrogennetos（コンスタンティヌス七世の異名）（在位945-959）の記録にも幾つかのハンガリーの地名・人名が記されているし、また11世紀ごろハンガリー国内で書かれたラテン文の年代記や公文書などには、ラテン語の説明のためのハンガリー語句が屡々見出される。かような資料の中で最も有名なものは、ティハニュ（Tihany）にある修道院の建立寄進状（1055年）で、この文書中に記されているハンガリー語数は58例に及ぶ。

3．更にキリスト教がハンガリーへ拡まるに伴い、布教上の必要からハンガリー語の短い祈祷の文句などが文字（ラテン文字）で記されるようになった。この種の断片的なハンガリー文の幾つかはラテン語文書の中に記載されて今日まで残り、初期ハンガリー語の貴重な資料となっている。その主なものを挙げれば—

（1） *Halotti Beszéd.*「弔詞」．（1200年頃）。死者を葬る際の弔詞で、ベネディクト派修道士によってラテン文から翻訳されたもの。

（2） *Ó-Magyar Mária-siralom.*「古ハンガリー語のマリア悲歌」．（1300年頃）。ラテン宗教詩のハンガリー訳。

（3） *Gyulafehérvári Glosszák.*「ヂュラフェヘールヴァール註解集」．(1310-20年頃)。短いラテン語句のハンガリー訳を列挙したもの。[4]

（4） *Königsbergi Töredék.*「ケーニヒスベルク断簡」．(14世紀末葉)。宗教的内容のハンガリー文断片。[5]

これら13-14世紀頃の文献にあらわれたハンガリー語（ふつう「古ハンガリー語（Ó-Magyar)」と称される）は、幾つかの古風な特徴を示してはいるけれど[6]も、全体として見れば現代ハンガリー語とさほど著しい相違は認められない。例えば、英語・フランス語・ドイツ語などが13-14世紀頃から今日までの間に蒙った変化に比べれば、ハンガリー語の場合はその程度が遙かに少ないと言えるだろう。

4．14世紀末からは既に、ハンガリー文の聖者伝説とか聖書の部分訳というようなハンガリー語文書が各派の修道院で書かれるようになった。この種の宗教的文書の数は15-16世紀にかけて相当多かったらしいが、今日まで残っているのは少数の写本に過ぎず、しかも16世紀に入ってからのものが大部分を占める。この中で最も古いものは14世紀末の成立と推定される Jókai Kódex (Ehrenfeld Kódex ともいう) である。

かような古写本時代（14世紀末から16世紀始めまで）のハンガリー語は、その極く初期のものを除けば、「古ハンガリー語」と幾分異る点がみられ、言語史的には既に現代ハンガリー語時代に属する。また、この時代の諸文書は、音の表記法についても、前代と比べてかなりの進歩を示し、ハンガリー語の音韻体系に即した種々の工夫が大々の筆者によって試みられている。[7]

5．16世紀になると、新教の普及や印刷術の輸入によって、今まで修道院の内部のみに限られていた文書による知識が一般民衆の間に解放され、一方これに促されてハンガリー語の文学も俄かに勃興し、Balassa Bálint（バラッシャ、1551-94）のようなすぐれた詩人が生れている。尚、ハンガリー文語の統一が略々完成されたのもこの世紀の末頃のことであって、これには Károli Gáspár（カーロイ）［新教］と Káldi György（カールディ）［カトリック］によるハンガリー訳聖書（前者は1570年、後者は1626年）や、Pázmány Péter（パーズマーニュ、1570-1637) の宗教的著作などが最も大きな役割を演じた。

6．16-17世紀にかけハンガリー国土の大半はオスマン＝トルコに占領されていたが、ハンガリー語の危機はこの時期よりもむしろ18世紀のハプスブルグ家統治時代に生じた。これは主に、当時のオーストリー政府によるドイツ化政策のためハンガリー指導階級の間にドイツ語の勢力が著しく増大したことと、長期間の戦乱で人口の減少した国内各地へドイツ系移民が多数来住したことに基づく。この時期にはハンガリー語の文学も衰え、書物は専らラテン語で書かれるようになった。従ってハンガリー語自体も当然その影響を受け、ドイツ語流の言い表わし方や、ドイツ語からの借用語が多数流入している。

7．しかし、18世紀末頃から興った民族主義の気運は国民文学の再興となってあらわれ、同時にハンガリー語への新たな国民的自覚を促した。かような国語擁護の精神から生れたのが文学者 Kazinczy Ferenc（カジンツィ、1759-1831）らの「言語改新」(Nyelvújítás) の試みである。その主眼とするところは、外来語の使用を避け、ハンガリー語本来の語幹・語尾のみによる語彙の新造、古語の復活、民衆的語彙の採用などの手段でハンガリー語の表現を豊かにしようとするにあった。この「言語改新」運動は当時の学界・文壇に賛否両派の激しい論争を惹き起したが、やがて国民文学の代表的作家たち、詩人 Vörösmarty Mihály（ヴェレシュマルティ、1800-55）、Petőfi Sándor（ペテーフィ、1823-49）、Arany János（アラニュ、1817-82）、小説家 Jókai Mór（ヨーカイ、1825-1904）らの作品を通じて、ハンガリーにすぐれた文学語を成立させる結果となった。

Ⅳ．語彙借用の歴史

1．ハンガリー語の語彙にはかなり多くの借用語が含まれているが、その大多数はチェルク、スラヴ、ロマン系諸語及びドイツ語から入ったものである（何れも今日用いられるハンガリー語彙の略7-10パーセントずつを占めている）。

2．1．この中で最も古い歴史を持つチュルク系の借用語は、更に3つのグループに大別される。その第1群は古い時代のチュヴァシュ語[9]から入ったもので、bika《牡牛》、borjú《犢》、disznó《豚》、ökör《牡牛》、sajt《乾酪》、tyúk《鶏》；árpa《大麦》búza《小麦》、eke《鋤》、sarló《鎌》、tarló《刈田》；alma《林檎》、bor《葡萄酒》、borsó《豌豆》、körte《梨》、szőlő《葡萄》；kapu《門》、

kút《泉、井戸》、sátor《天幕》、szék《腰掛、台》、tükör《鏡》；など飼畜・農耕・果樹栽培・住居などに関する語が多い。これらは、ハンガリー［マヂャル］民族が、ウラル山脈附近の原住地を離れて民族移動を開始した後、5世紀後半から9世紀始め頃までの数世紀間定住していた黒海東北岸（現在のクバン(Kuban)河附近）の地域で、チュルク系ボルガール（Bolgar）族[10]の言語から借用したものと推定される（これらの借用語の存在からみれば、それまで狩猟生活を営んでいたマヂャル民族は、このボルガール族との接触によって家畜飼養や農耕の方法を学んだのであろう）。

2.2. チュルク系の借用語の第2群には、árok《濠》、csoport《群》、kún《クマン人》、orosz《ロシア人》、öreg《老いた、大きな》、örmény《アルメニア人》、özön《洪水》、その他があり、これらはチュルク系のカザル（Kazar）、クマン（Kuman）、ペチェネーグ（Pechenyeg）諸族の言語から入ったものと考えられる。[11]

2.3. 第3群は16-17世紀のオスマン＝トルコによる国土占領時代に入った語彙で、basa《パシャ（オスマン＝トルコ時代の総督）》、bég《ベグ（オスマン＝トルコ時代の役人）》、dervis《回教托鉢僧》、janicsár《ヤニチャール（オスマン＝トルコ時代の近衛兵）》など当時の軍事・行政に関するものが多い。

3. スラヴ系の借用語はその数が最も多いが、大部分は10-13世紀に輸入されたもので、これらは古代教会スラヴ語的な特徴を示している。この他クロアティア語、スロヴェニア語から入ったものもかなり多い。スラヴ語からの借用語の若干の例を挙げれば、

（ⅰ）　キリスト教に関するもの：*apáca*《尼僧》、*karácsony*《クリスマス》、*keresztény*《キリスト教徒》、*oltár*《聖餐壇》、*pogány*《異教徒》、*puspok*《キ教、司教》、*szent*《聖者》、*csütörtök*《木曜日》、*péntek*《金曜日》、*szerda*《水曜日》、*szombat*《土曜日》、など。

（ⅱ）　国家・社会生活に関するもの：*család*《家族》、*császár*《皇帝》、*király*《王》、*robot*《賦役》、*szolga*《従僕》、*szomszéd*《隣人》、*tömlöc*《牢獄》、*vitéz*《勇士》、など。

（ⅲ）　住居に関するもの：*ablak*《窓》、*asztal*《机》、*konyha*《台所》、*pince*

《地下室》、*udvar*《中庭》、*utca*《道》、など。

(ⅳ) 職業（手工業）に関するもの：*gerencsér*《陶工》、*kalapács*《槌》、*kovács*《鍛冶屋》、*mészáros*《肉屋》、*takács*《織工》、など。

(ⅴ) 植物名：*bab*《豆》、*dinnye*《甜瓜》、*répa*《蕪菁》、*rozs*《ライ麦》など。

(ⅵ) 動物名：*galamb*《鳩》、*macska*《猫》、*medve*《熊》、*pisztráng*《鱒》など。

があり、建国初期のハンガリーに及ぼしたスラヴ族の著しい影響を反映している。

4．ドイツ系の借用語には *Duna*《ドナウ河》；*bükk*《ぶな》、*föld*《土地》、*halom*《丘》、など9-10世紀頃の借用と考えられるものも若干あるが、その多くは11世紀以後、ハンガリー国土へのドイツ系移民の来住に伴って輸入された語彙で、中期高地ドイツ語（Mittelhochdeutsch）（主としてフランク方言）から入ったものである。その初期には騎士・貴族社会に関する語彙が多く（*Gellért*、*Imre*、*Lénárd* その他の人名や、*frigy*《同盟》、*herceg*《公爵》、*páncér*《甲冑》、*torony*《塔》、など）、13-15世紀にかけドイツ移民による都市の建設が行われるようになってからは市民生活・商業関係の借用語が著しく殖えている。例えば：*bognár*《車大工》、*borbély*《床屋》、*céh*《同業組合》、*kalmár*《小売商人》、*pintér*《桶匠》、*polgár*《市民》、など。この他、更に新しい年代に属するドイツ語系借用語もかなりあるが、それらの多くはハンガリーがハプスブルグ家の支配下にあった18-19世紀の借用である。

5.1．ロマン系諸言語の中では、イタリー語からの借用語が最も古い歴史を持っている。イタリー系の借用語の若干は、10-11世紀頃に始まるハンガリーとヴェネツィアとの政治的・経済的交渉に伴ってハンガリー語へ入ったものであるが、その後イタリー系移民の流入（主にハンガリー各都市で商業に従事した）によって商業・経済関係の語彙（*bankó*《銀行券》）、*kassza*《金箱、金庫、現金》、*kontó*《勘定、計算書》、*piac*《市場》、など）が、また14-15世紀にはルネサンスの影響で芸術に関する語彙（*ária*《アリア（歌曲）》、*freskó*《壁画》、*orgona*《オルガン》、*trombita*《喇叭》、など）が多数に輸入された。

5.2. ラテン系の借用語は、初期のイタリー系宣教師によってもたらされた宗教関係の語彙（*evangélium*《福音書》、*iskola*《学校》、*kántor*《合唱指揮者》、*paradicsom*《天国》、*templom*《聖堂、寺院》、など）をはじめ、学芸・法制に関するものが多く、殊にラテン語文学の隆盛時代であった17-18世紀にその数を著しく増している。

V. 音　論　（附　文字）

1. 今日のハンガリー語の母音（音素）は次の通りである。
/a/ [ɔ] *a*、/o/ [o] *o*、/ö/ [ø] *ö*、/ɛ/ [ɛ] *e*、/e/ [e] *e*、/u/ [u] *u*、/ü/ [y] *ü*、/i/ [i] *i*、/ā/ [ɑː] *á*、/ō/ [oː] *ó*、/ȫ/ [øː] *ő*、/ē/ [eː] *é*、/ū/ [uː] *ú*、/ǖ/ [yː] *ű*、/ī/ [iː] *í*

1.1. この他、/åkådēmia/《アカデミー》、/ålgebrå/《代数学》、/švåjc/《スイス》などの外来語には/å/ [ɑ] *a* もあるが、その範囲は教養ある社会、殊に年齢の高い層に限定される。

1.2. /ɛ/ と /e/ とが区別されるか否かは、話し手によって一様でない（通時的にみれば、この区別は次第に消失する傾向にある）。標準語においてもこれを区別する人としない人がある。例えば、前者に属する人々にとっては、/mɛntɛk/ [mɛntɛk]《(…から)救われたる[複数]》、/mɛntek/ [mɛntek]《私は救う》、/mentɛk/ [mentɛk]《彼らは行った》、/mentek/「mentek]《お前たちは行く》の区別があるのに対し、後者ではこれらは無差別に/mɛntɛk/ [mɛntɛk] である。正書法でもかような差別なしに何れも *mentek* と書かれる。又、これを方言的に見れば、ハンガリー語は、/ɛ/ と /e/ の区別のある方言（A）（ドナウ河以西方言など）と、それのない方言とに分れ；区別のない方言は更にA方言の /e/ を /ɛ/ で置き換えている方言（B）（北東方言など）と、/ö/ で置き換えている方言（C）（アルフェルド方言など）とに分類される。例えば、

A方言　/hed'ɛš/ [hejɛʃ]《山（地）の》—/ hed'eš/ [hejeʃ]《尖った》
B方言　/hed'ɛš/ [hejɛʃ]《山（地）の》、《尖った》
C方言　/höd'öš/ [højøʃ]《山（地）の》／ höd'öš/ [højøʃ]《尖った》
（正書法では何れも hegyes）

従ってこれら諸方言の短母音の体系は次のやうに示すことができる。
　　　　（A）a　　ε　　　　（B）（C）　　a
　　　　　 o　ö　e　　　　　　　　　 o　ö　ε
　　　　　 u　ü　i　　　　　　　　　 u　ü　i
2．子音（音素）は次の通りである。

/p/ [p] p、/b/ [b] b、/t/ [t] t、/d/ [d] d、/k/ [k] k、
/g/ [g] g、/f/ [f] f、/v/ [v] v、/s/ [s] sz、/z/ [z] z、
/š/ [ʃ] s、/ž/ [ʒ] zs、/h/ [h] h、/j/ [j] j、ly/ [c] ty、[^(15)]
/d'/ [ɟ] gy、/c/ [ts] c、(cz)、/ʒ/ [dz] dz、/č/ [tʃ] cs、/ǯ/ [dʒ] dzs、ds、
/m/ [m] m、/n/ [n] n、/ń/ [ɲ] ny、/r/ [r] r、/l/ [l] l

2．1．該当する子音について。

/m/ [m] は/f/、/v/の前にあれば唇歯音 [ɱ] である。

　/homlok/ [homlok]《額(ひたい)》；/hamvaš/ [hɔɱvɔʃ]《灰色の》

/n/ [n] は/k/、/g/の前にあれば軟口蓋音 [ŋ] である。

　/kɛnder/ [kɛnder]《大麻》；/tɛnger/ [tɛŋger]《海》

/h/は音節初頭では、語頭にあるか無声子音に続くかする場合は無声の [h]、母音又は有声子音に続く場合は有声の [ɦ] である。

　/hēt/ [heːt]《7》、/kaphat/ [kɔphɔt]《彼は手に入れ得る》

　/tɛhēn/ [tɛɦeːn]《牝牛》、/tɛrhɛl/ [tɛrɦɛl]《（それは…に）重荷を負わせる》

/h/が音節末尾にあらわれることは稀だが、その場合には前舌母音に続けば無声の硬口蓋音 [ç]、奥舌母音に続けば無声の軟口蓋音 [x] である。

　/ihlɛt/ [içlɛt]《感激》；/dohnāńi/ [doxnaːɲi]《Dohnányi［人名］》

/j/ は、無声子音に続く場合、それが語末ならば [ç] である。但しかような例は若干の動詞の二人称単数命令形にしかあらわれない。

　/lēpj/ [leːpç]《歩け》、/tēpj/ [teːpç]《裂け》

2．2．子音連続が語頭にあらわれる場合は、次のような種類のものに限られるが、これらも外来語か擬声語的な単語にしか存在しない。

　（1）/p、b、t、d、k、g、f/ と /r/ の連続。

　/prēm/《毛皮》、/grōf/《伯爵》、/francia/《フランス人、フランス語》

（2） /p、b、k、g、f、s/ と /l/ の連続。

/plet'ka/《おしゃべり（な）》、/klaštrom/《僧院》、/slāv/《スラブ人（の）》

（3） /š/ と /p、t、k、v、m、r、l/ の連続、及び/štr-/.

/šport/《スポーツ》、/švēd/《スェーデン人、スェーデン語》、/štrucc/《駝鳥》

3．ハンガリー語には、他の多くのウラル系及びアルタイ系諸言語と同じく、いわゆる母音調和の現象がある。[16]

母音調和に関して、ハンガリー語の母音は次の二系列（調音上の特徴では奥舌母音と前舌母音の対立に基く）と、中立母音（調音的特徴からは前舌母音であるが）に分たれる。

Ⅰ） /a/、/o/、/u/、/ā/、/ō/、/ū/；
Ⅱ） /ɛ/、 {/ö/、/e/、} /u/、/ē/、/ö/、/ü/；
　　　［中立母音］（/e/）、（/ē/）、/i/、/ī/；

この一方の系列に属する母音は、原則的には、他方の系列に属する母音と一語の中に共存しない。但し、中立母音はどちらの系列の母音とも自由に共存し得る。例えば：

Ⅰ）の母音だけの語： /apa/《父》、/homlok/《額(ひたい)》、/rōka/《狐》、/hamu/《灰》

Ⅱ）の母音だけの語： /mɛlɛg/《熱い》、/ɛrdō/《森》、/örɛg/《年とった、老人》、/küsöb/《敷居》

Ⅰ）の母音と中立母音の語： /čillag/《星》、/kīd'ō/《蛇》、/āšit-/《欠伸をする》、/ad'ek/《腰》

Ⅱ）の母音と中立母音の語： /idō/《時》、/cipō/《靴》、/kilɛnc/《9》、/ɛmber/《人間》

新しい外来語や複合語にはこの例外もかなり多い。例：

　/bürō/《事務所》、　　/parfümēria/《香水店》

　/fō-vāroš/《首都》、　/had-üd'/《軍事》

語幹に接尾辞・語尾のつく形において、母音調和は最も規則的にあらわれる。この場合、大多数の接尾辞・語尾の母音は、語幹の母音に応じてⅠ）とⅡ）の交替を示す。例えば：

/vāroš-ban/《町の中で》—/ɛrdō-bɛn/《森の中で》

/mad'ar-ul/《ハンガリー語で》—/görög-ül/《ギリシャ語で》

/ablak-nāl/《窓のそばで》—/tükör-nēl/《鏡のそばで》

/fā-bōl/《木の中から》—/fül-ből/《耳の中から》

/laššū/《ゆるやかな》—/könńū/《たやすい》(/-ū/ /-ü/ は形容詞を作る接尾辞)

但し、/-ig/《…まで》、/-ērt/《…のために》などの中立母音を持つ語尾は、/vāroš-ig /《町まで》、/ɛrdō-ig/《森まで》のように交替を示さない。

尚、語幹がⅠ)の母音と中立母音とを持っている場合は、接尾辞・語尾の母音はⅠ)の母音であり、語幹がⅡ)の母音と中立母音とを持つものであれば、接尾辞・語尾にはⅡ)の母音があらわれるのがふつうである。例えば：

/čillag-rōl/《星について》、/kīd'ō-nak/《蛇に》

/idō-rōl/《時について》、/cipō-nɛk/《靴に》

語幹が中立母音のみを持つ場合、接尾辞・語尾にあらわれる母音は、夫々の語幹によって、或いはⅠ)の母音であったり、或いはⅡ)の母音であったりするが、大体次のような規則を立てることができる。

ⅰ) /i, ī/ を持つ一音節語幹（その数はかなり多い）の中；

　a) 動詞語幹は殆んどすべてⅠ)の母音の接尾辞・語尾をとる。例：

　　/bīr-/《所有する、できる；[古義]：支配する、統治する》：/bīr-tok/［二．複．現］、/bīr-nak/［三．複．現］、/bīr-ō/《裁判官》

　　(但し、/his-/《信ずる》：/his-tek/［二．複．現］、/his-nɛk/［三．複．現］)

　b) 名詞語幹には、Ⅰ)の母音の接尾辞・語尾をとるものと、Ⅱ)の母音のそれをとるものとがある。例：

　　/hīd/《橋》：/hīd-nak/《橋に》、/hīd-rōl/《橋について》

　　/hīr/《報せ》：/hīr-nɛk/《報せに》、/hīr-rōl/《報せについて》

ⅱ) /e, ē/ を持つ一音節或いは二音節語幹は殆んどすべてⅡ)の母音の接尾辞・語尾をとる。

　　/sem/《目》：/sem-nɛk/《目に》、/sem-rōl/《目について》

　　(但し、/hēj/《殻、皮》：/hēj-nak/《殻に》、hēj-rōl《殻について》

更に、Ⅱ)の母音、或いはⅡ)の母音と中立母音を持つ語幹のみに関する別の種類の母音調和（円唇性に基く調和）がある。これは、Ⅱ)の母音の中で、円唇の /ö, ü, ȫ, ǖ/ のあとには必ず円唇の母音 /ö/ が続くという現象である。しかしこの母音調和は、Ⅱ)の母音の間だけ、しかも /e/～/ö/ だけの問題であるばかりでなく、そのあらわれる範囲も語幹の最後の音節の母音と、語尾の母音との関係に限られている。例：

/ül-tök/《お前たちは坐る》、/fɛlɛl-tek/《お前たちは答える》—

/akar-tok/《お前たちは欲する》

/fül-höz/《耳の方（傍そば）へ》、/ńɛlv-hez/《舌の方へ》、(但し、/örɛg-hez/《老人の方へ》）—/lāb-hoz/《足の方へ》

尚、ハンガリー語には、類似の意味を持つ次のような一対の語（多くは擬声語・擬態語的なもの）がかなり見出される。これは語幹におけるⅠ)、Ⅱ)両系列の母音間の交替であって、母音調和が語の分化に利用されたものと考えられる。

/čūč/《(山の) 頂、(樹の) 梢》、/čūč/《(蒲団などの) 角、(壺の) 口》

/gomb/《ボタン、(扉の) 取手》、/gömb/《球体、球頭》

/dobban-/《鳴動する、(心臓が) 鼓動する [三. 単. 現]》、/döbbɛn-/《驚愕する、鼓動する》

/d'ūr-/《捏ねる、練る》、/d'ǖr-/《皺くちゃにする》

/kavar-/《(液休を) 撹拌する、混ぜる》、/kɛvɛr-/《撹拌する、混ぜる》

4. ハンガリー語のアクセント（強さアクセント）には一つの型しかない。即ち、強勢は常に語の第1音節にある。3音節以上の語では、それよりも弱い強めが奇数番目（第3、第5）の音節にある（複合語ではその第2要素の第1、第3音節にあらわれる）。

Ⅵ. 形態論[17]

1. 語幹

種々の接尾辞や語尾が接尾する場合に、語幹が常に同一の形である語（第Ⅰ類）と、語幹の形が交替する語（第Ⅱ類）とがある。

1．1．第Ⅰ類に属するもの：(名詞語幹のみ引例。第Ⅱ類も同様)。

hajó《船》、*hajók*［複数］、*hajót*《船を》、*hajón*《船（の上）で》

kocsi《馬車》、*kocsit*《馬車を》、*kocsim*《私の馬車》、*kocsija*《彼の馬車》

1．2．第Ⅱ類に属するものは、更に次のように分類することができる。

1）末尾母音に関して、ゼロ～短母音の交替を示すもの。これに属する語幹は、ゼロ～*a*～*o*～*u*；ゼロ～*o*～*u*；ゼロ～*e*～*ë*～*ü*；ゼロ～*e*～*ö*～*ü*、ゼロ～*ë*～*ü*、ゼロ～*ö*～*ü*、の中の何れかの交替を示す。

fog《歯》、*fognak*《歯に》～*fogak*《歯［複数］》、*fogat*《歯を》、*fogam*《私の歯》～*fogon*《歯（の上）で》～*fogunk*《私の歯》

pad《腰掛》、*padra*《腰掛（の上）へ》～*padot*《腰掛を》、*padom*《私の腰掛》、*padon*《腰掛（の上）で》～*padunk*《我々の腰掛》

kép《画》、*képről*《画（の上）から》～*képet*《画を》、*képem*《私の画》～*képën*《画（の上）で》～*képünk*《我々の画》

föld《畑、土地》～*földet*《畑を》、*földem*《私の畑》～*földön*《畑（の上）で》～*földünk*《我々の畑》

kert《庭》～*kertët*《庭を》、*kertëm*《私の庭》～*kertünk*《我々の庭》

kör《円、圏、仲間》～*körök*《円、圏［複数］》、*köröm*《私の仲間》～*körünk*《我々の仲間》

2）前項1）の交替に加え、更に語幹母音に関して、ⅰ）ゼロ～短母音；ⅱ）短母音～長母音；の交替を示すもの。

ⅰ）*bokor*《籔》、*bokorban*《籔の中で》～*bokrot*《籔を》、*bokrom*《私の籔》、*bokrunk*《我々の籔》

ⅱ）*úr*《主人》、*úrnak*《主人に》、*úron*《主人（の上）に》～*urat*《主人を》、*uram*《私の主人》、*urunk*《我々の主人》

3）前項1）、2）の交替に加え、更に語幹末に-v-が現れることのあるもの。[18]

kő《石》、*kőben*《石の中で》～*követ*《石を》、*kövön*《石の上で》、*kövünk*《我々の石》

4）末尾母音に関して長短の交替を示すもの。

fa《木》～*fában*《木の中で》、*fát*《木を》、*fám*《私の木》
ereje《彼の力》～*erő*《力》、*erőt*《力を》、*erőm*《私の力》

2．名　　詞

名詞には次のような語尾変化がある。

Ⅰ)　複数語尾

1)　*-k*：

hajó《船》— *hajók*
ház　《家》— *házak*
kő　《石》— *kövek*

2)　*-i*：これは人称語尾（次のⅡ参照）、又は所有をあらわす *-é*《…のもの》のついた語幹にのみ用いられる。人称語尾を有する語幹の場合は、その人称語尾の前に来る。例：

hajóm《私の船》(*hajó*《船》) — *hajóim*《私の船［複数］》
gyermëké《子供のもの》(*gyermëk*《子供》) — *gyermëkéi*《子供のもの「複数」》

Ⅱ)　人称語尾

単数

一人称	二人称	三人称
-m ;	*-d* ;	*-(j)a/-(j)e* ;[19]

複数

一人称	二人称	三人称
-nk ;	*-tok/-tëk/-tök* ;	*-(j)uk/-(j)ük* ;

例：

ház《家》— *házam*《私の家》、*házad*《お前（汝）の家》、*háza*《彼（彼女、それ）の家》、*házunk*《我々の家》、*házatok*《お前らの家》、*házuk*《彼らの家》

hajó《船》— *hajóm*《私の船》、*hajód*《お前の船》、*hajója*《彼の船》、*hajónk*《我々の船》、*hajótok*《お前らの船》、*hajójuk*《彼らの船》

kép《画》—*képem*《私の画》、*képed*《お前の画》、*képe*《彼の画》、*képünk*《我々の画》、*képetëk*《お前らの画》、*képük*《彼らの画》

名詞（語幹）が複数である場合《前述のⅠ）の2）参照》には、語尾は次のようになる[20]。

単数（所有者）

一人称	二人称	三人称
-im、-(j)aim/-(j)eim；	-id、-(j)aid/-(j)eid；	-i、-(j)ai/-(j)ei；

複数（所有者）

一人称	二人称	三人称
-ink；	-itok/-itëk,	-ik,
-(j)aink/-(j)eink；	-(j)aitok/-(j)eitëk；	-(j)aik/-(j)eik；

例：

hajó《船》—*hajóim*《私の船［複］》、*hajóid*《お前の船［複］》、*hajói*《彼の船［複］》、*hajóink*《我々の船［複］》、*hajóitok*《お前らの船［複］》、*hajóik*《彼らの船［複］》

kert《庭》—*kertjeim*《私の庭［複］》、*kertjeid*《お前の庭［複］》、*kertjei*《彼の庭［複］》、*kertjeink*《我々の庭［複］》、*kertjeitëk*《お前らの庭［複］》、*kertjeik*《彼らの庭［複］》

Ⅲ）格語尾[21]

1) *-t*《…を》(accusative)

   hajót《船を》(←*hajó*《船》)、*követ*《石を》(←*kő*《石》)

2) *-nak/-nek*《…に》(dative)

   hajónak《船に》、*kőnek*《石に》

3) *-ban/-ben*《…の中で》(inessive)

   hajóban《船の中で》、*kőben*《石の中で》

4) *-ból/-ből*《…の中から》(elative)

   hajóból《船の中から》、*kőből*《石の中から》

5) *-ba/-be*《…の中へ》(illative)

hajóba《船の中へ》、*kőbe*《石の中へ》

6) *-n*《…の上（面）で》(superessive)

   hajón《船上で》、*kövön*《石の上で》

7) *-ról/-ről*《…の上（面）から》(delative)

   hajóról《船上から》、*kőről*《石の上から》

8) *-ra/-re*《…の上（面）へ》(sublative)

   hajóra《船上へ》、*kőre*《石の上へ》

9) *-nál/-nél*《…の傍で、…のところで》(adessive)

   hajónál《船の傍で》、*kőnél*《石の傍で》

10) *-tól/-től*《…の傍から（離れて）》(ablative)

    hajótol《船の傍から》、*kotol*《石の傍から》

11) *-hoz/-hëz/-höz*《…の傍へ（向って）》(allative)

    hajóhoz《船の傍へ》、*székhëz*《腰掛の傍へ》、*kőhöz*《石の傍へ》

12) *-ig*《…まで》(terminative)

    hajóig《船（のところ）まで》、*kőig*《石（のところ）まで》

13) *-ért*《…のために》(causal-final)

    hajóért《船のために》、*kőért*《石のために》

14) *-val/-vel*《…を以て、…と共に》(instrumental、sociative)

    hajóval《船を以て》、*kővel*《石を以て》

15) *-vá/-vé*《　に［成る、変る］》(factive translative)

    hajóvá《船に［成る］》、*kővé*《石に［成る］》

16) *-ul/-ül*《…として》(essive)

    tanulóul《生徒として》(←*tanuló*《生徒》)、*vendégül*《客として》(←*vendég*《客》)

17) *-kép*(en)、*-ként*《…のように》(formal)

    máskép(en)《別様に》(←*más*《他（の）》)、*főként*《主に》(←*fő*《頭》)

18) *-nként*《…に分れて、…毎に》(distributive)

    csapatonként《隊をなして》(←*csapat*《（軍）隊》)、*csëppenként*《滴をなして》(←*csëpp*《滴》)

19) *-nta/ -nte*《…毎に》(temporal iteraive)

naponta《日毎に、毎日》(←*nap*《日》)、*évente*《年毎に、毎年》(←*év*《年》)

20) *-stul/-stül*《…と一緒に》(comitative)

hajóstul《船と一緒に》、*feleségëstül*《妻と一緒に》(←*feleség*《妻》)[22]

以上の格語尾の中、次のものは独立の語幹となって人称語尾をとる[23]。その他の格語尾には人称語尾をとる独立の形がない。

-*nak/-nek*：*nekëm*《私に》、*nekëd*《お前に》、*neki*《彼に》、*nekünk*《我々に》、*nektëk*《お前らに》、*nekik*《彼らに》

-*ban/-ben*：*bennem*《私の中で》、*benned*《お前の中で》、*benne*《彼の中で》、*bennünk*《我々の中で》、*bennetëk*《お前らの中で》、*bennük*《彼らの中で》

-*ból/-ből*：*belőlem*《私の中から》、*belőled*《お前の中から》、*belőle*《彼の中から》、*belőlünk*《我々の中から》、*belőletëk*《お前らの中から》、*belőlük*《彼らの中から》

-*ba/-be*：*belém*《私の中へ》、*beléd*《お前の中へ》、*belé(je)*《彼の中へ》、*belénk*《我々の中へ》、*belétëk*《お前らの中へ》、*beléjük*《彼らの中へ》

-*ról/-ről*：*rólam*《私について、私から》、*rólad*《お前について》、*róla*《彼について》、*rólunk*《我々について》、*rólatok*《お前らについて》、*róluk*《彼らについて》

-*ra/-re*：*rám*、*rëám*《私へ》、*rád*、*rëád*《お前へ》、*rá(ja)*、*rëá(ja)*《彼へ》、*ránk*、*rëánk*《我々へ》、*rátok*、*rëátok*《お前らへ》、*rájuk*、*rëájuk*《彼らへ》

-*nál/-nél*：*nálam*《私のそばで》、*nálad*《お前のそばで》、*nála*《彼のそばで》、*nálunk*《我々のそばで》、*nálatok*《お前らのそばで》、*náluk*《彼らのそばで》

-*tól/-től*：*tőlem*《私から》、*tőled*《お前から》、*tőle*《彼から》、*tőlünk*《我々から》、*tőletëk*《お前らから》、*tőlük*《彼らから》

-*hoz/-hëz/-höz*：*hozzám*《私のそばへ、私のところへ》、*hozzád*《お前のそばへ》、*hozzá(ja)*《彼のそばへ》、*hozzánk*《我々のそばへ》、*hozzátok*《お前らのそばへ》、*hozzájuk*《彼らのそばへ》

-*ért*：*értem*《私のために》、*érted*《お前のために》、*érte*《彼のために》、*értünk*

《我々のために》、*értetëk*《お前らのために》、*értük*《彼らのために》

-val/-vel：*velem*《私と共に》、*veled*《お前と共に》、*vele*《彼と共に》、*velünk*《我々と共に》、*veletëk*《お前らと共に》、*velük*《彼らと共に》

尚、*rajt-*《…（の上）で》は、*-n*《…（の上）で》の人称接尾語幹の代りに用いられる。

rajtam《私（の上）で》、*rajtad*《お前（の上）で》、*rajta*《彼（の上）で》、*rajtunk*《我々（の上）で》、*rajtatok*《お前ら（の上）で》、*rajtuk*《彼ら（の上）で》

尚、ハンガリー語にある多数のいわゆる後置詞は、これらと全く同様の人称語尾変化を示す。例えば、

alatt《…の下で》（*hajó alatt*《船の下で》）―*alattam*《私の下で》、*alattad*《お前の下で》、*alatta*《彼の下で》、*alattunk*《我々の下で》、*alattatok*《お前らの下で》、*alattuk*《彼らの下で》

előtt《…の前で》（*hajó előtt*）《船の前で》*előttem*《私の前で》、*előtted*《お前の前で》、*előtte*《彼の前で》、*előttünk*《我々の前で》、*előttetëk*《お前らの前で》、*előttük*《彼らの前で》

2.1. 名詞を作る接尾辞の主なものを挙げれば：

Ⅰ）名詞・形容詞の語幹に接尾するもの。

　1）*-ka/-ke*；*-cska/-cske* 指小辞（diminutive）

　　madárka《小鳥》（←*madár*《鳥》）；*egérke*《小鼠》（←*egér*《鼠》）*halacska*《小魚》（←*hal*《魚》）；*fulecske*《（小さな）お耳》（←*ful*《耳》）

　2）*-ász/ész*；*-s* 職業をあらわす。

　　halász《漁師》（←*hal*《魚》）；*kertész*《庭師》（←*kert*《庭》）*kapus*《門番》（←*kapu*《門、玄関》）

　3）*-zat/-zet*；*-ság/-ség* 集合名詞・抽象名詞を作る。

　　csillagzat《星座》（←*csillag*《星》）；*szëmélyzet*《人員》（←*szëmély*《個人》）*jóság*《善（意）》（←*jó*《よい》）；*szépség*《美》（←*szép*《美しい》）

　4）*-né* 女性をあらわす。

tanítóné《女教師》（←*tanító*《(男) 教師》）; *szinészné*《女優》（←*szinész*《(男) 俳優》）; *Petőfiné*《ペテーフィ夫人》（←*Petőfi*［人名］）

5) *-ék* （家）族をあらわす。

papék《牧師一家》（←*pap*《(牧師)》）; *Petőfiék*《ペテーフィ一（家）族、一党》（←*Petőfi*［人名］）

Ⅱ) 動詞語幹に接尾するもの。

1) *-ás/-és* ; *-at/-et* 行為或いはその結果を示す。

olvasás《読書》（←*olvas-*《読む》）; *kérdés*《質問、問題》（←*kérd-*《訊ねる》）

gondolat《思想》（←*gondol-*《考える》）; *felelet*《返答》（←*felel-*《答える》）

2) *-alom/-elëm* ; *-dalom/-delëm* 抽象名詞を作る。

hatalom《権力》（←*hat-*《影響を及ぼす》）; *félelëm*《恐怖》（←*fél-*《恐れる》）

irodalom《文学》（←*ír-*《書く》）; *győzedelëm*《勝利》（←*győz-*《勝つ》）

3) *-mány/-mény* ; *-vány/-vény* 行為の結果を示す。

adomány《贈物》（←*ad-*《与える》）; *gyüjtemény*《蒐集（品）》（←*gyüjt-*《集める》）

látvány《光景》（←*lát-*《見る》）; *ültetvény*《栽培植物、栽培地》（←*ültet-*《植える》）

3. 形 容 詞

名詞と同じ語尾変化がある。

jó《よい》—*jók*《よい物（人）［複数］》、*jót*《よい物を》

比較級は接尾辞 *-bb* のついた形で、最上級は更にこれに接頭辞 *leg-* のついた形で示される。

jó《よい》—*jobb*《よりよい》、*legjobb*《最もよい》; *jobbak*《よりよい物［複数］》、*jobbakat*《よりよい物［複数］を》

szép《美しい》—*szëbb*《より美しい》、*legszëbb*《最も美しい》

3.1. 形容詞を作る接尾辞の主なものを挙げれば：
 Ⅰ) 名詞・形容詞の語幹に接尾するもの。
  1) -i 所属を示す。
   hajói《船の》(←hajó《船》); budapesti《ブダペシュトの（人）》(←Budapest［地名］)
  2) -s; -ú/-ű 所有・存在を示す。
   hibás《欠点のある》(←hiba《欠点、誤り》); erős《力のある、力強い》(←erő《力》)
   négylábú《四つ足の》(←négy《4》+ láb《足》); rózsaszínű《薔薇色の》(←rózsa《薔薇》+szín《色》)
  3) -nyi 数量を示す。
   órányi《一時間（の長さ）の》(←óra《時間》); ökölnyi《拳くらい（の大きさ）の》(←ököl《握拳》)
  4) -t(a)lan/-t(e)len 欠如、否定を示す。
   atyátlan《父のない》(←atya《父》); reménytelen《望のない、絶望的な》(←remény《希望》)
  5) -ka/-ke; -cska/-cske; -ded; -s 指小辞。
   kicsi(ny)ke《ちっぽけな》(←kicsi(ny)《小さな》)
   ostobácska《間の抜けた》(←ostoba《愚かな》)
   kerekded《円味のある》(←kerek《円い》)
   sárgás《黄味がかった》(←sárga《黄色い》)
 Ⅱ) 語幹に接尾するもの。
  1) -ós/-ős, -ánk/-énk, -ékony/-ékëny 習慣・傾向を示す。
   harapós《咬みつき易い》(←harap《咬む》)
   félénk《臆病な》(←fél-《恐れる》)
   hajlékony《曲り易い。しなやかな》(←hajl-《曲がる》)

4. 数　　詞
基数詞は次の通りである[25]。

　　　1　ëgy /ed'd'/　　　　　　　　　　10　tíz

2	*kettő*（限定形容詞としては *két*）	20	*húsz*
3	*három*	30	*harminc*
4	*négy*	40	*nëgyven* [26]
5	*öt*	50	*ötven*
6	*hat*	60	*hatvan*
7	*hét*	70	*hetven*
8	*nyolc*	80	*nyolcvan*
9	*kilenc*	90	*kilencven*
		100	*száz*
		1.000	*ezër*
		1.000.000	*millió*

11	*tizënëgy* [27]	31	*harmincëgy*
12	*tizënkettő*	32	*harminckettő*
13	*tizënhárom*	33	*harminchárom*
……		……	

21	*huszonëgy*	44	*nëgyvennégy*
22	*huszonkettő*	55	*ötvenöt*
23	*huszonhárom*	66	*hatvanhat*
……		99	*kilencvenkilenc*

101	*százëgy*
102	*százkettő*
106	*százhat*
111	*száztizënëgy*
150	*százötven*
200	*kétszáz*
300	*háromszáz*

400　négyszáz
　　……

2.000　kétezër
5.000　ötezër
10.000　tízezër
100.000　százezër
1.954　ezërkilencszázötvennégy

4.1. 序数は、《第1》、《第2》をのぞき、基数詞語幹に -dik のついた形で示される。例：

harmadik《第3（の）》、nëgyedik《第4（の）》、huszadik《第20（の）》；harmincnëgyedik《第34（の）》

első《第1（の）、最初の》、második《第2（の）》(：más《他（の）》)；但し、tizënëgyedik /tizen-ed'd'ɛdik/《第11（の）》、tizënkettedik《第12（の）》

4.2. 分数は、基数詞語幹に -d のついた形で示される。例：

(ëgy) harmad《1/3》、két ötöd《2/5》、három tized《3/10》

4.3. 倍数は、基数詞語幹に -szor/-szër/-ször のついた形で示される。例：

kétszër《2倍（の）》、háromszor《3倍（の）》、ötször《5倍（の）》

5. 代名詞

5.1. 人称代名詞は次の通りである。

	単数		
	一人称	二人称	三人称
[主格形]	én《私》；	të《お前》；	ő《彼、彼女》；
「対格形」	engëm ; engëmet ;	tégëd ; tégëdet ;	őt ;

複数

	一人称	二人称	三人称
[主]	*mi*《我々》;	*ti*《お前》;	*ők*《彼ら、彼女ら》;
[対]	{*minket*; *bennünket*;	{*titëket*; *bennetëket*;	*őket*;

5.2. 所有代名詞は、
人称代名詞語幹+ -é- 〜 -e- (所有を示す接辞) +人称語尾の形であらわされる。

単数 (所有者)

	一人称	二人称	三人称
[単数]	*enyém*《私のもの》;	*tied*《お前のもの》;	*övé*《彼のもの》;
[複数]	*enyéim*《私のもの[複数]》;	*tieid*《お前のもの[複数]》;	*övéi*《彼のもの[複数]》;

複数 (所有者)

	一人称	二人称	三人称
[単数]	*mienk*《我々のもの》;	*tietëk*《お前らのもの》;	*övék*《彼らのもの》;
[複数]	*mieink*《我々のもの[複数]》;	*tieitëk*《お前らのもの[複数]》;	*övéik*《彼らのもの[複数]》;

5.3. 指示代名詞には次のようなものがある。

[遠称] {*az*、*amaz*《それ、あれ》, [複数] *azok*《それら》
　　　　ugyanaz《同じ(その)もの》, [複数] *ugyanazok*《同じ(その)もの》

[近称] {*ez*、*emez*《これ》, [複数] *ezek*《これら》
　　　　ugyanez《同じ(この)もの》, [複数] *ugyanezek*《同じ(この)もの》;

これらは格語尾をとる。(§2. 名詞の項参照)。

　　[accusative] *azt*《それを》; [dative] *annak* (←*az-nak*)《それに》; [inessive] *abban* (←*az-ban*)《その中で》; [elative] *abból* (←*az-ból*)《その中から》; [illative] *abba* (←*az-ba*)《その中へ》; [superessive] *azon*《それの上(面)で》; [delative] *arról* (←*az-ról*)《それの(上)から、それについて》;

[sublative] arra (←az-ra)《それ（の上）へ》；[adessive] annál (←az-nál)《それの傍で》；[ablative] attól (←az-tól)《それ（の傍）から》；[allative] ahhoz (←az-hoz)《それの傍へ》；[causal-final] azért《それのために、それ故》；[instrumental] azzal (←az-val)《それを以って》；など。

尚、限定形容詞としては superessive の形（azon《その》、ezën《この》）が、数詞的には -nyi の接尾した形《annyi (←az-nyi)《それだけ（の数量）の》、ennyi (←ez-nyi)《これだけ（の数量）の》》が用いられる。

5.4. このほかの主な代名詞を挙げれば：

疑問代名詞　　ki　　《誰》；　　　　　　mi　　《何》；
関係代名詞　　aki　《…の人》；　　　　　ami　 《…のもの》；
　　　　　　　┌akárki《誰でも（あれ）》；　akármi《何でも（あれ）》；
不定代名詞　　│bárki 《誰でも（あれ）》；　bármi 《何でも（あれ）》；
　　　　　　　│valaki《誰か》；　　　　　valami《何か》；
　　　　　　　└sënki 《誰も（ない）》；　 sëmmi 《何も（ない）》；

5.5. 尚、これらと同様の構造を持つ次のようなものがある。

mëlyik《どの》; milyen《どんな》; mennyi《どれだけ（の量）の》;
amëlyik《…のそれ》; amilyen《…のような》; amennyi《…だけ》
bármëlyik《どれでも（あれ）》; bármilyen《どんなでも（あれ）》; bármennyi《どれだけでも（あれ）》
valamëlyik《どれか》; valamilyen《どんなか》; valamennyi《全ての》
semelyik《どれも（ない）》; sëmilyen《どんなにも（ない）》; sëmennyi《全く（ない）》

hol《どこ》; mikor《いつ》; miért《なぜ》
ahol《…のところで》; amikor《…のときに》; amiért《…のため（故）に》
valahol《どこか》; valamikor《いつか》; valamiért《何かのため（故）で》
sëhol《どこでも（ない）》; sëmmikor《いつでも（ない）》; sëmmiért《決して（ない）》

6 冠詞

定冠詞 a(z)（母音の前では az, 子音の前では a）と、不定冠詞 ëgy /ed'/ が

ある[31]。

az ág；*ëgy ág*；(*ág*《枝》)

a fa；*ëgy fa*；(*fa*《木》)

冠詞は語尾変化をしない。

7. 副　　詞

副詞の中には格語尾（§2．名詞の項参照）をとるものがある。しかし、その場合の格語尾は *-ról/-ről*；*-ra/-re*；*-ig*；(稀には*-tól/-től*；*-hoz/-hëz/-höz*) に限られる。

alulról《下から》(←*alul*《下で》)；*kívülről*《外から》(←*kívül*《外で》)、

máig《今日まで》、*mától*《今日から》(←*ma*《今日》)

又、比較級或いは最上級（§3．形容詞の項参照）の形をとるものもある。

hamarabb《もっとはやく、すぐに》、*leghamarabb*《最もはやく、すぐに》(←*hamar*《はやく、すぐに》)

副詞の多くは、形容詞語幹に *-n* 又は *-ul/-ül*《格語尾6)、16)》の接尾した形である。

olcsón《廉く》(←*olcsó*《廉い》)

rosszul《悪》(←*rossz*《悪い》)；*némëtül*《ドイツ語で》、(←*némët*《ドイツ語（人）の》)

このほか、副詞を作る接尾辞を挙げれば：

-utt/-ütt : másutt《他処で》(←*más*《他（の）》)

-unnan/-ünnen : másunnan《他処から》

-uvá/ -üvé : másuvá《他処へ》

8. 動　　詞

ハンガリー語の動詞（語幹）は、その活用形に関してA)、B)の2群に分れるが、更にその各々に主体活用（*subjective conjugation*）（不定活用）と対象活用（*objective conjugation*）（定活用）とがある[32]（但し、B群のいわゆる *-ik* 動詞には対象活用をなすものが少ない）。動詞のとる語尾は次の通りである。

1）人称

現在形の人称語尾を表で示せば：

主体活用

	単数			複数		
	一人称	二人称	三人称	一人称	二人称	三人称
A）：	-k ;	-sz、-l ;	ゼロ	-nk ;	-tok/-tëk/-tök	-nak/-nek
B）：	-m ;	-l ;	-ik	-nk ;	-tok/-tëk/-tök	-nak/-nek

対象活用

	単数			複数		
	一人称	二人称	三人称	一人称	二人称	三人称
A）： B）：	-m ;	-d ;	-ja/-i	-juk ; /-jük ;	-játok/-itëk	-ják/-ik

2 ）時制[33]

現在：ゼロ

過去：-(t)t

過去形の人称語尾は次の通り。

主体活用

単数

	一人称	二人称	三人称
A）、B）：	-(t)tam ; /-(t)tem ;	-(t)tál ; /-(t)tél ;	-(t)t

複数

	一人称	二人称	三人称
A）、B）：	-(t)tunk ; /-(t)tünk ;	-(t)tatok ; /-(t)tetëk ;	-(t)tak ; /-(t)tek

対象活用

単数

	一人称	二人称	三人称
A）、B）：	-(t)tam ; /-(t)tem ;	-(t)tad ; /-(t)ted ;	-(t)ta ; /-(t)te

	複数	
一人称	二人称	三人称

Ａ）、Ｂ）：　-(t)tuk ; /-(t)tük ;　　-(t)tátok ; /-(t)tétëk ;　　-(t)ták ; /-(t)ték

３）法

　直説法：ゼロ

　条件法：-na /-ne、(-ná- /-né-)

　命令法：-j

条件法（現在）の人称語尾は次の通り。

主体活用

単数

一人称	二人称	三人称

Ａ）：　　　-nék ;　　　　-nál/-nél ;　　　-na ; /-ne

Ｂ）：　　　-nám ; /-ném ;　　-nál ; /-nél ;　　-nék

複数

一人称	二人称	三人称

Ａ）、Ｂ）：　-nánk ; /-nénk ;　-nátok ; /-nétëk ;　-nának ; /-nének

対象活用

単数

一人称	二人称	三人称

Ａ）、Ｂ）：　-nám ; /-ném ;　-nád ; /-néd ;　-ná ; /-né

複数

一人称	二人称	三人称

Ａ）、Ｂ）：　-nók ; /-nők ;　-nátok ; /-nétëk ;　-nák ; /-nék

命令法の人称語尾は次の通り。

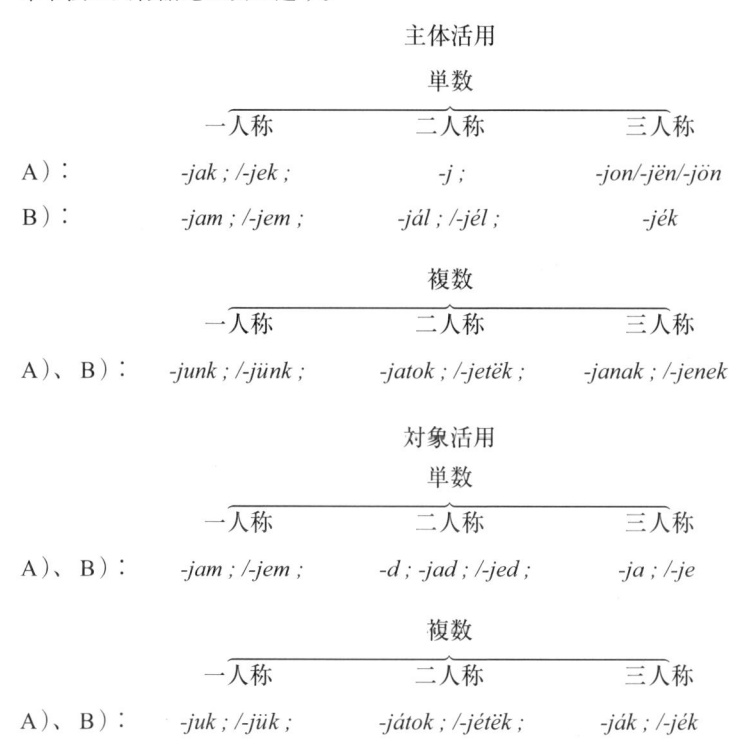

主体活用
単数

	一人称	二人称	三人称
A）：	-jak ; /-jek ;	-j ;	-jon/-jën/-jön
B）：	-jam ; /-jem ;	-jál ; /-jél ;	-jék

複数

	一人称	二人称	三人称
A）、B）：	-junk ; /-jünk ;	-jatok ; /-jetëk ;	-janak ; /-jenek

対象活用
単数

	一人称	二人称	三人称
A）、B）：	-jam ; /-jem ;	-d ; -jad ; /-jed ;	-ja ; /-je

複数

	一人称	二人称	三人称
A）、B）：	-juk ; /-jük ;	-játok ; /-jétëk ;	-ják ; /-jék

A）群に属する動詞 vár-、《待つ》、kér-《乞う》と、B）群に属する動詞 ëv- 《食べる》の活用表を次に掲げる（但し、動詞 ëv- の語幹子音は、それにつく語尾の種類に応じて交替する）。

直説法
現在
（主体活用）

一単	várok	kérëk	ëszëm
二単	vársz	kérsz	ëszël
三単	vár	kér	ëszik
一複	várunk	kérünk	ëszünk
二複	vártok	kértëk	ësztëk

三複	várnak	kérnek	ësznek

（対象活用）

一単	várom	kérëm	ëszëm
	(várlak)	(kérlek)	(ëszlek)
二単	várod	kérëd	ëszëd
三単	várja	kéri	ëszi
一複	várjuk	kérjük	ësszük (←ësz-jük)
二複	várjátok	kéritëk	ëszitëk
三複	várják	kérik	ëszik

過去

（主体活用）

一単	vártam	kértem	ëttem
二単	vártál	kértél	ëttél
三単	várt	kért	ëvëtt
一複	vártunk	kértünk	ëttünk
二複	vártatok	kértetëk	ëttetëk
三複	vártak	kértek	ëttek

（対象活用）

一単	vártam	kértem	ëttem
	(vártalak)	(kértelek)	(ëttelek)
二単	vártad	kérted	ëtted
三単	várta	kérte	ëtte
一複	vártuk	kértük	ëttük
二複	vártátok	kértétëk	ëttétëk
三複	várták	kérték	ëtték

条件法

現在⁽³⁴⁾

（主体活用）

一単	várnék	kérnék	ënném

ハンガリー語　71

二単	várnál	kérnél	ënnél
三単	várna	kérne	ënnék
一複	várnánk	kérnénk	ënnénk
二複	várnátok	kérnétëk	ënnétëk
三複	várnának	kérnének	ënnének

（対象活用）

一単	várnám	kérném	ënném
	(várnálak)	(kérnélek)	(ënnélek)
二単	várnád	kérnéd	ënnéd
三単	várná	kérné	ënné
一複	várnok	kérnök	ennok
二複	várnátok	kérnétëk	ënnétëk
三複	várnák	kérnék	ënnék

命令法

（主体活用）

一単	várjak	kérjek	ëgyem
二単	várj	kérj	ëgyél
三単	várjon	kérjën	ëgyék
一複	várjunk	kérjünk	ëgyünk
二複	várjatok	kérjetëk	ëgyetëk
二複	várjanak	kérjenek	ëgyenek

（対象活用）

一単	várjam	kérjem	ëgyem
	(várjalak)	(kérjelek)	(ëgyelek)
二単	{várd / várjad}	{kérd / kérjed}	{ëdd (←ëgy-d) / ëgyed}
二単	várja	kérje	ëgye
一複	várjuk	kérjük	ëgyük
二複	várjátok	kérjétëk	ëgyétëk

三複　　　várják　　　kérjék　　　ëgyék

4）不定形（動詞的名詞）語尾：

不定詞：-ni

　várni《待つ（こと）》、kérni《乞う（こと）》、ënni《食べる（こと）》

分詞：-ó/-ő［現在］；-(t)t［過去］；-andó/-endő［未来］

　váró《待っている（人）》；várt《待たれたる》；várandó《待たるべき》

副詞形：-va/-ve、-ván/-vén

　várva、várván《待って、待ちつつ》

8.1. 動詞を作る接尾辞の主なものを挙げれば：

Ｉ）動詞語幹に接尾するもの。

1）-(t)at/-(t)et　(35)　受動・使役の動詞を作る。

　　adat-《与えられる》（←ad-《与える》）；dicsértet-《讃えられる》（←dicsér-《讃える》）

　　olvastat-《読ませる》（←olvas-《読む》）；építtet-《建てさせる》（←épít-《建てる》）

2）-hat/-het　可能の動詞を作る。

　　mondhat-《言い得る、言ってよい》（←mond-《言う》）；nézhet-《眺め得る、眺めてよい》（←néz-《眺める》）

3）-ód/-őd；-óz/-őz；-ódz/-ődz；-kod/-këd/-köd；-koz/-këz/-köz；再帰動詞を作る。

　　húzód-《拡がる、伸びる》（←húz-《引く》）；törőd-《われる》（←tör-《破る》）

4）-gat/-get；-dal/-del；-gál/-gél；-dogál/-dëgél/-dögél；-dos/-dës/-dös；反復・継読相を示す。

　　olvasgat-《屡々読む、読み散らす》（←olvas-《読む》）；nézëget-《眺め廻す》（←néz-《眺める》）

5）-int；-an/-en；-amod/-emëd　瞬間・起動相を示す。

　　csavarint-《急に一廻しする》（←csavar-《廻す》）；emelint-《さっ

ハンガリー語　73

と上げる》(←*emel-*《上げる》)
Ⅱ) 名詞・形容詞の語幹に接尾するもの。
  1) *-l*
    rajzol-《描く》(←*rajz-*《図》); *énekël-*《歌う》(←*ének*《歌》)
    szabadul-《自由になる》(←*szabad-*《自由な》); *kékül-*《青くなる》
    (←*kék*《青い》)
  2) *-z*
    zongoráz-《ピアノを弾く》(←*zongora*《ピアノ》); *vesszőz-*《鞭うつ》(←*vessző*《若枝・鞭》)
  3) *-ász/-ész*
    halász-《漁をする》(←*hal*《魚》、比較：*halasz*《漁師》, *epresz-*《苺を摘む》(←*epër*《苺》)
  4) *-ít*
    szabadít-《自由にする》(←*szabad*《自由な》、*kékít-*《青くする》(←*kék*《青い》)
8.2. 動詞語幹は *be-、el-、fël、ki-、lë-、mëg-* などの接尾辞もとる。[36]
  bejár-《中へ入る》(←*jár-*《行く》); *belép-*《歩み入る》(←*lép-*《歩く》)
  kijár-《外へ出る》; *kilép-*《歩み出る》

Ⅶ. 文　例

Az	északi	szél[a]	nagy	vitában
[定冠詞]	北の	風（が）	大きい	口論（の中）に [-ban は格語尾]

volt	a	nappal,	hogy	kettőjük
あった [動詞 val-(vol-) 《ある》の三.単. 過去]	[定冠詞]	太陽と [-pal(←-val) は格語尾]	…ことについて [接続詞]	（彼ら）二人 [人称語尾.三. 複]

közül	mëlyiknek	van	több	ereje.(b)
の間で	どちらに	ある	より多くの	(彼の)力(が)
	[-nekは格語尾]	[三.単.現在]		[人称語尾.三.単]

Ëgyszër csak	ëgy (c)	utast	pillantottak	mëg,
突然	一人の	旅人を	(彼らは)見つけた	[動詞のprefix]
	[不定冠詞]	[-tは格語尾]	[三.複.過去]	(mëgpillantani《見つける》)

amint	köpenyébe	burkolódzva	közelëdëtt.	Elhatározták,
…のを	(彼の)外套の中へ	くるまって	近づいて来た	(彼らは)決めた
[接続詞]	[-beは格語尾]	[動詞不定形(副詞形)]	[三.単.過去]	[対象活用.三.複.過去]

hogy	a	vitát	az	nyeri
…ことを	[定冠詞]	口論を	それが	勝つ
[接続詞]		[-tは格語尾]	[指示代名詞]	[対象活用.三.単.現在]

mëg,	amelyik	elöbb	veszi	rá
[動詞prefix]	…方が	先に	…させる	[動詞prefix]
(mëgnyerni《勝つ、獲得する》)	[関係代名詞]		[対象活用.三.単.現在]	(rávënni《…させる、説伏する》)

az	utast,	hogy	kabátját	lëvesse.
[定冠詞]	旅人を	[接続詞]	(彼の)外套を	脱ぐ(ように)
	[-tは格語尾]		[-ja(人称語尾.三.単)+-t(格語尾)]	[対象活用.命令法.三.単]

Az	északi	szél	összeszëdte	egész
[定冠詞]	北の	風(は)	集めた	すべての
			[対象活用.三.単.過去]	

ハンガリー語　　75

erejét	és	fujni	kezdett.	De
（彼の）力を	そして	吹き	はじめた	しかし
[-je（人称語尾.三.単）+-t（格語尾）]		[不定詞]	[三.単.過去]	
minél	erősebben	fujt,	az	utas
…すればするほど	より力強く	吹いた	[定冠詞]	旅人（は）
		[三.単.過去]		
csak	annál	szorosabban	fogta	össze
ただ	ますます	よりぴったりと（狭く）	引きしめた [対象活用.三.単.過去]	[動詞 prefix]（összefogni《引きつける》）
a	kabátját.	Az	északi	szél
[定冠詞]	（彼の）外套を	[定冠詞]	北の	風（は）
végre	feladta	a	harcot.	Ekkor
到頭	やめた [対象活用.三.単.過去]	[定冠詞]	戦いを [-tは格語尾]	今度は
a	nap	küldte	meleg	sugarait
[定冠詞]	太陽（が）	送った [対象活用.二.単.過去]	暖い	（彼の）光線［複数］を [-ai（人称語尾の項参照）+ -t（格語尾）]
az	utasra,	aki	rövidesen	levetette
[定冠詞]	旅人に [-ra は格語尾]	（彼は） [関係代名詞]	間もなく	脱いだ [対象活用.三.単.過去]
kabátját.	Az	északi	szélnek	tehát
（彼の）外套を	[定冠詞]	北の	風に（は） [-nek は格語尾]	それ故

el	këllett	ismernie,	hogy	kettőjük
［動詞 prefix］(elismerni《認める》)	…ねばならなかった	認める［不定詞.活用形.三.単］	…ことを［接続詞］	（彼ら）二人

közül	a	nap	az	erősebb[d]
の間で	［定冠詞］	太陽（が）	［定冠詞］	より強いもの（である）

（ａ）限定的（attributive）用法の形容詞は語尾変化をしない。

　　a szép virág《美しい花》（*szép*《美しい》、*virág*《花》）； *a szép virágok*《美しい花［複数］》； *a szép virágot*《美しい花を》； *a szép virágnak*《美しい花に》

但し、述語として用いられる場合には、主語の数に呼応する。

　　A virág szép.《花が美しい》

　　A virágok szépek.《花［複数］が美しい》

（ｂ）ハンガリー語には本来の属格語尾がなく、《誰々（何々）が何々を持つ》は、《誰々に何々がある》の如く、与格によってあらわされる。

　　（*Nekëm*）*pénzëm van.*《私に金がある、わたしは金を持っている》（*pénz*《金》）

　　A királynak jó lovai vannak.《王様にはよい馬［複数］がある、王様はよい馬［複数］を持っている》（*király*《王》、*ló*《馬》）

（ｃ）動詞の接頭辞は、その動詞が強調される文では、語幹と分離する。

（ｄ）ハンガリー語には、次のような場合、文法上のいわゆる繋合詞（copula）がない。

　　A fa növény.《木は植物だ》（*fa*《木》、*növény*《植物》）

　　Az ég kék.《空が青い》（*ég*《空、天》、*kék*《青い》）

　　A virágok szépek.《花［複数］が美しい》

但し、主語が一人称・二人称の場合は、*val-*、（*vol-*）《ある》、*lëv-*《ある、なる》などが copula としてあらわれる。

（*Én*）*tanuló vagyok.*《私は生徒だ》（*tanuló*《生徒》）
（*Mi*）*gyermëkëk vagyunk.*《我々は子供だ》（*gyermëk*《子供》）
Akkor boldogok lësztëk.《そうなればお前たちは幸せだろう》（*akkor*《その時（に）》、*boldog*《幸せな》）

［訳文］
　北風が太陽と、二人のうちでどちらが強いかと大議論をしました。丁度そのとき、ひとりの旅人が外套にくるまって近づいて来るのが見えました。そこで、早くその旅人の外套を脱がせた方が勝ちということに相談がきまりました。北風は全力を尽して吹きはじめました。しかし、強く吹けば吹くほど、ますます旅人は外套を堅く身に引きしめました。到頭、北風は吹くのをやめました。今度は太陽が暖い光線を旅人に送りますと、旅人はすぐに外套を脱ぎました。それで北風も、二人の中で太陽のほうが強いと認めざるを得ませんでした。

【参考文献】
文法及び語史
Révai, Nicolaus：*Elaboratior Grammatica Hungarica.*《ハンガリー文法論》. I-II. Pest, 1803-06.（第Ⅲ部は1907年公刊）。
　17-18世紀に著わされた初期の文法書に比べると、はじめて一応の学問的水準に達したと称し得るハンガリー文典。

Riedl, Anselm Mansvet：*Magyarlsche Grammatik.* Wien, 1858.
Riedl Szende：*Magyar nyelvtan.*《ハンガリー文法》. Pest, 1864.
　今日では研究史上の意義しか持っていないが、前著はドイツ語で書かれたハンガリー文典としては最も古いものの一つである。

Simonyi Zsigmond：*Magyar nyelvtan.*《ハンガリー文法》. Budapest, 1879.
　学生のための文法書であるが、記述はかなり詳しい。

Simonyi Zsigmond：*Tüzetes magyar nyelvtan történeti alapon*《ハンガリー語史

的詳文典》. I. Budapest, 1895.

近代言語学の方法に基くハンガリー語の史的研究では最初のもの。多くの訂正さるべき欠点も含まれているが、ハンガリー語研究史上の基礎的な労作として、現在でもその価値を失ってはいない。尚、この文典は、第Ⅰ部 (Simonyi Zsigmond と Balassa József の共著になる "Magyar hangtan és alaktan"《ハンガリー語の音論及び形態論》) しか発表されなかったが、文論に関しては他に Simonyi の多くの論文がある。

Simonyi Zsigmond：*A magyar nyelv.*《ハンガリー語》. 2版. Budapest, 1905.
Simonyi, Siegmund：*Die ungarische Sprache.* Strassburg, 1907.

この二著の内容は大体同一で、ハンガリー語史と文法概説の二部から成り、近年の研究成果による補足・訂正さえ加えれば、やはり現在でもハンガリー語研究者の必ず参照すべき論著の一つである。ことに、ドイツ語版の方は、ハンガリー語以外の言語で書かれた最も詳しい概説書として広く読まれている。

Szinnyei, Josef：*Ungarische Sprachlehre.* Berlin u. Leipzig, 1912. (*Sammlung Göschen*, 595.)

発表年代はかなり古いけれども、現在までのハンガリー文典中最もすぐれたものの一つと言える。ことに形態論の部分はこれ以後の諸文典の規準となった。

近年の構造主義的、乃至は音韻（音素）論的な方法によるものとしては：
Skalička, Vladimír：*Zur ungarischen Grammatik.* Praha, 1935.
Lotz, Johannes：*Das ungarische Sprachsystem.* Stockholm, 1939.
Hall, Robert A., Jr.：*An Analytical Grammar of the Hungarian Language.* Baltimore, 1938.
Hall, Robert A., Jr.；*Hungarian Grammar.* Baltimore, 1944. (前者の改訂版)。

この中、Lotz の著は、かような立場から書かれた最初のすぐれた試みであったが、この学派の最近の理論をとりいれた新版（英語版）が近く発表される由。

これ以外にも、近年の文法書には次のものがある。

Tihany, Leslie C.：*A Modern Hungarian Grammar.* Washington. D. C., 1942.
筆者未見。

Sauvageot, Aurélien：*Esquisse de la langue hongroise.* Paris, 1951.
文法概説として記述されたものではないが、文学作品からの多数の引用例によって、専門家以外の読者にも分り易くハンガリー語の特徴を説明している。

ハンガリー語全般についての簡単な概説を一二挙げれば：

Balassa József：*A magyar nyelv életrajza.*《ハンガリー語の経歴（生涯）》. Budapest, 1937.
これは一般向きに書かれたハンガリー語史。

Zsirai Miklós："Nyelvünk alkata,"《我が国語［ハンガリー語］の構造》. *In*：Szekfű：*Mi a magyar.*《ハンガリー人とは何か》. Budapest. 1939.
ハンガリー語の構造的特徴についてのエッセイ。

次に、個々の論文の中で主要なものを若干挙げておこう。先ず音論では：

Balassa József：*Magyar fonétika.*《ハンガリー語音声学》. Budapest, 1904.
音声学的観点からの概説。

Laziczius Gyula：*Bevezetés a fonológiába.*《音韻論序説》. Budapest, 1932.
この論著の第Ⅱ部は、"Magyar fonológia"《ハンガリー語音韻論》で、プフハ派音韻論の立場からのハンガリー語音韻体系の研究。

この他、Sebeok, Thomas A. (*Language*, Vol.19, Ⅱ. 1943.) や Lotz, John. (*Word*, Vol.8, No.3. 1952.) らのハンガリー語音韻（母音）に関する小論文がある。尚、原著者の好意によって参照できた未発表論文に Austerlitz, Robert P.：*Phonemic Analysis of Hungarian.*［1950］がある。

形態論に関する多数の論文の中で、基礎的な業績として有名なものを一二挙げれば：

Szinnyei József：*A birtokos személyragozásról.*《所有人称語尾について》Budapest, 1888.

Horger Antal：*A magyar igeragozás története*.《ハンガリー語動詞活用の歴史》. Szeged, 1931.

文論に関しては；

Klemm Antal：*Magyar történeti mondattan*.《ハンガリー語の史的文論》. Budapest, 1928-42.

この他、初期の Simonyi の諸論文も重要である。

方言関係の概説では、音韻論的観点からの次の論著がある。

Laziczius Gyula：*A magyar nyelvjárások*.《ハンガリー語諸方言》. Budapest, 1936.

古文献の言語の主な研究には、Pais Dezső, Mészöly Gedeon の諸論文がある。

ハンガリー語以外の言語で書かれた入門的文典を挙げれば：

Sebeok, Thomas A.：*Spoken Hungarian*. 2 版, Bloomington, 1949.

Whitney, A. H.：*Colloquial Hungarian*. 2 版, London, 1950.

Görg, Ferdinand：*Praktisches Lehrbuch der ungarischen Sprache*. Wien-Pest-Leipzig, o. J. (*Hartleben* 叢書).

Krebsz, Ernst：*Magyarische Sprachlehre*. Wien-Pest-Leipzig, o.J. (Hartleben 叢書).

Nagy, Anton：*Ungarische Konversations-Grammatik*. Heidelberg, 1929. (Methode Gaspey-Otto-Sauer).

Csűry, Valentin：*Einführung in die ungarische Sprache*. Debrecen, 1937. (講習用の小冊子).

Boronkay, Antal：*Einführung in das Ungarische*. 2 版, Leipzig, 1949.

Kont, I.；*Petite grammaire hongroise*. Paris-Heidelberg, 1908. (Methode Gaspey-Otto-Sauer).

Várady, I. *Grammatica della lingua ungherese*. 2 版, Firenze, 1949.

Майтинская, К.Е.："Краткий грамматический справочник венгерского языка,"《ハンガリー語文法綱要》. *In*：Кахана：Венгерско-русский словарь《ハンガリー＝ロシア語辞典》. 2 版. (Москва, 1951).

ハンガリー語　81

日本語で書かれた文典には、次のものがある。

今岡十一郎：「ハンガリー語四週間」、2版、東京、1952（昭和27）年。

関西日洪協会（編）；「ハンガリー語初等文典、大阪、1941（昭和16）年。（講習用の小冊子）。

辞典

Czuczor Gergely és Fogarasi János：*A magyar nyelv szótára.*《ハンガリー語辞典》. Pest, 1862-74. (6冊)

6冊から成る大辞典で、現在までのハンガリー辞典中で最も詳しいが、年代が古いため使用に不便であり、ことに語原的説明には誤りが多い。

Balassa József：*A magyar nyelv szótára.*《ハンガリー語辞典》. Budapest, 1940. (2冊)

前述の Czuczor-Fogarasi 大辞典の欠陥を補うものとして、現在では最も無難な辞典である。

Gomboz Zoltán és Melich János：*Magyar etymológiai szótár.*《ハンガリー語原辞典》. Budapest, 1914-.

詳しい語原研究に基く大辞典として計画されたが、第一次、第二次大戦のため夫々数年間ずつの中断を余儀なくされ、未だに完成していない。第二次大戦直前までには14分冊（全体の約三分の一）が公刊されていた。戦後も続刊されている由だが、その部分は筆者未見。

Bárczi Géza：*Magyar szófejtő szótár.*《ハンガリー語原辞典》. Budapest, 1941.

小規模の語原辞典。

尚、古語辞典としては次の二つが代表的なものである。

Szarvas Gábor és Simonyi Zsigmond：*Magyar nyelvtörténeti szótár.*《ハンガリー語史辞典》. Budapest, 1889-93.

Zolnai Gyula：*Magyar oklevélszótár.*《ハンガリー古文献辞典》. Budapest, 1902-04.（前者の補遺をなすもの）。

方言辞典の主なものには：

Szinnyei József：*Magyar tájszótár*.《ハンガリー語方言辞典》. Budapest, 1893-1901.（2冊）

これは諸方言からの資料を蒐集した辞典。

Wichmann, Yrjö：*Wörterbuch des ungarischen Moldauer Nordcsángó- und des Hétfaluer Csángódialektes...* Herausgegeben von Bálint Csűry u. Artturi Kannisto. Helsinki, 1936.（*Lexica Societatis Fenno-ugricae*, IV.）

Csűry Bálint：*Szamosháti szótár*.《サモシュハート［方言］辞典》. Budapest, 1935-36.

この二つは特定の一方言に基く語彙集の代表的なもの。

ハンガリー語と他国語との実用的な対訳辞典の主なものを挙げれば：（初版刊行年だけを記す）。

Yolland, Arthur B.：*A Hungarian and English Languages*. Budapest, 1905-24.

Országh, László：*A Concise Dictionary of the English and Hungarian Language*. Budapest, 1948-53.

Ballagi, Moritz：*Neues vollständiges ungarisches und deutsches Wörterbuch*. Budapest, 1899-1902.

Kelemen, Adalbert：*Grosses Handwörterbuch der ungarischen und deutschen Sprache*. Budapest, 刊年不明（2版, 1912）.

Sauvageot, Aurélien：*Dictionnaire générale français-hongrois et hongrois-français*. Budapest, 1932-37.

Кахана, М.Г.：*Венгерско-русский словарь*. Москва, 1946.

洪日辞典には次のものがある。

今岡十一郎：「洪牙利語小辞典」、東京、1943（昭和18）年。

Metzger Nándor：*Nagy magyar-japáni szótár*. Kötet I. Tókió, 1945.（第一分冊［A-H］だけで中絶）。

尚、借用語に関する主要な研究を挙げれば、次のようなものがある。

Munkácsi Bernát：*Árja és kaukázusi elemek a finn-magyar nyelvekben.*《フィン＝マヂャル諸語におけるアーリア及びコーカサス要素》. Budapest, 1901.

ハンガリー語を中心に、フィン＝ウゴル諸言語の多数の単語を、インド＝イラン系諸語とコーカサス語からの借用として説明した大著。独断的な誤りも多いが、オッセート語からの借用語がこの論著ではじめて詳しく取り扱われた。

Melich János：Szláv jövevényszavaink.《我が国語［ハンガリー語］におけるスラヴ系借用語》. Budapest, 1903-05.

スラヴ系借用語に関する基礎的な労作。

Gombocz Zoltán：*Die bulgarisch-türkischen Lehnwörter in der ungarischen Sprache.* Helsinki, 1912.（Mémoires de la Société Finno-ougrienne, XXX.）

チュルク系借用語を詳細に研究した有名な論文。

Sköld, Hannes：*Die ossetischen Lehnwörter im Ungarischen*, Lund, 1925.

Thienemann, Th.：*Die deutschen Lehnwörter der ungarischen Sprache.* Berlin u. Leipzig, 1925.

この二冊は、題名に挙げられている夫々の借用語についての小論文。

Melich János：*A honfoglaláskori Magyarország.*《建国（国土占拠）時代のハンガリー》. Budapest, 1925-29.

地名を中心とするスラヴ系借用語の研究。

Németh Gyula：*A honfoglaló magyarság kialakulása.*《建国マヂャル族の成立》. Budapest, 1930.

これも直接に借用語を対象としたものではないが、主としてチュルク諸族の民族名の研究に基いて、現国土来住までのマヂャル族の古代史を扱った論著。

ハンガリー語に関する主要な研究雑誌には次のものがある。

Magyar Nyelvőr.《ハンガリー語の護り》. Budapest, 1872-.

Magyar Nyelv《ハンガリー語》Budapest, 1905.

Magyar Népnyelv.《ハンガリー民衆語》Debrecen, 1940-.

系統論(比較研究)

初期の研究には、比較言語学の先駆者として知られるハンガリーの Sajnovics János と Gyarmathi Sámuel の次の著書がある。

Sajnovics, J.：*Demonstratio idioma Ungarorum et Lapponum idem esse.* 《ハンガリー語・ラップ語同一論》. København, 1770.

Gyarmathi, S.：*Affinitas linguae hungaricae cum linguis fennicae originis grammatice demonstrata.* 《文法上より証明せるハンガリー語とフィン起原諸言語との同系論》. Göttingen, 1799.

19世紀の半ばからは、M. A. Castrén(フィンランド)、Reguly A.(ハンガリー)をはじめ多くの言語・民俗学者の現地研究によるシベリア・欧露の親縁諸民族の民間詩蒐集や語彙・文法などかなり出ているが、かような資料に基いてなされた比較研究では、次の三つが主なものである(但し、この時期の研究には未だ誤りも多いので今日では相当の補足・訂正が必要である)。

Donner, Otto：*Vergleichendes Wörterbuch der finnisch-ugrischen Sprachen.* Helsinki, 1874-88.

Budenz József：*Magyar-ugor összehasonlító szótár.* 《マヂャル=ウゴル諸語比較辞典》. Budapest, 1873-81. (この場合の「マヂャル=ウゴル」という名称は「フィン=ウゴル」を意味する)。

Budenz József：*Az ugor nyelvek összehasonlító alaktana.* 《ウゴル諸語比較形態論》. Budapest, 1884-94. (この場合の「ウゴル」も「フィン=ウゴル」の意味)。

20世紀はじめのフィン=ウゴル比較言語学に一時期を画したのは、Szinnyei J.(ハンガリー)と E. N. Setälä(フィンランド)で、その一般的な論著を挙げれば：

Szinnyei, Josef：*Magyar nyelvhasonlítás.* 《ハンガリー比較言語学》. 7版, Budapest, 1927.

Szinnyei, Josef：*Finnisch-ugrische Sprachwissenschaft.* 2版, Berlin u. Leipzig,

1922. (Sammlung Göschen, 463.)

この二つとも発表年代はかなり古いが、まとまったフィン=ウゴル語比較文法としては、未だこれらに匹敵する類書は出ていない。前者は、ハンガリー語からの引用例を中心に他の諸言語の類例が記述されているので、ハンガリー語学者には特に便利である。後者（ドイツ語版）は、これに簡単な説明を付けた一般的概説。

Szinnyei, Josef：*Die Herkunft der Ungarn ; ihre Sprache und Urkultur.* Berlin u. Leipzig, 1923.

言語（主として語彙）の研究に基くハンガリー民族の系統論。

Setälä, E. N.：*Zur Frage nach der Verwandtschaft der finnisch-ugrischen und samojedischen Sprachen.* Helsingfors, 1915.

フィン=ウゴル語とサモイェード語との親縁性の確定に重要な役割を果した論文である。

これ以後、近年に至るまでの時期に発表された夥しい論著の中で、ウラル若しくはフィン=ウゴル系諸語全般に亙る比較研究の主要論文を年代順に挙げれば：

Setälä, E. N.："Über Art, Umfang und Alter des Stufenwechsels im Finnisch-ugrischen und Samojedischen," *Finnisch-ugrische Forschungen*, XII, Anzeiger. (Helsingfors, 1912).

Paasonen, H.："Beiträge zur finnischugrisch-samojedischen Lautgeschichte," *Keleti Szemle.* (Budapest, 1912-17).

Wichmann, Yrjö："Zur Geschichte der finnisch-ugrischen *l*-Laute...," *Finnish-ugrische Forschungen*, XV. (Helsingrs, 1915)

Paasonen, H.：*Die finnisch-ugrischen s-Laute.* Helsinki, 1918. (Mémoires de la Société Finno-ougrienne, XLI.)

Donner, Kai：*Über die anlautenden labialen Spiranten und Verschlusslaute im Samojedischen und Uralischen* Helsinki, 1920. (Mémoires de la Société Finno-ougrienne, XLIX.)

Toivonen, Y.H. : "Zur Geschichte der finnish-ugrischen inlautenden Affrikaten," *Finnish-ugrische Forschungen*, XIX. (Helsingfors, 1928).

Lehtisalo, T. : "Zur Geschichte des Vokalismus der ersten Silbe im Uralischen vom qualitativen Standpunkt aus." *Finnisch-ugrische Forschungen*, XXI. (Helsinki, 1933).

Collinder, Björn : *Das Alter der Vokalharmonie in den uralischen Sprachen.* Uppsala, 1941.

Steinitz, Wolfgang : *Geschichte des finnisch-ugrischen Vokalismus.* Stockholm, 1944.

Itkonen, Erkki : "Zur Frage nach der Entwicklung des Vokalismus der ersten Silbe in den finnisch-ugrischen Sprachen...," *Finnisch-ugrische Forschungen*, XXIX. (Helsinki, 1946).

Steinitz, Wolfgang : "Geschichte des finnisch-ugrischen Konsonantismus." *Linguistica*, I. (Stockholm, 1952).

Mark, Julius : *Die Possessivsuffixe in den uralischen Sprachen*, I. Helsinki. 1925. (Mémoires de la Société *Finno-ougrienne*, LIV.)

Györke, J. : *Die Wortbildungslehre des Uralischen.* Tartu, 1935.

Lehtisalo, T. ; *Über die primären ururalischen Ableitungssuffixe.* Helsinki, 1936. (*Mémoires de la Société Finno-ougrienne*, LXXII.)

Ravila, Paavo : "Über die Verwendung der Numeruszeichen in den uralischen Sprachen," *Finnisch-ugrische Forschungen*, XXVII. (Helsinki, 1947).

Fuchs, D. R. : "Der Komparativ und Superlativ in den Finnisch-ugrischen," *Finnisch-ugrische Forschungen*, XXX. (Helsinki, 1949).

Farkas, Julius von : "Bemerkungen zu der ungar. historischen Formenlehre," *Ural-altaische Jahrbücher*, XXV-. (Wiesbaden, 1953-).

Collinder, Björn : *Indo-uralisches Sprachgut.* Uppsala, 1934.

Collinder, Björn : *Jukagirisch und Uralisch.* Uppsala, 1940.

ハンガリー語 87

尚、Meillet 及び Cohen 編：*Les langues du monde.* の中にもウラル語の簡単な概説がある。

Sauvageot, A.："Langues finno-ougriennes et langues samoyèdes," *Les langues du monde.* 初版.（Paris, 1924）.

Sauvageot, A.："Langues ouraliennes," *Les langues du monde.* 新版.（Paris, 1952）.

この他、フィン＝ウゴル系諸民族の起原・歴史・文化（言語を含む）一般に関する概説としては、次のようなものがある（この中、最後の二つが特に詳しい）。

Itkonen, T. I.：*Suomensukuiset kansat.*《フィン系諸民族》. Helsinki, 1921.

Pápay József：*A finnugor népek és nyelvek ismertetése.*《フィン＝ウゴル諸民族・諸言語解説》. Budapest, 1922.

Sirelius, U. T.：*The Genealogy of the Finns ; the Finno-Ugrian Peoples.* Helsinki, 1925.

Tallgren, A. M. u. Wiklund, K.B.：Finno-ugrier. A：*Archäologie*（Tallgren）. B：Sprache und Anthropologie（Wiklund）. In：Ebert：*Reallexikon der Vorgeschichte*, Bd. III.（Berlin, 1925）.

Manninen, I.：*Die finnisch-ugrischen Völker.* Leipzig, 1932.（物質文化の概説）。

Suomen suku.《フィン［親縁］族》. I-III. Helsinki, 1926-34.

Zsirai Miklós：*Finnugor rokonságunk.*《フィン－ウゴル系の我が［ハンガリの］親縁民族》. Budapest, 1937.

ウラル語学関係の主な雑誌・叢書（現存のもの）を挙げれば：

Nyelvtudományi Közlemények.《言語学報告》. Budapest, 1862-（雑誌）。

Finnisch-ugrische Forschungen. Helsinki, 1901-.（雑誌）。

Journal de la Société Finno-ougrienne. Helsinki, 1886-.（雑誌）。

Mémoires de la Société Finno-ougrienne. Helsinki, 1890-.（叢書）。

Lexica Societatis Fenno-ugricae. Helsinki, 1913-（辞典叢書）。

Советское Финноугроведение. Ленинград, Петрозаводск; 1948-.（論文集）。

註
（1） 広義のフィン。（狭義のフィン語はバルト＝フィン諸語、若しくはスオミ語のみを指す）。
（2） [ ]内の言語名は自称。以下これに同じ。
（3） しかし、彼らが古くから一種の文字を知っていたという説もある。初期の年代記などには、彼らの間に文字があったことが記されているし、またハンガリー語 betü《文字》、ír-《書く》などが、9世紀以前にハンガリー民族と接触したチュルク系ボルガール族の言語からの借用語であることにも注意すべきである。尚、トランシルヴァニアのハンガリー人（セーケイ族）の間では、15-16世紀頃まで一種の文字（突厥字に由来するらしい）が特殊な用途に使われていた。
（4） トランシルヴァニアのヂュラフェヘールヴァール（Gyulafehérvár）（ドイツ語：Karls-burg、ルーマニア語：Alba Julia）市の Battyány（バッチャーニュ）家所蔵文書の中にあるのでこの名称を持つ。
（5） ケーニヒスベルク（Königsberg）大学所蔵の或るラテン語古文書中から発見された羊皮紙の断片に記されたもの。
（6） 多くの語に見られる末尾母音の存在や、若干の語尾における母音調和現象の欠如など。
（7） 一二例を挙げれば、/ö/［ø］をあらわすのには ew、ó、ọ、ȯ など、/č/［tʃ］をあらわすのには c、cz、ci、ć、ch などが用いられた。
（8） ハンガリー語による出版は1530年代にはじまるが、その初期には国外（主としてポーランドのクラクフ Kraków（ドイツ語：Krakau）市）で行われていた。
（9） 現在のチュヴァシュ語は、Kazan市西方の Volga 河右岸（ソ連邦内のチュヴァシュ自治共和国地域）に分布している。
（10） ヴォルガ＝ボルガール族は Volga 河中流の地域に国を建てて13世紀まで繁栄した（今日のチュヴァシュ族はその後裔であろう）。他のボルガール族は7世紀後半にバルカンへ入ってブルガリアを建国している。
（11） マヂャル族は9世紀始め頃に再び西方へ移動して、ドン（Don）・ドニェプル（Dniepr）両河間の地域—レヴェディア（Levedia）—に入り、889年には更に西方のドニェプル・ドナウ間の地—エテルケズ（Etelköz）［Atelkuzu］—へ移ったが、この期間を通じ彼らはカザル族と密接な同盟関係を結んでいた。尚、マヂャル族

が現在の国土に定住後、その建国当初から13世紀前半までの期間に、クマン、ペチェネーグ諸族が数回に亙って国内へ来住している。

(12) / /は音韻記号、［ ］は音声記号、イタリック体は正書法である。以下同様。

(13) ハンガリー語の母音体系に関して、長母音［ɑː］［oː］［øː］［eː］［uː］［yː］［iː］を、短い /a/ ［ɔ］、/o/ ［o］、/ö/ ［ø］…の連続 /aa/、/oo/、/öö/…とみることもできるが、ここではその見解をとらない。

　　尚、ハンガリー語には、これとは別に、情緒的効果を示すだけの（即ち、意味の区別には関係のない）「母音の引きのばし」がある。これは長母音の /ā/、/ō/、/ȫ/、…においてもあらわれ、その場合には更に長い母音として発音される。

(14) Laziczius Gyula：*Bevezetés a fonológiába.*《音韻論序説》(1932). 57頁。

(15) 二重字 *ly* は、嘗つては /l'/ ［ʎ］ を示すものであったが、今日のハンガリー語では /l'/ が /j/「j」によって置き換えられたので、文字 *j* とは正書法の上で区別されているにすぎない。

　　　　/juk/ ［juk］ *lyuk*《穴》、　　　　/homāj/ ［homɑːj］ *homály*《暗黒》
　　　　/jut/ ［jut］ *jut*《彼は達する》、　　/māj/ ［mɑːj］ *máj*《肝臓》

(16) ウラル語族に属する諸言語の中で、母音調和を示さないのは、ズュリェーン語、ヴォチャーク語、リーヴ語、エストニア語、ラップ語だけである。

(17) 以下の引用例は、記述の便宜上、すべて正書法によって記す。但し、正書法では /ɛ/ と /e/ を区別しない（どちらの場合も文字は *e* である）ので、これを区別するために /e/ を文字 *ë* で示すことにする。尚、二重字であらわされる同一子音の連続に関して、正書法に特別の規則がある。即ち、/køɲɲ/、/rossul/ などの単語の綴りは *konyny*、*roszszul* ではなく、*konny*、*rosszul* と書かれる。

(18) -v- が現れるのは、これらの語が本来持っていた /v/ が母音間で保たれたからである。

(19) ハンガリー語の語尾・接尾辞の中で、母音を持つものは、語幹の母音に応じて二つ（或いは三つ）の形を示す（V、3.母音調和の項参照）。これを記号 / であらわすことにする。以下同様。

(20) この三人称（単.複）の形には、人称語尾があらわれない。

(21) 格語尾のつかない形は主格（nominative）形である。尚、一つの語幹に複数語尾・人称語尾・格語尾が接尾する場合は、

　　　語幹+複数語尾+人称語尾+格語尾

のような順序になる。

　　　　　hajó-k-ban《船［複数］の中で》、*hajó-m-ban*《私の船［複数］の中で》
　　　　　hajó-i-m-ban《私の船［複数］の中で》

(22)　ここに格語尾として挙げたものの中で、16)乃至 20)は副詞を作る接尾辞とみてもよい。尚、普通のハンガリー文典では、*aratáskor*《収穫期》(←*aratás*《収穫》)、*szüretkor*《葡萄摘みの時期》(←*szüret*《葡萄摘み》)、*kettőkor*《二時》(←*kettő*《2》)などの -*kor* を広義の格語尾の中に数えているが、これは *aratás*、*szüret*、*kettő* と名詞 *kor*《時》との複合語と見た方がよかろう。この場合、母音調和はあらわれない。

(23)　この場合、Ⅰ)、Ⅱ)のどちらの系列の母音（母音調和の項参照）を持つ形が語幹となるかは、通時的原因による（これらが夫々本来持っていた母音があらわれる）。

(24)　通時的にみれば、格語尾（少くともその幾つか）と後置詞との間には明らかな区別がない。例えば、13世紀はじめに書かれた「弔詞」(*Halotti Beszéd*) には、母音調和を示さない *halalnec*（今日の語形では：*halálnak*)《死に》、*puculnec*（：*pokolnak*)《地獄に》、*paradisumben*（：*paradicsomban*)《天国の中で》のような若干の例が見出されるし、更に古い11世紀の「ティハニュ修道院建立寄進状」には、*feheruuaru rea*（：*Fehérvárra*)《フェヘールヴァールへ》、*hodu utu rea*（：*hadútra*)《軍道へ》のやうな記載例もある。

(25)　基数詞が限定語となる場合、その後に来る名詞は常に単数形をとる。例：
　　　　　két embër《2人の人》
　　　　　három ház《3軒の家》
　　　　　húsz falu《20ヶ村》
　　　不定数詞の場合も同様である。例：
　　　　　néhány könyv《幾冊かの本》
　　　　　sok ló《多数の馬》

(26)　40-90は、4-9 の語幹に十位を示す接尾辞 -*van*/ -*ven* がついた形である。

(27)　複合語的基数詞の中の11-19、21-29 に限って、十位を示す語幹に語尾-*n*（§2．名詞の格語尾6）参照）がつく。例：
　　　　　tizënëgy《11》、*huszonkettő*《22》

(28)　序数詞を作る本来の接尾辞は-*d* であったが、この接尾形は今日のハンガリー語では分数の意味に用いられ、これに個別的意味をあらわす接尾辞-*ik* の付いた形が序数詞を示すことになった。
　　　但し、複合語では例外的に、-*d* の形が本来の序数詞の意味に用いられる。

harmadévi《第3年目の》(：*év*《年》)

harmadfél《2個半》(：*fél*《半分》)

(29) この他、敬語的に用いられる *Ön*《あなた》、*Önök*《あなた方》；*maga*《あなた、君》、*maguk*《あなた方、君ら》がある。これらが限定語或いは主語になる場合、その被限定語、述語は三人称の人称語尾をとる。

az Ön könyve《あなたの本》

Önök várnak《あなた方は待つ》

(30) 対格以外の格変化は、名詞の格語尾の項で述べたように、

格語尾（語幹形）+人称語尾

の形であらわされる。例：

(dative)：*nekëm*《私に》、*nekëd*《お前に》、*neki*《彼に》

(inessive)：*bennem*《私の中で》、*benned*《お前の中で》、*benne*《彼の中で》

(31) 定冠詞は指示代名詞 *az*《それ》に、不定冠詞は数詞 *ëgy* /ed'd'/《1》に由来する。

(32) 主体活用は、一般的に言えば、その動詞の示す行為が特定の object をとらない場合、或いは object が一人称・二人称の場合（但し、subject が一人称単数《私》で、object が二人称《お前（ら）》のときを除く）に用いられる。従って、その語尾変化は object の人称・数に関係がない。

対象活用は、その動詞の示す行為が特定の object と関係する場合にのみ用いられる。かような主体活用・対象活用の別は、他のウラル系諸言語（ヴォグル語・オスチャーク語・モルドヴィン語・サモイェード語）にも見られるが、その対象活用の体系は言語によって一様ではない。例えば、オスチャーク語の対象活用は、subject の人称（一・二・三）、数（単・双・複）の別に応じて、object は数（単・複［双数を含む］）のみが関係を持つ（object は三人称に限られる）が、モルドヴィン語では subject、object ともに人称（一・二・三）、数（単・複）が区別される。ハンガリー語の対象活用の体系はこれらよりも簡単で、object は二人称に限られる（object が一人称・二人称であれば主体活用が用いられる）上、数（単・複）も区別されない。但し、subject が一人称単数《私》で、object が二人称《お前（ら）》（数には関係がない）の場合にのみ、特別な活用語尾 *-lak/-lek* が用いられる。

várom《私は彼［それ］（ら）を待つ》

várod《お前は彼［それ］（ら）を待つ》

várja《彼は彼［それ］（ら）を待つ》

várjuk《我々は彼［それ］（ら）を待つ》
várjátok《お前らは彼［それ］（ら）を待つ》
várják《彼らは彼［それ］（ら）を待つ》
várlak《私はお前（ら）を待つ》
......

tégëd（*titëket*）*vár*《彼はお前（ら）を待つ》
tégëd（*titëket*）*várunk*《我々はお前（ら）を待つ》
tégëd（*titëket*）*várnak*《彼らはお前（ら）を待つ》

(33) 動詞の現在の活用形は未来をもあらわす。未来はまた、動詞の不定詞形-*ni* と、助動詞的に用いられる *fog-*《始める、着手す》の直説法現在の活用形との結合によって示される場合がある。尚、古くは、未来は -*and*/-*end* によってあらわされたが、この形は今日では既に用いられない。過去は、-(*t*)*t* (*tt* は末尾母音のある語幹につく) を含む活用形で示されるが、古くは -*a*/-*e*、(-*á*-/-*é*-) によってあらわされていた。しかし、この形も既に詩語にしか用いられない。

(34) 条件法過去は、直説法過去の活用形と、動詞 val-、(vol-)《ある》の条件法現在・三人称単数 *volna* との複合形によって示される。

		（主体活用）	（対象活用）
単	一人称	*vártam volna*	*vártam volna*
	二人称	*vártál volna*	*vártad volna*
	三人称	*várt volna*	*várta volna*
複	一人称	*vártunk volna*	*vártuk volna*
	二人称	*vártatok volna*	*vártátok volna*
	三人称	*vártak volna*	*várták volna*

(35) -*at*/-*et* は、大部分の単音節語幹と -*st* に終る多音節語幹の場合にのみあらわれる。

(36) これらは、《前で》(*el-*)；《中で》(*be-*)；《上で》(*fël-*)；《外で》(*ki-*)；《下で》(*le-*)；《うしろで》(*mëg-*)；の意味を持つ副詞と見てもよいが、この中の *el-* と *mëg-* は起動・継続・完了など、いわゆるアスペクト的な意味を示している場合が多い。

alv-	《眠る》	—	elalv-	《眠り込む》,
olvas-	《読む》	—	elolvas-	《読み終る》;
áll-	《立つ》	—	mëgáll-	《立ち止る》,
csinál-	《作る、なす》	—	mëgcsinál-	《作り終える》

ウラル語族

I 分布

1.1. 言語の名称

ウラル語族（Uralic）に属するのは次の諸言語である。[1]

（A） フィン・ウゴル語派（Finno-Ugric）

　（I） フィン・ペルム語派（Finno-Permian）［広義のフィン語派（Finnic）］

　　（1） バルト・フィン諸語（Balto-Finnic、［独］Ostseefinnisch）

　　　　フィンランド語（Finnish）［自称：スオミ語（Suomalainen）[2]］

　　　　カレリア語（Karelian）[3]

　　　　ヴェプセ語（Vepsian）

　　　　ヴォート語（Votish, Vodian）

　　　　エストニア語（Estonian）

　　　　リーヴ語（Livonian）

　　（2） ラップ語（Lappish）［自称：サーメ語（Saame）］

　　（3） ヴォルガ・フィン諸語（Volga-Finnic）[4]

　　　　モルドヴィン語（Mordvin）［自称：モクシャ語（Moksha）及び
　　　　　エルジャ語（Erzya）の総称］

　　　　マリ語（Mari）［チェレミス語（Cheremis）］

　　（4） ペルム諸語（Permian）

　　　　ウドムルト語（Udmurt）［ヴォチャーク語（Votyak）］

　　　　コミ語（Komi）［ズィリェーン語（Zyryen）］

　（II） ウゴル語派（Ugric）

　　（1） オビ・ウゴル諸語（Ob Ugric）

　　　　マンシ語（Mansi）［ヴォグル語（Vogul）］

ハンティ語（Hanti）［オスチャーク語（Ostyak）］
（2） ハンガリー語（Hungarian）［自称：マジャル語（Magyar）］
（B） サモイェード語派（Samoyedic）［サモディー語］
 （I） 北部サモイェード諸語（Northern Samoyed）
   ネネツ語（Nenets）［ユラーク・サモイェード語（Yurak-Samoyed）］
   エネツ語（Enets）［イェニセイ・サモイェード語（Yenisei-Samoyed）］
   ガナサン語（Nganasan）［タウギ・サモイェード語（Tavgi-Samoyed）］
 （II） 南部サモイェード語（Southern Samoyed）
   セリクプ語（Sel'kup）［オスチャーク・サモイェード語（Ostyak-Samoyed）］
   カマス語（Kamas）［サヤン・サモイェード語（Sayan-Samoyed）］

1.2. 分布地域と人口

　上述の諸言語の分布地域は次の通りである。フィン・ペルム語派に属するバルト・フィン諸語のうち、フィンランド語はフィンランド（スオミ）の国語で、話し手の総数は約450万。東部・西部の二方言がある。カレリア語はソ連邦のカレロ・フィン自治共和国内とヴォルガ上流北方のカリニン地域で話され、その言語人口は約17万。方言的には、本来のカレリア語とオロネツ語、リュード語の三方言に分たれる。ヴェプセ語はラドガ湖とオネガ湖の中間地域に散在する少数民族の言語で、人口は約1万6千。ヴォート語はレニングラード西方のインゲルマンランド地域の小言語で、現在ほとんど絶滅に瀕している（1956年の調査によれば、当時すでにヴォート語を話せる者は25名の老人しかいなかったという）。エストニア語はソ連邦のエストニア共和国の言語で、約100万の言語人口をもつ。リーヴ語は、嘗つては沿バルト地方のリーヴランドの言語であったが、現在ではラトヴィア共和国のクールランド半島の一部に局限され、話し手の数も500名位にすぎない。
　ラップ語は、ノルウェー、スウェーデン、フィンランド三国の北部地域と、それに隣接するソ連邦内のコラ半島に分布して居り、西部ラップ語（ノルウェーと北部スウェーデンのラップ諸方言）、南部ラップ語（南部スウェーデンの諸方言）、東部ラップ語（フィンランドとソ連邦内の諸方言）の三つの主要方言

がある。ラップ語の総人口は 3 万強である．

　ヴォルガ・フィン諸語のうち、モルドヴィン語は、ソ連邦内のヴォルガ河中流両岸の広い地域に分布し、西南群のモクシャ方言（その中心はモルドフ自治共和国内のモクシャ河流域）と東北群のエルジャ方言（スラ河流域及びモルドフ自治共和国以東の地域で話される）のかなり異った二方言がある。モルドヴィン語の人口総数は約130万で、その過半数はエルジャ方言に属する。マリ語は、その北方のヴェトルガ、ヴィヤトカ両河間のマリ自治共和国地域（方言的にはいわゆる平地チェレミス語と比較的少数の山地チェレミス語とに分たれる）と、東方のウファ河地域（東部チェレミス語）に分布し、その総数は約50万である。

　ペルム諸語のウドムルト語は、ヴィヤトカ、カマ両河間のウドムルト自治共和国地域に行われ、その数は約60万。コミ語は、ヨーロッパ・ロシア北東部のコミ自治共和国地域（北部方言又はコミ・ズリェーン方言）と、カマ河上流地域のコミ・ペルミャーク民族管区地域（南部方言又はコミ・ペルミャーク方言）で，約40万人によって話されている。

　ウゴル語派に属するオビ・ウゴル語は、シベリア西北部のオビ河及びその諸支流流域（主としてハンティ・マンシ民族管区内）に分布して居り、そのうちのマンシ語はオビ河以西の地域に行われ、方言的には北部（北ソスワ、シグワ、ヴォグルカ諸河の地方）、中部（コンダ、ペリムカ諸河の地方）、南部（タウダ河地方）に分けられる。また、ハンティ語はオビ河、イルティシュ河流域の広い地域に分布し、北部（オビ河下流地域）、東部（オビ河中流地域）、南部（イルティシュ河流域）の三方言がある。これらオビ・ウゴル語は、分布地域の広さに反して言語人口はきわめて少なく、マンシ語は約 6 千、ハンティ語は 2 万弱の人々によって話されているにすぎない。オビ・ウゴル語と言語的に最も近い関係にあるのは東ヨーロッパのハンガリー語で、この言語の人口は、ルーマニア、チェコスロヴァキア、ユーゴスラヴィア、ソ連邦など、ハンガリー国外に住むハンガリー人をふくめて、1300万以上にのぼり、ウラル語族中で最も有力な言語である。方言的差異は比較的少ないが、セーケイ（Székely）方言（ルーマニアのトランシルヴァニア東部のハンガリー語）、パローツ（Palóc）方言

（スロヴァキア地方のハンガリー語）などは、他の諸方言とかなり異る特徴を示す。

サモイェード語派の諸言語のうち、話し手の数が比較的多いのは北部群に属するネネツ語で、ヨーロッパ・ロシアの北ドヴィナ河から西北シベリアのイェニセイ河口までの北方ツンドラ地帯に住む約2万5千の住民の言語である。これと最も近い関係にある姉妹語に、エネツ語とガナサン語とがある。何れも人口数百（前者は400、後者は700）にすぎない小言語で、それぞれイェニセイ河口地域とタイミル半島で話されている。

南部サモイェード語に属するセリクプ語は、西部シベリアのタズ河とオビ河中流地域のサモイェード族の言語で、その人口は約4千である。南部シベリアのサヤン山脈地方には、嘗つては多くの南部サモイェード語を話す小民族—カマス（Kamas）、カラガス（Karagas）、コイバル（Koibal）、モトル（Motor）、ソヨート（Soyot）、タイギ（Taigi）など—がいたが、近隣の有力なチュルク系諸族の影響をうけて母語を失い、現在ではわずかにカマス語を話す少数の老人が残っているにすぎない。

II 系　統

2.1. フィン・ウゴル諸語の親縁関係

上述の諸言語相互の親縁関係については、個々の言語の間ではすでに古くから認められていた。初期の素朴な同系論には、9世紀のノルウェー人 Ottar の旅行記に見えるラップ（彼の命名では finn）・カレリア（彼によれば bjarma）語同一説をはじめ、15世紀の Piccolomini[5]（ローマ教皇ピウス二世）[6]や、16世紀の Mathias de Miechov[7]（ポーランド国王の侍医）、Herberstein[8]（モスクワ公国駐剳のオーストリア外交官）らの著作に述べられているハンガリー語とオビ・ウゴル語の同系説があり、17世紀にはハンガリーの Tröstler[9]、ドイツの Fogel[10]、スウェーデンの Stiernhjelm[11] らが、ハンガリー語とフィン諸語・ラップ語などの語彙を比較して、これら諸言語の同系説をとなえている。

18世紀になると、更に広く欧露・シベリアのフィン・ウゴル諸言語をふくめた同系説が Strahlenberg[12]、J. E. Fischer[13]、Schlözer[14] らの著書に見出される。中で

も、スウェーデンの軍人で、13年間の抑留生活をシベリアにすごし、その間に蒐集した原住諸民族の資料を帰国後発表した Strahlenberg は、ロシア国内のモルドヴィン、チェレミス（マリ）、ペルム（コミ）、ヴォチャーク（ウドムルト）、ヴォグル（マンシ）、オスチャーク（ハンティ）諸語を同一語群として分類し、これらとフィン、ラップ、エストニア、ハンガリー語などとの間に親族関係を認めて居り、大凡今日のフィン・ウゴル語派の系統的分類と同じ結論に達している。

また、この時期には、ハンガリーの Sajnovics[15]（ハンガリー語・ラップ語の同系論）や Gyarmathi[16]（ハンガリー語とフィン・ウゴル諸語との同系論）による比較言語学の先駆的な業績も出ているが、真の意味でのウラル系諸言語の比較言語学的研究が興ったのは、19世紀中期のフィンランドの Castrén[17]、ハンガリーの Reguly[18] にはじまる、多くの言語学者・民俗学者たちの欧露・シベリア諸民族の現地調査と言語資料蒐集（口承文学・民話などの採録）の成果によるものである。

これ以後、印欧言語学の方法に拠ってフィン・ウゴル比較言語学の基礎を確立した Budenz[19] をはじめ、Otto Donner[20]、Setälä[21]、Szinnyei[22] ら、主としてフィンランド、ハンガリーの学者たちの多くの研究を通じて、フィン・ウゴル諸言語相互の系統関係は確実に立証された。このフィン・ウゴル語派（語族）の比較研究は、これに属する多くの言語が20世紀はじめまで文字をもたず、従って限られた資料（主として19世紀以来の現地調査で採録された口承文学のテキスト）[23]によるほかなかった点で、印欧諸族やセム語族の分野に比べると研究上不利な条件におかれていたにもかかわらず、今日ではその成果の精密さにおいてこの両語族に次ぐ位置を占めている。

2.2. サモイェード語との親縁関係

フィン・ウゴル諸言語の領域にくらべ、ウラル語族の第二の語派サモイェード諸語の比較研究は、現存の同系言語の数が少ないこと（カマシ語はすでに死語に等しいし、エネツ語・ガナサン語も今後永く残存する見通しは少い）もあって、未だ幾分の問題点が残されて居り、このため「ウラル語族」という名称が学界で広く用いられるようになったのも比較的近年のことに属する。

サモイェード語の初期の資料としては、17-18世紀の旅行家のシベリア紀行などに記されている若干の単語があり、文法的研究もすでに19世紀はじめのVater(24)らによって着手されていたが、サモイェード語学の真の建設者となったのは、1840年代の約8年間にわたるシベリア調査でサモイェード諸族の厖大な言語資料を蒐集し、すぐれた文典・辞典をのこしたCastrén(25)である。Castrénは、サモイェード語の系統論については、フィン・ウゴル系諸言語との密接な親縁説をとったが、この同系説は、次代のHalász(26)、Paasonen(27)、Setälä(28)らフィン・ウゴル学者たちによって支持され、更に20世紀に入って現地調査を行ったフィンランドのKai Donner(29)、Lehtisalo(30)やソ連の学者たち(31)の豊富な蒐集資料に基く比較研究を通じて、近年のCollinder(32)、Décsy(33)、Hajdú(34)らによる総括的なウラル比較言語学理論に継承されている。

2.3. 他の語族との関係

ウラル系諸言語と他の語族との関係については、嘗つてはアルタイ諸言語との同系論が有力であった。このウラル・アルタイ同系説は、19世紀のドイツの東洋語学者Schott(35)、Winkler(36)や、エストニアのWiedemann(37)らの諸著によって広く知られ、初期の日本語系統論にも影響を与えている。しかし、この同系説は主として言語の構造上の類似をその論拠としていたので、比較言語学の方法が同系関係の証明に諸言語間の音韻対応の厳密な規則性を要求するようになると、従来のウラル・アルタイ説では同系論として未だ不十分なことが明かとなった。何れにせよ、この同系論の前提として、先ずアルタイ諸言語相互の同系関係の確立が必要とされている。このウラル・アルタイ説については、Sauvageot(38)によって、その後も新たな検討が行われてはいるが、未だ十分な説得力をもつには至っていない。

ウラル或いはフィン・ウゴル諸語と印欧語との同系説は、エストニアのN. Anderson(39)以来、Wiklund(40)、Sköld(41)ら、主としてスウェーデンの学者の間に支持者を得ているが、その中で最も包括的にこの問題を扱ったのはCollinderである。Collinder(42)は、ウラル語族・印欧語族の諸言語の間に見出される共通要素として、30-40の単語とかなりの数の代名詞及び接尾辞を挙げているが、彼自身これに基いてただちに印欧・ウラル同系説を主張しているわけではない。こ

のウラル語族・印欧語族親縁説については、多くのウラル学者の見解は否定的で、ウラル・印欧両語族の諸言語間に見られる共通要素も、印欧共通祖語或いはその一語派からの借用とする解釈が一般的である。

ウラル語族と他言語との親縁説のうち、近年かなり有力なのはユカギル語との同系論である。ユカギル語（Yukagir）［自称オドゥル語（Odul）］は東北シベリアに住む人口約400の少数民族の言語で、ふつうには旧シベリア諸語（Paleo-Siberian）（旧アジア諸語）の一つに数えられている。この説をとなえたのはBouda[43]とCollinder[44]であるが、Collinderによれば、ユカギル語はウラル系諸言語との間に代名詞をふくむ40-50の共通語彙を有し、特にサモイェード諸語とは動詞の活用語尾や名詞の格語尾に関して多くの一致を示している。これに基いてCollinderは、ユカギル語をウラル語族の第三の語派に属する言語と見ている。この親縁説はかなりの反響をよび、若干の支持者を生んだが[45]、ソ連の旧シベリア語学者Крейнович[46]はこの説に反対して、両者の間に見られる共通要素をユカギル語とウラル諸語（特にサモイェード語）との接触による相互影響から説明している。

このほか、ウラル語族と旧シベリア諸語のチュクチ語群—チュクチ語（Chukchee）、コリャーク語（Koryak）、カムチャダール語（Kamchadal）—との親縁説[47]もあり、更にギリヤーク語（Gilyak）、エスキモー語（Eskimo）や、南米のインディアンの言語などとの親縁関係を証明しようとした説もあるが、上述の同系説に比べれば何れも資料が不十分で説得力に乏しい。

III 音　論

現在までのウラル諸語の比較研究によれば、共通祖語の音韻体系は次のように推定される。

3.1. 子　音

先ず子音に関しては、ウラル祖語には、k、t、p、m、n、ń、ŋ、č、ć、s、š、ś、j、w、γ、δ、δ'、l、l'、rの20音素があったと認められる[48]（即ち、祖語には閉鎖音、破擦音、シビラントの何れの系列にも無声音しかなく、今日のウラル諸語の有声子音はすべてそれ以後の時期にあらわれたものと推定される）。

これらの子音の諸言語における対応の一例として語頭の k を挙げると、次のような対応がみられる。

　　［フィン］kala「魚」；［ラップ］guolle；［モルドヴィン］kal；［マリ］kol；［マンシ］kul～（北部方言）χūl；［ハンティ］kul～（北部方言）χul；［ハンガリー］hɔl；［ネネツ］haale；［ガナサン］kole；［エネツ］haare；［セリクプ］qəəly、kuele；［カマス］kola

　　［フィン］kuole-「死ぬ」；［モルドヴィン］kulo-；［マリ］kole-；［ウドムルト］kul-；［コミ］kul-；［マンシ］kāl-～（北部方言）χōl；［ハンティ］kăl-～（北部方言）χăl-；［ハンガリー］hɔl-；［ネネツ］haa-；［ガナサン］ku-；［エネツ］kaa-；［セリクプ］qu-；［カマス］kü-；

　　［フィン］kumpua-「泡立つ」；［モルドヴィン］kumboldo-；［コミ］gybav-；［マンシ］kup～（北部方言）χump「波」；［ハンティ］kŏmp～（南部方言）xump「波」；［ハンガリー］hɔb「泡、波」；［ネネツ］haamba「波」；［ガナサン］koŋfu；［エネツ］kaba；［セリクプ］komba；

　　［フィン］käsi「手」；［ラップ］giettâ；［モルドヴィン］k'ed'；［マリ］kit；［ウドムルト］ki；［コミ］ki；［マンシ］kăt～kāt；［ハンティ］（南部方言）ket；［ハンガリー］kēz；

　　［フィン］kivi「石」；［モルドヴィン］k'ev；［マリ］kü；［ウドムルト］kö；［コミ］-ki（iz-ki）；［マンシ］käw～（北部方言）kaw；［ハンティ］köγ～（南部方言）kew；［ハンガリー］kö、köve-；

以上のうち、第一のグループ（［フィン］kala、kuole-、kumpua-、など）の対応は次の通りである。

　　共通祖語*k-：［フィン］k-；［ラップ］g-、k-；［モルドヴィン］k-；［マリ］k-；［ウドムルト］k-、g-；［コミ］k-、g-；［マンシ］k-～χ-；［ハンティ］k-～χ-；［ハンガリー］h-；［ネネツ］k-、h-；［ガナサン］k-；［エネツ］k-, h-；［セリクプ］q-、k-；［カマス］k-；

ただし、このグループに属するのは何れも語頭の k のあとに奥舌母音の来る語であり、k のあとに前舌母音が来る第二のグループ（［フィン］käsi、kivi、

など）の語では、語頭の*k-のフィン・ウゴル諸語における対応は次のようになっている。

　　*k-：［フィン］k-；［ラップ］g-、k-；［モルドヴィン］kʼ-；［マリ］k-；［ウドムルト］k-；g-；［コミ］k-、g-；［マンシ］k-；［ハンティ］k-；［ハンガリー］k-；

　以上の二群の対応例から、共通祖語の *k- が、ウゴル語派の諸言語において、後続の母音の性質に応じて閉鎖音と摩擦音に分れたこと、即ち、マンシ語の北部方言とハンティ語の北部・南部方言では *k＞χ、ハンガリー語では *k＞*χ＞hという音韻変化がおこったことが明かとなる（尚、ウゴル語のうちでも、マンシ語の南部方言とハンティ語の東部方言がこの *k＞χ の音韻変化を受けなかったことは、この両方言にみられる一般的にアルカイックな特色とも一致する）。

　共通祖語の子音体系に関しては、上述の単子音のほか、若干の二重子音（kk、tt、pp）のあったことが、次のようなフィン語、ラップ語の例から推定される．

　　［フィン］lykkää「押す」；［マンシ］lökəm-；［ハンティ］lŏkim-；［ハンガリー］lök-；

　　［フィン］kuusi「6」；［ラップ］guttâ；［モルドヴィン］koto；［ハンガリー］hɔt；など。

　　［フィン］sappi；「胆汁」［ラップ］sappe；［モルドヴィン］säpä；［マンシ］tēp；［ハンガリー］ɛpɛ；など。

　ウラル諸語では、子音結合はふつう語中にしかあらわれない。共通祖語のかような語中の子音結合としては、鼻音＋閉鎖音（*mp, *nt, *ŋk）が最も多く、閉鎖音＋閉鎖音（*pt, *tk, *kt）、流音＋k（*lk, *ɹk）、シビラント（又は破擦音）+k（śk, kś）、鼻音＋破擦音（*nč, *ńć）などもあったと認められる（このうち、鼻音＋閉鎖音の子音結合は、ペルム諸語とハンガリー語では有声閉鎖音となった）。

　　［フィン］kumpuɑ-「湧き出る、泡立つ」；［モルドヴィン］kumbo-ldo-；［コミ］gybɑv；［マンシ］kup～χump；［ハンガリー］hɔb「泡」；など．

　　［フィン］onsi, onte-「空（洞）の」；［ラップ］vuowdâ；［モルドヴィ

ン］undo；［ウドムルト］ud-ur；［マンシ］ånter；［ハンティ］ont：［ハンガリー］odū、odv-ɔš；など。

3.2. 母　　音

ウラル祖語の母音体系の再構は、子音の場合に比べるとかなり問題が多い。これについては、Steinitz、Itkonen、Collinder、Hajdú、のそれぞれ異る学説がある。

ウラル諸語においては、すべての母音があらわれ得るのは、語の第一音節のみであり、従って祖語の母音体系に関しても第一音節のそれが中心問題となる。

Steinitzによれば、フィン・ウゴル祖語の第一音節の母音の体系は次の通りである。

| | (奥舌母音) | | (前舌母音) | |
	(円唇)	(非円唇)	(円唇)	(非円唇)
完全母音（voll）	ɔ	ɑ		ä
	o			e
	u	y		i
不完全母音（reduziert）	ŭ		ŏ	ĕ

これに対し、Itkonenはフィン・ペルム祖語（もしくはフィン・ウゴル祖語）の母音体系を次頁の表のように記述している。

Itkonenはバルト・フィン諸語やラップ語の研究に基いて・祖語の母音体系に短母音と長母音の区別をみとめるが、Steinitzは、ハンティ語諸方言の研究から出発して、アルカイックなハンティ語東部方言と、系統的には最も遠い関係にあるマリ語の山地方言とに同様の現象が見出されることから、祖語の母音体系に完全母音と不完全母音を区別し、一方短母音・長母音の音韻論的対立はみとめない（Steinitzは、母音の長短を区別しているウラル諸語のうち、ハンティ語の場合は音節構造によるものとし、マンシ語、ハンガリー語、サモイェード諸語の長母音は、それぞれの言語において個別的に成立した新しい現象とみる）。

	（短母音）		（長母音）	
（奥舌）	（前舌）		（奥舌）	（前舌）
	（円唇）	（非円唇）		
ɑ		ä		
o		e	ō	ē
u	ü	i	ū	ī

　語の第二音節の母音については、祖語にあった語末の母音が多くのウラル諸語で脱落しているため、研究には若干の困難があるが、第一音節の母音に比べてその数の少ないことは確実であり、おそらく*a、*ä、*e の三つの母音のみであったろうと推定される。祖語の語彙の根幹は二音節から成り、従って ɑ 語幹、-ɑ 語幹、-e 語幹の三種があったことになるが、このうち -e 語幹が全体の半数以上を占めていたことは、e が母音調和に関して中立母音で、第一音節の母音の性質（奥舌・前舌）にかかわらずあらわれ得ることからも明かである。(-ɑ は奥舌母音をもつ第一音節のあと、ä は前舌母音の音節のあとにしか立ち得ない)。

3.3. アクセント

　現在の大多数のウラル諸語において、主アクセント（強さアクセント）は常に語の一定の音節に固定している。その中で最も多いのが、第一音節に主アクセントをもつ言語で、このタイプに属するものには、バルト・フィン諸語、ラップ語、マンシ語（南部方言をのぞく）、ハンガリー語、エネツ語、セリクプ語などがある。このほかの諸言語（もしくはその諸方言）では、或いは外来の影響により、或いは語の音節構造の条件によって、第2音節、語末、又はその直前の音節の何れかに主アクセントが来る。ことに、モルドヴィン語、コミ語、ハンティ語（南部方言）、ネネツ語などのアクセントの様相はかなり複雑である。共通祖語のアクセントの問題については、嘗つては母音・子音交替と関連づけた移動アクセント説がとなえられたが、現在では第1音節の固定アクセント説が有力である（このほか、文アクセントの観点からの固定アクセント説の批判もある）。

3.4. 母音調和と子音交替

ウラル諸語には二種類の母音調和—「舌の調和」（Palatal Harmony）と「唇の調和」（Labial Harmony）—がある。「舌の調和」は奥舌母音と前舌母音の対立に基くもので、ラップ語、エストニア語、リーヴ語、ウドムルト語、コミ語、マンシ語北部方言、ハンティ語北部方言を除く大部分のウラル諸語に見られ、共通祖語に遡り得る現象とされる。「唇の調和」の方は、円唇母音と非円唇母音の対立に基く母音調和で、マリ語東部方言、ハンガリー語、セリクプ語、カマス語などにあるが、これらの諸語においても「舌の調和」に比べると副次的な現象にすぎず、おそらくは比較的新しい成立のものと推定される（これを周辺のチュルク語の影響と見る説もある）。

ウラル語の子音交替については、「階程交替」（Gradation, Stufenwechsel）として知られる現象が、バルト・フィン諸語（ヴェプセ語とリーヴ語を除く）とラップ語にあり、サモイェード諸語（特にガナサン語とセリクプ語）にもこれと類似した現象が見られる。この「階程交替」を、共通祖語の子音交替の残存とする見解が嘗つては有力であったが、現在ではこの現象はバルト・フィン語—ラップ語で独自に成立したものとされ、サモイェード諸語の類似の現象も比較的新しい独立の発展として説明されている。

参考文献

ウラル（フィン・ウゴル）言語学の概説には次のようなものがある。

Collinder, Björn：*A Handbook of the Uralic Languages.*

Part1：*Fenno-Ugric Vocabulary.* （Stockholm-Uppsala, 1955.）

Part2：*Survey of the Uralic Languages.* （Stockholm-Uppsala, 1957.）

Part3：*Comparative Grammar of the Uralic Languages.* （Stocholm-Uppsala, 1960.）

第1巻はウラル（フィン・ウゴル）起原の単語の辞典、第2巻はウラル系諸言語それぞれの文法概説、第3巻はそれに基く諸言語の比較研究である。

この三部作は、現在では最も詳しいウラル語概説で、ことに著者の専攻分野のラップ語、フィン諸語関係の資料が豊富に用いられている点に特色があ

Collinder, Björn：*Introduction till de uraliska språken.* (Stockholm, 1962.)

Collinder, Björn：*An Introduction to the Uralic Languages* (Berkeley-Los Angeles, 1965.)

前掲の Handbook を入門書向に要約したもの。スウェーデン語版と英語版 (増補版) とがある。

Décsy, Gyula：*Einführung in die finnisch-ugrische Sprachwissenschaft.* (Wiesbaden, 1965.)

フィン・ウゴル諸言語の各々について、その分布、方言、歴史、文献など を詳述している。個々の問題の研究史を知るには便利である。

Hajdú Péter；*Bevezetés az uráli nyelvtudományba.* (Budapest, 1966.)

ハンガリーの大学の講義用テキストとして書かれたウラル言語学入門書で、方法論、共通祖語の問題、比較研究の部門から成り、ウラル語学の最新の成果が詳細に論述されている。

Szinnyei József：*Magyar nyelvhasonlítás.* (Budapest, 1927.)

Szinnyei József：*Finnish-ugrische Sprachwissenschaft.* [Sammlung Göschen] (Berlin-Leipzig, 1922.)

20世紀はじめまでのフィン・ウゴル語比較研究の成果を総括した名著として、現在でも一応参照する必要はあるが、細部については修正さるべき点が多い。

このほか、ウラル (フィン・ウゴル) 語族についての入門的概説として、次のものが参考になる。

Itkonen, Erkki：*Suomalais-ugrilaisen kantakielen äänne-ja muotorakenteesta* (1961)［邦訳； イトゥコネン「フィン・ウゴル祖語の音韻と形態の構造」(小泉保訳) (東京、1962.)］

Meillet, A.-Cohen, M.：*Les langues du monde.* (Nouvelle éd.) (Paris, 1952.) ［279-318頁：Langues ouraliennes (A. Sauvageot) の項］

Matthews W K：*Languages of the U S S R.* (Cambridge, 1951.)「14-50頁：

Uralian Languages の項]

尚、ウラル系諸言語それぞれの文法概説を一冊に収録したものに次の諸著がある。

Collinder, Björn：*Survey of the Uralic Languages*. (Stockholm-Uppsala, 1957.)

前掲 Handbook の第2巻で、フィンランド、エストニア、ラップ、モルドヴィン、チェレミス [マリ]、ヴォチャーク [ウドムルト]、ズリェーン [コミ]、ヴォグル [マンシ]、オスチャーク [ハンティ]、ハンガリー、ユラーク [ネネツ]、セリクプ、カマス諸語の文法概説の集成。

Языки и письменность народов Севера. часть 1: Языки и письменность самоедских и финно-угорских народов. (Москва-Ленинград, 1937.)

シベリアのウラル諸言語—ネネツ、ガナサン、エネツ、セリクプ、サーメ [ラップ]、マンシ、ハンティ諸語—の文法概説。

Языки народов СССР. том III: финно-угорские и самодийские Языки. (Москва, 1966.)

ソ連邦内のウラル諸言語の文法概説。

ウラル（フィン・ウゴル）諸言語の語彙の比較は、次の諸辞典に詳しい。

Collinder, Björn：*Fenno-Ugric Vocabulary. An Etymological Dictionary of the Uralic Languages.* (Stockholm-Uppsala, 1955.)

前掲 Handbook の第1巻で、ウラル（フィン・ウゴル）起原と見なされる語彙（約1000語）について、諸言語における語例を比較している。このほか、印欧語からの借用語彙、アルタイ諸言語との共通語彙も附載されている。

Toivonen. Y. H. —Itkonen, Erkki. —Joki, Aulis：*Suomen kielen etymologinen sanakirja.* (I-III.) [Lexica Societatis Fenno-Ugricae, XII.] (Helsinki, 1955-62.)

フィンランド語の語原辞典で、多数のウラル（フィン・ウゴル）起原の語彙が収録されている．

Gombocz Zoltán.—Melich János：*Magyar etymologiai szótár.* (I-XVII.) [A—geburnus] (Budapest, 1914-44.)

ハンガリー語の語原大辞典。17分冊（ g の項）までで未完成に終った。
Bárczi Géza: *Magyar szófejtő szótár.* (Budapest, 1941.)
　一冊本で規模は小さいが、完成したハンガリー語原辞典としては現在唯一のものである.
A magyar szókészlet finnugor elemei. I. [A-Gy]. (Budapest, 1967.)
A magyar nyelv történeti-etymologiai szótára. I. [A-Gy]. (Budapest, 1967.)
　この二つのハンガリー語の語原辞典（ハンガリー科学アカデミー言語研究所編）は現在同時に刊行中で、前者はウラル（フィン・ウゴル）起原の語彙を、後者はそれ以外の語彙を扱っている。

　次に、広くウラル（フィン・ウゴル）語民族についての主な概説書を挙げておく。
Zsirai Miklós: *Finnugor rokonságunk.* (Budapest, 1937.)
　フィン・ウゴル諸族の歴史と文化を概観した大著。著者はフィン・ウゴル比較言語学者で、言語の系統、共通祖語と原住地、民族名の問題や、フィン・ウゴル学研究史にも多くの頁を割いている。
Hajdú Péter: *Finnugor népek és nyelvek.* (Budapest, 1962.)
　題名は『フィン・ウゴル諸民族と諸言語』となっているが、著者の専攻部門のサモイェードについても詳しい記述がある。各民族の概説のほか、ウラル族の原住地と移動、ウラル共通祖語の問題などが扱われている。
　尚、同じ著者に、
Hajdú Péter: *Szamojéd népek és nyelvek.* (Budapest, 1949.)
Hajdú Péter: *The Samoyed Peoples and Languages.* [Indiana University Publications. Uralic and Altaic Series. Vol. 14] (Bloomington—The Hague, 1963.)
というすぐれたサモイェード概説がある。

Suomen Suku. (I-III). (Helsinki, 1926-34.)
　フィンランドの多くの学者の分担執筆になる浩瀚な三冊本のフィン・ウゴル族概説。

Manninen. I.: *Suomensukuiset kansat.* (Porvoo, 1929.)

Manninen. I.: *Die finnisch-ugrischen Völker.* (Leipzig, 1932.)

主として物質文化の面からフィン・ウゴル諸族を扱ったもの。刊行年代がやや古いので、人口などに関するデータは修正を要する。

Vuorela, Toivo: *Suomensukuiset kansat.* (Helsinki, 1960.)

Vuorela, Toivo: *The Finno-Ugric Peoples.* [Indiana Univ. Publications. Uralic and Altaic Series, Vol. 39.] (Bloomington—The Hague, 1964.)

フィン・ウゴル諸族の民俗学的概説としては最も新しく、内容的にもすぐれている。序章で言語の系統や原住地問題にも触れている。

Народы Европейской части СССР. II. [Народы мира.] (Москва, 1964.)

Народы Сибири. [Народы мира] (Москва-Ленинград, 1956.)

The Peoples of Siberia. (Chicago, 1964.) [英訳]

ソ連の民族誌叢書『世界の諸民族』中のこの二冊には、ソ連邦内のウラル系諸民族の歴史・現状の記述があり、詳しい民族分布図がついている。

ウラル系諸言語それぞれの領域での研究文献については、一々ここで挙げることを省くが、重要な業績の目録は、前掲の Collinder. (*Comparative Grammar*), Décsy (*Einführung*), Hajdú (*Bevezetés*) 文献目録に詳しい。

ウラル(フィン・ウゴル)語学関係の主な叢書・雑誌類には次のようなものがある。

[叢書]

Suomalais-ugrilaisen Seuran Toimituksia. (Mémoires de la Société Finno-ougrienne.) (Helsinki, 1890-)

Lexica Societatis Fenno-ugricae. (Helsinki, 1913-)

A Magyar Nyelvtudományi Társaság Kiadványai. (Budapest, 1905-)

Nyelvtudományi Értekezések. (Budapest, 1953-)

Uralaltaische Bibliothek. (Wiesbaden, 1955-)

Indiana University Publications. Uralic and Altaic Series. (Bloomington—The Hague, 1960-)

[雑誌]

SUOMALAIS-UGRILAISEN SEURAN AIKAKAUSKIRJA. (*JOURNAL DE LA SOCIÉTÉ FINNO-OUGRIENNE.*)(Helsinki, 1886-)

FINNISCH-UGRISCHE FORSCHUNGEN. (Helsinki, 1901-)

VIRITTÄJÄ. (Helsinki, 1897-)

NYELVTUDOMÁNYI KÖZLEMÉNYEK. (Budapest, 1862-)

MAGYAR NYELV. (Budapest, 1905-)

MAGYAR NYELVŐR. (Budapest, 1872-)

NÉPRAJZ ÉS NYELVTUDOMÁNY. (Szeged, 1957-)

ACTA LINGUISTICA ACADEMIAE SCIENTIARUM HUNGARICAE. (Budapest, 1951-)

URALALTAISCHE JAHRBÜCHER. (Wiesbaden, 1952-)

MITTEILUNGEN DER SOCIETAS URALO-ALTAICA. (Hamburg, 1966-)

ETUDES FINNO-OUGRIENNES. (Paris, 1964-)

Советское Финно-угроведение. (Таллин, 1965-)

KEEL JA KIRJANDUS. (Tallinn, 1958-)

KEEL JA KIRJANDUSE INSTITUUDI UURIMUSED. (Tallinn, 1956-)

EMAKEELE SELTSI AASTARAAMAT. (Tallinn, 1955-)

註
(1) 言語名は原則として自称で記し、[ ]内に従来欧米の文献で用いられて来た名称を入れておいたが、例外的に「フィンランド語」、「ラップ語」、「モルドヴィン語」、「ハンガリー語」だけは他称で記し、[ ]内に自称を入れた.
(2) レニングラード附近のインゲルマンランドの小言語イジョール語 (Isurian)[インケリ語 (Ingrian)] をふくむ。
(3) オロネツ語 (Olonetzian)、リュード語 (Ludian) をふくむ.
(4) このほか、ロシアのNestor年代記などに、オカ、ヴォルガ両河間の地の住民として記されているメリヤ (Merja)、ムロマ (Muroma) 族の言語も、このグループに属する言語であったろうと推定される.
(5) Zsirai M.: *Finnugor rokonságunk.* (Budapest, 1937.)

(6) Piccolomini (Aeneas Sylvius) : *Cosmographia*. (1503.) [Zsirai前掲書による]

(7) Mathias de Miechov : *Tractatus de duabus Sarmatiis, Asiana et Europiana et de contensis in eis*. (1517). [Zsirai]

(8) Herberstein, S. : *Rerum Moscoviticarum Commentarii*. (1549.) [仏訳 : *La Moscovie du XVIe siècle, vue par un ambassadeur occidental Herberstein*. (Paris, 1965.)]

(9) Tröstler, J. : *Das alte und neue Dacia*. (1666). [Zsirai]

(10) Fogel, Martin : *De Finnicae linguae indole observationes*. (1669). [Zsirai]

(11) Stiernhjelm, Georg : *De linguarum origine*. (1671). [Zsirai]

(12) Strahlenberg, Philip Johann von : *Das Nord- und Ostliche Theil von Europa und Asia*. (Stockgolm, 1730)

(13) Fischer, J. E. : *Sibirische Geschichte*. (St. Petersburg, 1768.)

(14) Schlözer, A. L. : *Allgemeine Nordische Geschichte*. (Halle, 1771.)

(15) Sajnovics, J. : *Demonstratio. Idioma Ungarorum et Lapponum idem esse*. (København, 1770.) (Bloomington—The Hague, 1968.)

(16) Gyarmathi, S. : *Affinitas linguae Hungaricae cum linguis Fennicae originis grammatice demonstrata*. (Göttingen, 1779.) (Bloomington—The Hague, 1968.)

(17) Mattias Aleksanteli Castrén (1813-52) は1841-44年と1845-49年の 2 回にわたって、サモイェード諸語を中心に、シベリア・欧露に住む親縁諸民族の言語・民俗を調査し、多数の蒐集資料と研究論文をのこしたが、彼自身が早世したため、その遺稿の大部分は彼の同僚 Schiefner の手で、Nordische Reisen und Forschungen von Dr. M. A. Castrén. (12 Bde.) (St. Petersburg, 1853-62) として公刊された。

(18) Reguly Antal (1819-58) は、1843-46年、西部シベリアのオビ・ウゴル族の地を調査し、マンシ、ハンティ語の厖大な資料を採録したが、彼の蒐集資料も生前には殆んど発表されず、1860年代にはじまった彼の手稿の公刊計画は漸く近年になって略々完結した。

(19) Budenz József : *Magyar-ugor összehasonlító szótár*. (Budapest, 1873-81.)

――――――― : *Az ugor nyelvek összehasonlító alaktana*. (Budapest, 1884-94) など。

(20) Donner, Otto : *Vergleichendes Wörterbuch der finnisch-ugrischen Sprachen* (Helsinki, 1874-76.)

――――――― : *Die gegenseitige Verwandtshaft der finnisch-ugrischen Sprachen*. (Helsinki, 1879) など。

(21) E. N. Setälä : *Zur Geschichte der Tempus- und Modusstammbildung in den finnisch-ugrischen Sprachen.* (Helsinki, 1886) など。

(22) Szinnyei, J. : *Finnisch-ugrische Sprachwissenschaft.* (Berlin-Leipzig, 1922) など。

(23) ウラル諸語のうち、文字で書かれた記録を有する言語は、ハンガリー語（最古の言語資料は12世紀末頃のもの）、フィンランド語（15世紀以来）、エストニア語（16世紀以来）である。このほか、コミ語にも「アブル」(abur) 文字で書かれた14世紀末ころの少数の言語資料がある。

(24) Vater, J. S. : *Bruchstücke einer samojedischen Grammatik.* (Königsberg, 1811.)

(25) Castrén, M. A. : *Grammatik der samojedischen Sprachen.* (St. Petersburg, 1854.)

――――――― : *Wörterverzeichnisse aus den samojedischen Sprachen.* (St. Petelsburg, 1855.)

(26) Halász, Ignác : *Az ugor-szamojéd nyelvrokonság kérdése.* (Budapest, 1893-94.)

(27) Paasonen, Heikki : *Beiträge zur finnischugrisch-samojedischen Lautgeschichte.* (Budapest, 1917.)

(28) Setälä, E. N. : *Zur Frage nach der Verwandtschaft der finnisch-ugrischen und samojedischen Sprachen* (Helsinki, 1912-14.)

(29) Donner, Kai : *Über die anlautenden labialen Spiranten und Verschlusslaute im Samojedischen und Uralischen.* (Helsinki, 1920) など。

(30) Lehtisalo, T. V. : *Über die primären ururalischen Ableitungssuffixe.* (Helsinki, 1936) など。

(31) Языки и письменности народов Севера. Ч. I. (Москва-Ленинград, 1937.)
Языки народов СССР. том III. (Москва, 1966.)

(32) Collinder, Björn : *Comparative Grammar of the Uralic Languages.* (Stockholm, 1960.)

――――――― : *An Introduction to the Uralic Languages.* (Berkeley-Los Angeles, 1965.) など。

(33) Décsy, Gyula : *Einführung in die finnisch-ugrische Sprachwissenschaft.* (Wiesbaden, 1965.)

(34) Hajdú Péter : *Bevezetés az uráli nyelvtudományba.* (Budapest, 1966) など。

(35) Schott, Wilhelm : *Versuch über die tatarischen Sprachen.* (Berlin, 1836) など。

(36) Winkler, Heinrich : *Uralaltaische Völker und Sprachen.* (Beriln, 1884) など。

(37) Wiedemann, F. J. : *Über die früheren Sitze der tschudischen Völker und ihre Sprachverwandtschaft mit den Völkern Mittelhochasiens.* (St. Petersburg, 1838.)

(38) Sauvageot, A.：*Recherches sur le vocabulaire des langues ouralo-altaïques.* (Paris, 1930.)

(39) Anderson, N.：*Studien zur Vergleichung der indogermanischen und finnisch-ugrischen Sprachen.* (Dorpat, 1879.)

(40) Wiklund, K.B.：*Finnisch-ugrisch und Indogermanisch.* (Uppsala, 1905.) など。

(41) Sköld, H.：*Indo-uralisch.* (Helsinki, 1927.)

(42) Collinder, Björn：*Indo-uralisches Sprachgut.* (Uppsala, 1934.) など。

(43) Bouda, Karl：*Die finnisch-ugrisch-samojedische Schicht des Jukagirischen.* (Berlin, 1940.)

(44) Collinder, Björn：*Jukagirisch und Uralisch.* (Uppsala, 1940.)

(45) Angere, J.：*Die uralo-jukagirische Frage.* (Stockholm, 1956.)

(46) Крейнович, Е. А.: *Юкагирский язык.* (Москва-Ленинград, 1958.)

(47) Ankeria (Angere), J.：*Das Verhältnis der tschuktschischen Sprachgruppe zu dem uralischen Sprachstamme.* (Uppsala, 1951) など。

(48) ウラル（フィン・ウゴル）祖語の子音体系については、W. Steinitz（*Geschichte des finnisch-ugrischen Konsonantismus.* Stockholm, 1952.), B. Collinder（*Comparative Grammar of the Uralic Languages*, Stockholm, 1960.), Hajdú, P.（*Bevezetés az uráli nyelvtudományba.* Budapest, 1965.) らの説があるが、母音論ほどの対立はない。ここでは Hajdú の子音体系の表だけを挙げておく。

	口腔音 閉鎖音	鼻音	破擦音	摩擦音	流音
bilabial	p	m		w	
dental	t	n		δ	
alveolar				s	l, r
			č	š	
alveolo-palatal		ń	ć	ś	l'
				δ'	
palatal				j	
palato-velar	k		ŋ		γ

(49) 個々の子音のウラル諸語における対応（語頭、語中それぞれの場合の）については、B. Collinder：*An Introduction to the Uralic Languages.* (Berkeley-Los Angeles, 1965) の75-92頁の表を参照.

(50) Steinitz, W.：*Geschichte des finnisch-ugrischen Vokalismus.* (Stockholm, 1944.)

(Berlin. 1964.)

(51) Itkonen, E.：Zur Frage nach der Entwicklung des Vokalismus der ersten Silbe in den finnisch-ugrischen Sprachen, insbesondere im Mordwinischen. (In：*Finnisch-ugrische Forschungen*, 29.「Helsinki, 1946」)など。

(52) Collinder, B.：*Comparative Grammar of the Uralic Languages*. (Stockholm, 1960.)

(53) Hajdú P.：*Bevezetés az uráli nyelvtudományba*. (Budapest, 1966.)

(54) CollinderとHajdúは、この両説の折衷的見解をとるが、Collinderはee、ōō、oo、uuなどの長母音をみとめる点でItkonenに近く、Hajdúは祖語における母音交替の役割に関してSteinitzに同調している。

(55) 語（幹）末母音の脱落は、ウゴル系諸語とウドムルト、コミ語に特に顕著で、バルト・フィン諸語、ラップ語では変化を受けながら残存している例が多い。

(56) Setälä, E. N.：Über Quantitätswechsel im Finnisch-ugrischen. (*Journal de la Société Finno-Ougrienne*. 14, 3.) Helsinki, 1896.

(57) Itkonen, E.：A finnugor nyelvek hangsúlyviszonyairól. (*Nyelvtudományi Közlemények*, 56.) Budapest, 1954.

(58) Лыткин, В.И.：Вопросы акцентуаии пермскнх язъков. (*Beiträge zur Sprachwissenschaft, Volkskunde und Literaturforschung*. Berlin, 1965.)

(59) ウラル語の母音調和に関しては次のような研究がある。

Novák, L.：L'harmonie vocalique et les alternances consonantiques dans les langues ouralo-altaïques... (*TRAVAUX DU CERCLE LINGUISTIQUE DE PRAGUE* 6. Praha, 1936.)

Collinder, B.：Das Alter der Vokalharmonie in den uralischen Sprachen. (*UPPSALA UNIVERSITETS ÅRSSKRIFT*.) Uppsala, 1942.

Koizumi, Tamotsu：Die Typen der finnisch-ugrischen Vokalharmonie. (「言語研究」第35号、東京、1958.)

(60) ハンガリー語を例にとれば、「舌の調和」に関して、ハンガリー語の母音は次の二系列（奥舌母音と前舌母音）と中立母音（調音上からは前舌母音であるが）とに分たれる。

奥舌（男性）母音　ɔ、o、u、ā、ō、ū、

前舌（女性）母音　ɛ、e、ö、ü、ē、ȫ、ǖ、

中立母音　　　　　(e、ē) i、ī、

この一方の系列の母音は、一語の中で、他方の系列の母音とは共存できない。

但し、中立母音はどちらの系列の母音とも共存できる。

vāroš「市」、hɔjō「船」、hɔmu「灰」；čillɔg「星」、kīd'ō「蛇」；

εrdö「森」、örεg「老人」、tükör「鏡」；cipö「靴」、kilεnc「9」；

母音をもつ接尾辞も、語幹の母音に調和する。

vāroš-nɔk「市に（の）」、vāroš-bōl「市（の中）から」；orvoš-nāāl「医者のところで」；εrdö-nεk「森に（の）」、εrdö-böl「森（の中）から」、örεg-nēl「老人のところで」；

(61) ハンガリー語の「唇の調和」は、接尾辞において奥舌母音 o と交替する前舌母音 ö-e の場合にしかあらわれない。

（前舌円唇母音の語幹）ör-höz「番人の方へ」；öt-sör「5回」；

（前舌非円唇母音の語幹）εmber-hez「人間の方へ」；hēt-ser「7回」；

（奥舌母音の語幹）orvoš-hoz「医者の方へ」、deāk-hoz「学生の方へ」；hɔt-sor「6回」；

(62) ウラル語の母音交替については、Steinitz（*Geschichte des finnisch-ugrischen Vokalismus*, 1964）が、ハンティ語の母音交替の研究に基いて、次のような祖語の第一音節の母音交替を推定しているが、未だ定説とはいえない。

a～o   ɔ～u   ä～i
a～y   ɔ～ŭ   ä～e
a～u   u～ŭ   e～i

(63) フィンランド語の子音階程交替は、語の第1音節と第2音節の間にある若干の子音（k、t、p）及びそれらのなす子音結合が、その語の第2音節が開音節であるか閉音節であるかに応じて、質的又は量的な交替を示す現象をいう。この場合、第2音節が開音節ならば強階程が、閉音節ならば弱階程があらわれる。

k～v   kyky「能力」～kyvyn「能力の」
t～d   pɑtɑ「鍋」～Pɑdɑn「鍋の」
p～v   tupɑ「小屋」～tuvɑn「小屋の」
kk～k   ukko「老人」～ukon「老人の」
tt～t   tyttö「少女」～tytön「少女の」
pp～p   seppä「鍛冶屋」～sepän「鍛冶屋の」など。

(64) Setälä, E. N.：Über Quantitätswechsel im Finnisch-ugrischen.（*JSFOu* 14, 3）. Helsinki, 1896.

Setälä, E. N.：Über Art. Umfang und Alter des Stufenwechsels im Finnisch-ugrischen und Samojedischen. (*FINNISCH-UGRISCHE FORSCHUNGEN*, 12.) Helsinki, 1912.

Szinnyei, J.; *Finnisch-ugrische Sprachwissenschaft*. Berlin-Leipzig, 1922.

一般音韻論

ラズィツィウス・ジュラ（著）

訳　序

　この小篇はハンガリイの言語学者 Laziczius Gyula（ドイツ風に書けば Julius von Laziczius）の Bevezetés a fonológiába：1. Általános fonológia（音韻論序説、第一部、一般音韻論）を翻訳したものである。原文はハンガリイ科学アカデミイの "Nyelvtudományi közlemények"（言語学報告）第四十八巻第一冊（1931）に発表された。ラズィツィウスにはこの論文の第二部以下を併せた同じ標題の著書がある（Bevezetés a fonológiába Budapest, 1932）。これに関しては Bulletin de la Société de linguistique de Paris の tom. 35 fasc. 2（1935）に A. Sauvageot の簡単な書評が出て居るから参照されたい。尚本篇の第七章（音韻論的要素の使用、A fonológiai elemek felhasználása）と第八章（音韻論の分類、A fonológia felosztása）は省略した。訳文中の〔　〕は訳者の付加を、傍線は原文の Italic 或は gesperrter Druck を示すものである。引例中、特に何語と示されて居らぬものはハンガリイ語からの例である。

　　　　　　　　　　　　　　　「言語には差異しかない」—ソシュール

一、**音韻論とは何か**。

　Kati, Kata, Kató〔女子名、何れもドイツ語の Käthe に当る〕の諸語に於いて、疑もなく、我々は知らずに、本来異る三つの音を発音して居るのである。音声学者に従ってこの三種の t を考えると、例えば i の前では t 音をあらゆる人が一様に発音する、と我々は信じる。しかし実際には、二人の人間が Kati と tilos〔禁ぜられたる〕の t を完全に同一に調音する事はあり得ない。更に進んで我々は、同一の個人も或一つの音を常に同一には発音しない、という事をも明かに

主張し得るのである。それは、調音の際には、その調音の位置に関して、常に何等かの動揺、素人の耳には気付かれぬ動揺が存する故である。Kati と tilos の t 音を我々は同一視するが、この同一視は Kati, Kata, Kató の場合と同じく恣意的なのである。

　これら感知し得ないような音声差異は言語には関係がない。言語はこれを利用しない。話者はこれを使用するにはするが、それは無意識的であるに過ぎない。かような差異は、言語事実の判断に際して何の妨げにもならず、「無視していい性質」の役割を勤め、而も音声現象の実際の姿—音声学者が諸手段を用いて決定し得るばかりでなく素人でも過去の聴取によって決定出来る音声差異、とは言い得ない—を示して居たのである口蓋垂ふるえ音のr〔R〕と舌先のふるえるr〔r〕を区別する事は誰にでも出来る、同様に「スロヴァキヤ風に」発音されたåとハンガリイ語の普通のåとを区別する事も。

　素人の耳でも感知し得る音声差異と、音声学的にのみ示し得るそれとの間の区別は、今迄も明かであった。しかし音韻学は、これ迄気付かれて居なかった或共通の特質に向って注意を促したのである。即ち、言語は無制限に感知し得る音声差異のすべてを利用するのではない、という事に。

　<u>すべての言語はその音声組織を、或一定数の音声差異によって形成して居る。この数は、その言語を話す人々の会話に実際に現れる〔差異の〕数よりも常に少数である。</u>言音声に於いて「音声」の名称を保とうと思うならば、言語の音声体系に座を占めて居る音声をこれと区別せねばならない。言語の音声体系を形成して居る音声を音韻と呼ぶ。

　音声学者はかような区別に殆んど関心を持たない。彼にとっては、あらゆる音声又は音声差異は同等に重要なのである。或は言音声の調音を研究し（有機発生論的観点）、或は言音声を音響学的単位として観察する—統覚的結合の生理学的及心理学的過程を主として注目しつつ（現象学的観点）—が、音声学者が言語学を作って居るのではない、彼等は言語学の或境界区域に従事して居るに過ぎない。音声学は、その対象に於いて多くの重要な知識により言語学を豊富にし得る故の甚だ有用な言語学の補助科学なのである。

　音韻論はこれと反対に、言語学的研究の有機的部分である。しかし音声学は—

記述的にせよ、史的にせよ、一言語の音声と言音声とを、音韻と更に広い意味の音声とを分つ基本的な区別を基礎として居る。

ソシュールも（Cours de linguistique générale² 55-6）音声学と音韻論の間に区別を立てて居るが、これは全く違う意味に於いてである。彼は「音声学」の名称を音声史に限り、「音韻論」を我々が普通音声学と呼ぶものの意味に広く取った。

我々は「音韻論」の語を、プラハ会議（1930.dec.18-21）が定めた意味で使用する。以前或人々は（ボードアン・ド・クルトネ及び彼の門下たち）音韻論を心理音声学と名付けた。しかしこの命名は今日では既に用いられない。

二、**音韻論前史**。ソシュールとボードアン・ド・クルトネ。

ソシュールが「音韻論」の名称を「音声学」の意味に使用して居る事は、彼が音韻論の本質をなすこの音声学上の区別に重要性を認めなかったのを示して居る訳ではない。

「一般言語学講義」には、音声機能の重要性を強調して居る文句が絶えず見出される。例えば、単語に於いて重要なのは音声ではなく、意義を荷って居る音的差異（les différences phoniques）である（参照、上掲書 163）という言葉は、今日の意味に於いても充分に通用する音韻論的主張であり、現在でもこの確言以上に重要な言表はあり得ないのである。音韻論の根本命題、音韻の学説の発達が、ジュネーヴの言語学者〔ソシュール〕の「言語」と「言」との間に引いた明白な境界線によって可能化された事は確かである。しかし、音韻論の史的成立を観察する場合、ソシュールのみならずボードアン・ド・クルトネの活動をも大いに重要視せねばならない。

ソシュールとボードアン・ド・クルトネの学歴は多くの点で著しい類似を示して居る。両者とも新文法学派の俊才であるが、その一方はこの学派の狭い埒内に止まって居なかった。一人は言語学史の確固たる基礎を築く事に助力し、一人は将来の言語学の路を開拓したのである。印欧語学者ソシュールは有名な "Mémoire" を書いて居る。この論文に於いて彼は基礎語の母音体系を確定的

に説明し、リトワニヤ語のイントネーションの諸関係を法則の定立―この法則は今日も彼の名を持って居る（Saussure 法則、又は Sassure-Fortunatov 法則）―によって解明して居る。ロシア・ポーランド語学者、ボードアン・ド・クルトネは、類推の射程の大いさを最初に認めた一人であり、方言調査の不可欠な必要を強調し、又スラヴ諸言語の領域に於いて卓れた材料を―部分的には今日も尚未発表である―集め、重要な諸論文によってスラヴ比較言語学とポーランド言語史に貢献して居る。―これらの各々は一つだけでも新文法学派の分野に於いて重要な地位を確保するに充分なのである。

　この両者は、個々の問題以外に、言語の一般問題を取扱い、綜合的な観点を与えて居る。しかもこの点に於いても彼等の見解には著しい類似がある。ソシュールの主要な理論的成果は―共時論的及び通時論的への言語観点の分割、言語と言の概念の決定、音声の機能的役割の闡明である。スラヴのソシュールも同じ問題を取扱って居る。勿論彼も言語史の重要性を知って居るが、彼にとっては過去の姿は専ら生きて居る現在の観点から興味があるのである。彼は過去の発生論的経緯を生きて居る言語の共時論から観る。彼の観方は共時論的な観方である。これは上述の通時論的諸関係によって動態論的なものとなる―常に史的事実を分離して居る故、寧ろ静態論的といい得べきソシュールの見解に対立して。ボードアン・ド・クルトネには、言語と言の概念の区別も存在して居る。彼は既に1870年にソシュールとは無関係に、この区別を教示して居る（参照、L. Shcherba, Nekrolog I.A. Boduena de Kurtene, Izv. po russk. iaz. i slov. 〔Leningrad, 1930.〕III/1. p.317 ; R. Jakobson, Jan. Baudouin de Courtenay, Slav. Rundschau I. Nr. 10. 〔1929〕p.810-1）―これから生ずる結果を、ジュネーヴ学派の如くには明確に推測し得なかったのであるが。音声機能に関しては逆の事実が見られる。即ち、ソシュールに於て萌芽に過ぎぬものが、ボードアン・ド・クルトネ学派に於いては既に開花して居るのである。

　彼等は両者共に世紀末の言語学者であった。彼等の活動の大部分は前世紀末の25年に於いてであるが、その影響は現在も尚強いのである。今日、重要な言語学上の労作でソシュールに無関係なものは殆んど無いし、又彼の諸定義に影響されて居ない言語学の領域は殆んど有り得ない。ボードアン・ド・クルトネ

の影響はかように広汎ではないが、或特殊の領域、即ち音声学の方面に於いては一層深奥である。

　クルシェフスキイの役割。ボードアン・ド・クルトネは、1875年から83年迄、カザン大学の比較言語学の教授であった。此地では彼の活動は殆んど大学に限られて居た。彼の独自の理論は講義に於いて次第に形成されたのである。ボードアン・ド・クルトネが注意を向けたのは、音声変化—その時代の言語学者の大部分の如く—にではなく音声交替にであった。彼の研究（Podrobn. progr. lektsii v 1876-77. uch. g. Kazan-Varshava, 1878；Podrobn. progr. lektsii v 1877-78 uch. g. Kazan-Varshava, 1881. を見よ）は主として次の二点の周囲を巡って居た。即ち、音声の生理学と語源的対応とである。この結果は諸問題によって二つの新しい概念になった。即ち分出的及び相関的音声の概念である。この二つの概念は徐々に漸くにして成立したのであって、ボードアン・ド・クルトネ以前に一人の学者、クルシェフスキイが明かにその内容を輪廓付けた際に始めて結晶せしめられたのである。

　クルシェフスキイは1878年以来ボードアン・ド・クルトネを聴講し、その演習に参加した。しかし彼はこれと同時に、外国に於ける言語学上の事件をも熱心に注目して居たのである、この時代に、印欧基礎語の音声問題に関してオストホフ、ブルクマン・ソシュール等の基礎的な労作が現れて居る。クルシェフスキイは新時代の成果を最初に習得した一人なのである。殊にソシュールは彼に対して大きな影響を与えた。この事は彼の主著に於いて明かに見得るのである（K voprosu o gune. Izsledovanie v oblasti staroslav. vokalizma. Osobuii ottisk iz RFV-a. Varshava, 1881.）。彼はこの論文に於いて、ソシュールが「印欧語に於ける母音の原始体系に関する覚書」で定立して居る事柄から、原始スラヴ語の母音体系に関しては如何なる推論が出来るかという事を実際に示そうとして居る。外国の書物に接した事はクルシェフスキイの視界を非常に広め、大学で傾聴した諸学説に対し彼に独自性を与えたのである。彼はそれらの圏外を出はしなかったが、最初にそれらを考えた人々よりも一層鋭く本質を見抜き、一層正確にその説明をなし得たのである。

　この論文の序説（3-19）と総括（107-9）の中に、分出的及び相関的音声概

念の最初の正確な説明が見出される。クルシェフスキイは、音声交替を区別せねばならないという事から出発して居る。先ず、現在生きて居る音声学的要因が音声の交替を生ぜしめる場合がある。例えばロシア語の vod-a「水」の語幹の第一母音は、アクセントの有無に応じて、或場合は o、或場合には å である（対格 vŏdu、主格 vådá）。かような交替は絶対的価値を持って居る。即ち、音声学的原因が作用する場合には例外なしに現れるのである。相交替する音声は音声学的には近接して居るのであり、本来は一つの音声の分出肢なのである。一方は基本分出肢であり（この例で言えば o）、他方は副分出肢である（å）。この種の音声交替が分出である。

　相交替する単語の対或は形態の対に於いて、現実の音声学的原因が作用して居ない場合、又何時か或時代にはそうであったが、発達の結果消失したという場合は、音声交替は別種である。例えばロシア語 ruk-a「手」と指小辞 ruč-ka がこれである。語幹は k｜č の交替を示して居る、これは古い時代の k｜k' の分出から k'＞č の発達によって形成されたものである。これらの交替肢は今日の言語意識に於いては既に別々の反映ではなく、又生理学的には近似でない。この種の交替をクルシェフスキイは相関と名付け、かような交替肢を相関（的）音声と呼ぶ。

　クルシェフスキイは、分出音声と相関音声との間に心理学的な区別を見る。分出音声は心理的な背景を持たないのであるが、相関音声の方は色々の精神的内容（意義差異、形態上の諸範疇）の表示に役立つのである。言語史的に見れば、音声学的な径路で成立した分出から、時の経つに伴って相関が発達し得る、次にこれらは再び新しい分出にその位置を譲るのである。

　クルシェフスキイの後に、ボードアン・ド・クルトネは彼の講義に於いて、このテーマに屡々着手して居り、特に形態論上の諸問題に於いてこれを更に発展せしめた（参照、Nekotoruie otdelui "srav. gramm." slovianskikh iazuikov. Otruivki iz lektsii…chit. v 1880-81 ak. g. Varshava, 1881. 及び Otruivki iz lektsii po fonetike i morfologii russk. az. chit. v 1880-81 ak. g. Voronej, 1882）。相関的音声の中には―彼に従えば―、死んだものと生きて居るものとがある。前者は形態論的機能を持たない、後者は形態論に於いて形成語尾や接尾辞などと同様

の重要な役割を演ずるのである。更に彼は、分出音声と相関音声との区別は「音声」の概念の修正をも必要とする、と強調して居る。即ち、単語が分出のみから、一般的に言えば音声の生理学的な聯関のみから出来て居る間は、普通に用いられて居る「音声」の概念——それ以上分ち得ない音声論的単位を意味する——を無条件に使用し得る。しかし、相関音声の領域に進み入るや否や、新しい概念が適用されなければならないのである。それは、この場合その単位を必ずしも音声学的音声と一致するものではないからである。vraščat—vrat'it'—vert'ēt'—vorot'it'〔「廻転せしめる」の意〕の交替系列に於いて、ra, er, oro と šč, t'i の相関音声は、音声学的に見れば音声群であっても、史的発達の観点からはやはり分つ可からざる単位である。ボードアン・ド・クルトネはこれら音声史的な交替肢の単位をクルシェフスキイに従って<u>音韻</u>と名付けて居る。

　ボードアン・ド・クルトネのカザン時代の講義とクルシェフスキイの上述の諸論文は、音韻論の歴史に於いては初期に当る。ラドロフもこの時代に属する一人で、ボードアンの理論をトルコ語に適用する試みをなして居る（参照、Die Lautalternation und ihre Bedeutung für die Sprachentwicklung, belegt durch Beispiele aus den Türksprachen. Abh. des V. int. Orientalisten-Congresses. Berlin, 1882）。この初期の重要性は、分出音声と相関音声との間の区別を指示し、音声と音韻とを区別する事の必要に対して注意を喚起して居るという点に存する。ボードアン・ド・クルトネはこれらの問題を本質的に提出して居る。彼は区別という事に根本的な基礎を置いて居る。クルシェフスキイは形式上でその理論を拡張して居る。即ち最初の的確な定義を与え、術語の一部を定めたのである（相関音声、音韻）。

　<u>ボードアンの「試論」</u>。次の時代はボードアン・ド・クルトネの名に密接に結び付いて居る。特に、彼の数多い労作中でも特別の位置を占めて居る「試論」に。

　この労作は最も難解な書の一つである。それはそのテーマの故ではなく、全く読者を困惑せしめる書き方の晦渋さによるものである。これは、はじめはポーランド語で（Rozpr. fil. Ak. XX〔1894〕）、次にドイツ語で（Versuch einer Theorie phonetischer Alternationen. Strassburg. 1895）著されて居るが、前世紀

末の言語学の諸論文によってそれ迄起されて居た反響を取り入れず、比較的狭い範囲以外の知識を受け入れて居なかった。

「試論」に於いて、交替の理論は新しい水準、特に新しいパースペクティヴ、即ち史的パースペクティヴを得た。初期に静的観点が支配的であったに対し、この時代の考は完全に動的である。

交替の原因は―ボードアン・ド・クルトネに従えば―常に音声学的位置に求めねばならない。音声の発音に対しては、それの生ずる位置が多くの場合影響を持って居る。この影響の結果として、心理学的に単位をなす音声（音韻）は我々の眼前で多数の音声に分裂する。位置の差異によって惹起された交替は、この場合分出（新音声学的交替）の段階にあり、音声学的性質を有する。分出肢間の差異は普通甚だ微小なものである（萌芽的交替）。それは話者の意識に上らない程度である（例えば、ka, ke, ki, ko, ku 等の音声群に於けるkの音声学的な発音の差異）。しかし又、重要であって意識されて居る場合もあり得る（例えば、ポーランド語 l̯ep「額」、生格 l̯ba）。かような分出的交替は時の流れに於いて不変であり得て、分出を成立せしめた原因が次第に消滅するような場合に於いても音的差異は残り得るのである。かくして新音声学的交替は古音声学的になる。即ち分出は伝承的交替（traditionelle Alternation）になるのである。連続する数世代の意識に於いて、伝承的のものとなった発音差異には、形態論上又は意義学上の重要性が結び付けられる。即ち、音声学的差異は心理音声学的なものとなる、伝承的交替は相関の段階に高められるのである。しかし発達は此処で止りはしない。数世代を経て聯合的な結合は離れる事もある。相関は伝承的交替に戻り得るのである。更に類推による均一化で消滅してしまう事もあり得る。しかしこの場合も再び新しい発音差異が現れ又もう一度始めから循環が始まる。

かように述べるとこの考は抽象的に見えるが、例を以て説明すれば、ボードアン・ド・クルトネがこの発達の径路を全く具体的に考えて居た事が明かである。

次の例を取ろう。これは彼自身も範例として使って居るもので（上掲書89-92）、即ちポーランド語 pleść「編む」の現在形の2形である。一方の語幹母音

は -o- であり（単数一人称・複数二人称）、一方は -e- である（他の人称）。語幹母音間の差異は当然恣意的な仮定ではなく、後世の発達の萌芽を内蔵して居る印欧祖語若しくは原始スラヴ語の事実である。かく例示された形態の対の史的発達に、ボードアン・ド・クルトネは次の如き段階を定める。

一、*plet-o- │ *plet-e-。発達のこの段階では未だ、t 及び e に於いて潜在的な発音差異があるのみである。t(o) │ t(e), e(to) │ e(te)。

二、pleto-o- │ *pleti-e-。t の音はヴェラールの母音の前にあるか、パラタルの母音の前にあるかに依って、既に差異が出来て居る。to │ ti の交替は既に分出であるが、e(to) │ e(ti) の差異は尚未だ微小である。

三、*pleto t-o- │ *plei t'-e. to │ ti の分出は、伝承的なものとなった t │ t' の交替になり、一方新たな分出も出来る。即ち eo │ ei。発音上の動揺はこの場合既に大きなものであり得る。或人々は尚 *plet- │ *plet'- を、他は既に、*plot- │ *plet'- の交替対を使用して居る。

四、*plot- │ *plet'- は確立し、t │ t'(＞ć) 及び o │ e の伝承的交替と並んで、一つの発端的交替 l(o) │ l(e) が現れ出る。

五、発達が此処に達すると、形態部の単一的性質と音形の二様性は互に衝突する事になる。この対立を除去するには二つの道が開けて居る。即ち、音的差異の抹消か、文法上の目標への注目と適用かである。例えば t │ ć に於いては、後の場合が生ずる（単数第一人称 plotę、複数第三人称 plotą であるが、単数第二人称 pleciesz、第三人称 plecie、複数第一人称 pleciemy、第二人称 pleciecie）。二音の交替はかくして相関へ移行する。e │ o に於いては、これと反対に均一化にも達する。plete, pleto に代る plote (plotę), plote (plotą)。

かくして、今日のポーランド語の plotę (ɔ：plote), plecie (ɔ：pleće) の形態の対に於いて、我々は次の如き交替を定め得る。

一、l(o) │ l(e) ＝潜在的交替

(t)e │ (ć)e ＝分出

o │ e ＝伝承的交替

t │ ć ＝相関

史的に見ると、t │ ć の交替は始めは潜在的であった（一）、次に分出になり

(二)、やがて伝承的交替に移行した（三）。更に後になると t' > ć の発達の結果として交替する二音声は分離し（四）、終には相関に変ずる（五）。o｜e に於いては潜在期が長く続いた（一と二）、しかし次には明かな分出が現れた（三）、それが伝承的になった（四）。そしてこれは均一化には加わらずに今日迄そのままで残ったのである。

　音声交替に対するかような見解は、その過度の分析の故に人工的なものに印象される。しかしこの考の中に不変的なものもある、という事は疑いない。それは先ず次の原則—史的音韻学が現在でも使用して居る原則—である。即ち、音声学的な音声差異は音韻論化し得、逆に音韻論的な対立は言語の観点からは本質的でない音声学的な差異に逆戻りする事があるという事実である。この考は既に初期に於いても示されて居たのであるが、副次的にであるに過ぎなかった。「試論」ではこれが中心点であり、これが主張の重点をなして居る。理論を構成して居る基礎概念（分出音声と相関音声）は大体前代に於けると同様であり、新たなものは潜在的交替肢と伝承的交替肢の概念である。前者は綿密な観察の結果であり、後者は分出音声と相関音声の範疇間の過渡たらんとしたが、後に生存力を持たない事が明かになるのである。

　尚注目すべきは、ボードアン・ド・クルトネがこの「試論」の中で音韻に関して与えて居る定義である。音韻＝言語音声の心的等価物。この定義から既に次の（史的）時代の重要動機が響いて来る。即ち心理主義。

　カザン学派。ボードアン・ド・クルトネの学歴の最初の、しかも恐らく最も重要である地は、上述の如くカザンであった。彼は先ず此処でかなり長期間教授したのであった。而してロシアの言語学者の若い世代の多くの傑れた人々は此処で彼の手許から巣立ったのである。即ち早世したクルシェフスキイや、ボゴロディツキイ、ブーリチ、アレクサンドロフ等が。この所謂カザン学派は、後にペテルスブルグで、ボードアン・ド・クルトネのこの地での門下達—彼等の中で比較的有名な名を挙げると、ブガ、ファスメル、ポリヴァノフ、トマシェフスキイ等がある—と協力した（参照、Shcherba 上掲書、320、注意1）。

　このカザン・ペテルスブルグ集団には、シチェルバも属して居た。彼は、忽ち忘れられてしまった「試論」其他に散在して居るボードアン・ド・クルトネ

の心理音声学的な学説を集め復活させる事を、重要な課題であるとなしたのである。この復活は単なる反復でなく、その理論の再評価と、時代に即した外装への着衣を意味して居た。最初から言語事実の心理学的説明に重点を置いて居た新文法学派は、終に真の代表者をヴントに発見した。この転機はロシアの言語学にも影響を与えた。そして多数の学者が心理主義の立場に移った。シチェルバもその一人であり、完全にヴントを基礎として居る。かくして、ボードアン・ド・クルトネの学説、即ち今迄主として史的関係に於いて築かれて居たものが、門人達の人によって強く心理学的色彩を得たのは当然であった。

シチェルバは (Russkie grasnuie v kachestvennom i kolichestvennom otnoshenii. St.-Peterburg, 1912)、音声というものは会話に於いては寸毫の差も許さぬ程に一致する必要はない、と述べる。発音には認知し得ない差異があり得る。言語に完全に熟達して居る人々に於いては、意義表象は単語の一般的音相と聯合して居る。音相はかなり動揺し得る、理解が危くならない限度で。外国人の会語に於いては、動揺は普通この限度を超える。かような場合我々はたしかに離脱は認めるが、我々の耳に異国風に聞えて居るものが何であるかという事は、必ずしも常に言い得るわけではないのである。

又、情緒的要素も発音上の差異を惹起し得る事が観察されて居る。同一の単語を不満の音調でも発音し得るし、又満足の感情が現れる様にも発音出来る。かようにして発音されて居るのは一つの単語ではなく、別人の意義ニュアンスを持った2語である。発音を変化させるかような情緒的動機は自立性を持つ。即ちどんな単語をも不満の音声で発声し得る、今迄かように用いた事のなかったものであっても。

同じく始原的な音声表象もかように自立的である。これは、類推の場合に於いて、又は唯一つの音声表象に関してのみ相違する単語の対に於いて見られるのである。意義表象の要素は、これら自立的な音声表象に結合する。始原的な音声表象を一般的に音声と呼ぶのが常であるが、我々が心理的な結合を明かに認める場合、意義表象と聯合し得る音声表象を生理学的意味での音声から区別しようと欲するならば、音韻と言う方が適当に思われる。音韻の数は一々の言語に於いては多くはない。これに反し、音声は何処に於いても多数である、し

かしこれらは幾つかの群に分れて夫々の類型的音声表象に属して居るのである。

何が、類型的音声表象、即ち音韻の形成を可能ならしめるか。それは、我々が、音響学的に差異があるにもかかわらず同一の意義表象に結び付いて居る諸音声を同一視し、且音韻を、自立的に意義表象と結合し得るものと認める事である。

それ故、音韻は我々の心的活動の所産である。これは、我々が話をする際に、我々の前に浮ぶのである。我々は音韻を発音しようとする。而して我々が発音するものが音韻でないのは、それは、我々が或一定の音声学的要因の効果を注意して妨げ得ない、という事から来て居る。目的と実現とは互に同格である、音韻は様々の音声学的要因によって影響を受けて、多数の音声に分れるのである。これら実現された、しかし周囲によって影響を受けた音声を、シチェルバは<u>音声学的ニュアンス</u>と呼ぶ。そして彼は、それらの主要な心理学的特徴として、意義表象と結合し得ない、という事を挙げて居る。

シチェルバを読むと、ボードアンの理論が15年の間に如何に成長したかが直ちに分るのである。交替の框は消失した、既に形態論的な結合は問題でない。音韻と音声間を区別する事が重要であって、以前の相関的・分出的の対立は音韻と音声学的ニュアンスとの純粋概念に復活して居る。我々は「試論」及び初期の学説を殆んど認め得ない位である。それ程に、心理学的着眼態度はすべてを新しい照明の下に置いたのである。

心理学的観点は、決してボードアン・ド・クルトネに欠けて居る訳ではない。彼は「試論」に於いて相関音声と分出音声の心理学的特性を扱って居るのみならず、他の諸労作も心理学的説明の経緯が織込まれて居る。ヴントと共に誰かがこの点でシチェルバに影響を与えたとすれば、それは勿論ボードアン・ド・クルトネであった。これはクルシェワスキイの場合が同様に繰返されたのに過ぎない。即ち、弟子は師よりも一層よく説明し得たのである。

尚特に我々が「試論」との距離を感じるのは、シチェルバが殆んど史的関係を論じて居ない事である。彼は音韻の成立と衰亡に就いて述べては居るが、ただその問題に触れて居るというに過ぎない。

<u>西欧に於ける音韻論的観点</u>。ロシアの言語学が一つの新しい音声理論を発展

せしめて居た時に、一方西欧の言語学は音韻と音声の概念の区別の根本的な重要性に関して殆んど知る所がなかった。しかしこの区別の必要は強く感じて居たのであった。ソシュール以外にも多くの学者、特に音声学者が音声の言語上の役割を研究した。英国の学者の中では、スウィートが、彼の労作に於いて、音声の意義分化の特性を研究する際に好んで単語の対を取扱った。又、現代の音声学派の指導者であるジョーンズは屡々（Trofimov-Jones, *The pronunciation of Russian*. Cambridge, 1923., Jones, *Das System der Association Phonétique International*. Berlin, 1928.）音韻問題を取扱った。最近では "On phonemes" と題する論文に於いて（*Travaux* IV, 74）。フランスの学者パシーは、フランス語の母音の長短関係を、専ら単語の対で研究し（*Les sons du français*, Paris, 1899. 15/）、「或言語の意義分化的要素」 "éléments significatifs dune langue" と「分別的価値を持たない」 "n'ont aucune valeur distinctive" 音声との間の差別を強調した（*Exposé des principes de l'Association Phonétique Internationale*, 1908, p.15）。イェスペルセンも（*Lehrbuch der Phonetik*. Berlin, 1904.）常に音声の機能を観察した（参照、上掲書、 "Kchlkopf", "Lautdauer" "Druck" "Ton" の標題の諸章）。我国ではゴムボツが屡々この問題に触れた。

　勿論他の学者達、他の音声学者達に於いても、言語という観点から見ると音声の中に差別がある、或はあり得る筈だという認識はあったのであるが、しかしこの事実が音声学自身へ如何なる結果を齎すかという事に就いては彼等は何等追求しなかった。音声学の観点からはこれはこのままでよかったろうが、既に問題の提出そのものが境界線に触れて居たのである。

　革命によって外国行を余儀なくされたロシアの言語学者達が音韻論の問題を流行させなかったならば、以上の認識に関して事はかほど早く成らなかったであろう。1928年のハーグの言語学会議で、トルベツコイ（ヴィーン）、ヤコブソン（プラハ）、カルツェフスキイ（ジュネーヴ）は共同の提案をなして、ボードアン・ド・クルトネ及び彼の門下達が多少とも解明して居た原則を出発点として提示し、音韻論を組織的に更に一層発展せしめる事を促して居る。その提議はこの会議に於いて是認され、次いでプラハ言語学集団（Prazsky Linguisticky Krouzek）によって採用されて居る。この仕事は直ちに始められ、集団

はその成果として二冊の刊行物を携えてこの第一回スラヴ言語学会議（プラハ、1929年10月）に臨んだのである。この中にはトルベツコイ、ヤコブソン、カルツエフスキイの論文以外に、マテシウス (Mathesius)、ハヴラーネク (Havránek)、トルンカ (Trnka) 等の労作も含まれて居る (*Travaux I*: *Mélanges linguistiques, Travaux II*: R. Jakobson, *Remarques sur l'évolution phonologique du russe.*)。この影響はハーグに於けるより遙に強いものがあった。トルベツコイの提案によって、多くの学者が国際的団体を設立する企に加わった。彼はこれの課題として、知られて居る言語のすべての音韻論的研究を挙げて居る。この目的を達するために、トルベツコイ、ヤコブソン、マテシウスは統一的な用語を制定し、第一回国際音韻論者会議（プラハ、1930年12月）は彼等の条文を受納して居る。
　この用語は（参照、*Travaux IV*, 309）以後我々も基本として用いる。

　三、音韻の定義。
　「音韻」の名称は、既述の如く、クルシェフスキイに由来して居る (Lingvisticheskiĩa zametki, RFV 分冊、ワルシャワ、1880、p.4、注意1)。彼はソシュールからこの語を借りたのであるが、この本源とは別の意味で用いて居る。
　クルシェフスキイは、音韻を、史的観点から見た音声単位と考える――生理学的音声に対し（参照、ロシア語 žeml'a とポーランド語 ziemia に於ける ml' と m の共通起源の音韻）。我々はこれと全く同一の定義を先ずボードアン・ド・クルトネにも見出す（参照、Nekotoruĩe otdelui, p.69）。これらの定義は音韻論の初期のものであって、今日では既に通用しなくなって居る。
　今日の意味でなされた「音韻」の諸定義に於いては、三種の見解が表されて居る。即ち、心理学的、機能的、社会学的。
　心理学的見解はボードアン・ド・クルトネに遡る。彼は「試論」に於いて、音韻を次の如く定義して居る。「音韻とは言音声の精神的対応者である」（上掲書、9）。この定義は、主としてポーランドの言語学者の一団にその後継者を持って居る。彼等の中でも特にベンニが（参照、Zur neueren Entwicklung des Phonembegriffs. Don. nat, Schrijnen, 34-7) ボードアンの説明に忠実である。ベンニは先ずジョーンズと論争した。ジョーンズは、「Kiel, Kuh, Kopf に於ける

三つのkは異る音声であるが、実用的目的の為にこれらは一つの「単位」と見做され得る。それを我々は「音韻」（音族（Lautfamilie））と名付ける。」と述べた（*Das System der Assoc. Phonétique Int. Lautzeichen und ihre Anwendung in verschiedenen Sprachgebieten*, Berlin, 1928. p.19）。この音声学的傾向を持った着眼態度はベンニを満足させない。彼に従えば、この場合我々が幾つの音声を扱って居るかという問題を取上げ得るのは観点の混乱によってであるに過ぎない。生理学的分析はそれが三つである事を、心理学的分析は一つである事を示す。これは二つの異った観点である。又、我々が「音韻」の語を音声群（ジョーンズに於いては音族）全体に対して与えるならば、—ベンニによれば—音声表象とその生理学的実現との間の差別を示す事が出来ない。「音声」の概念はこの両方を含んで居る。それ故心理音声と生理音声の間に差別をなす事が適当と思われる。心理音声（「音声表象、考えられた音声」）、即ち音韻は通例多様に実現され、この場合現れて来る音声が生理音声なのである。生理音声の中には常に一つの主音声があり、これはかなり自由に実現される。これに反し、副音声即ち分出肢は生理学的諸条件（隣接音、アクセント、等）に強く結び付けられて居る。

ベンニは、機能上の役割を音韻概念の本質的な特徴とは見ない。ウラシインもこの事に就いて同様の観方を持って居る。「音韻とは…その意義論的・形態論的価値を奪われて居る、音声複合から抽象された独立の一音声の概念である」（参照、*Travaux IV*, 56）。

ロシアの学者たちの考えは、この純粋に心理学的な立場とは幾分異って居る。シチェルバは（*Russkie grasnuie*, p.17）「意義表象と結合する事が出来、語を差別し得るような一般的音声表象」を音韻と名付ける。ボリワノフもこの概念を殆んど逐語的にこの通りに定義して居る（*Dvedenie v iazuikoznante dlia vostokovednuikh Vuzov*. Leningrad, 1828. p. 217を見よ、更に以前に於いても、N. Strelkov, k voprosu o foneme. *Sbornik O-va ist. fil. i sots. nauk pri Permskom Univ. Vuip*. III. 219を見よ。）トルベツコイは特別に定義を与えて居ないが、根本的には彼もこれを認めて居る（参照、W. Doroszewski, Autour du "Phoneme", *Travaux IV*, 70）。

シチェルバ風の定義は、或程度まで機能的見解への過渡である。これは特に最近勢力を持って居る。マテシウス（Funkční linguistika）、デ・グロート（Phonologie und Phonetik als Funktionswissenschaften, *Travaux IV*, 116-40)、チジェフスキイ（Phonologie und Psychologie, *Travaux IV*, 3-22)、ドロシェフスキイ（上掲論文、*Travaux IV*, 61-74)、ジョーンズの名を此処に挙げねばならない。

チジェフスキイの説に従えば、音韻を音声表象と同一視する事は許されない。これは心理学者の述べて居るような形では存在しないのである。普通人の意識の中に音声表象が貯蔵されて居はしない。これらは意識下に存在するに過ぎない。そして其処から場合々々に応じて意識内に呼出されるのである。それ故この事柄を次の如く見る事が一層正しい。即ち、音声若しくは可能な音声は、知られて居る居ないにかかわらずそのニュアンスの総体が一つの正八面体に座を占めて居る色の体系、又はオクターヴをなして繰返されつつ上方へ向って螺旋を形成して居る―人間の耳の達し得る両極端、16と38000の振動数の間で―楽音の体系、これらと同様の体系をなして居るのである。この一般体系の中に、あらゆる可能な音声は座を占めて居る。個々の言語の音声は、この一般音声体系の一部分をなす特殊体系を形成して居るのである。音韻はかように体系の内部に於いてのみ問題となり得る。体系を形成して居る音韻相互は明かに区別出来る。且、これらの間の対立は意義差別もなし得る故、音韻論的価値を示して居るのである。

すべての音声体系の中には、―とドロシェフスキイは上掲書74で述べて居る―機能的な役割を演ずる自律的要素がある。これらが音韻である。音韻の諸変体は音声体系の自律的要素ではない。

<u>社会学的見解</u>は、ロシアの言語学者達が述べて居るのみである。ショル（Iazuik i obshchestvo ?、モスクヴ、1926. p.51）は、「現代の言語学は、言語的集合に於いて生ずる音声を、即ちいはば音声の型―意義（を差別する）記号の役目をし、語を区別する―を、個人の言に於ける音声と区別して、音韻と名付ける。音韻の概念は、超個人的な社会的要素を、単語の音形に於いて我々に啓示するのである。」と述べて居る。ヴィノクール（Kultura iazuika. モスクヴ、1925. p.16）は音韻を「音声の社会的内容」と名付け、又トマシェフスキイは

(Iazuikovedenie i materializm. レニングラード、1929. p.133) 音韻というものを「言語の、社会的価値を持った音声」と見る。

　この三つの—心理学的、機能的、社会学的—見解を比較すると、音韻定義の最重要な点は言語上の役割の問題である事が分る。即ち、音声というものは、意義を規定する場合、形態論的役割をなす場合にのみ音韻なのである。この例外は、最近の諸定義の中では、ベンニのものだけである。ウラシインでも、形態論的及び意義論的機能を顧慮して居る故（彼の用語に於ける「形態音韻」の定義、*Travaux IV*, 58を見よ）。ベンニは次の如く述べて居る。即ち、一音の差によって分たれて居る二つの単語を並べて考える場合、それを差別して居る音声の独立性は非常に著しい。しかしかような単語の対はかなり稀である。しかし単語を区別する基礎としては役立ち得ない。何故ならば、音声的な差異はないが意義が異る同音異義語というものも存する故。

　ベンニの異論は根本的なものではない。同音異義を引例する事は殆ど論拠にならない。何となれば、言語が、意義差別の表現に対して他の手段をも有して居るという事は、音声がその手段でないという意味にはならないからである。言語がこれを時折にしか利用しないのは正に事実である。我々が「三十フィート（láb）の広さの峡谷」に就いて話して居る時に、沼地（láp）を考える人はないであろう。しかしこれは音声学的には理由付けられるのである。読書の際、báb〔人形〕をbab〔豆、斑点〕と取違える者はない。アクセント記号が誤植の結果脱落して居るような場合でも、原文の脈絡は全然疑問を残さずに正しい読み方を決定するのである。しかし、或何れかの語の対の一項が孤立した位置に在る場合、或は語の聯関が意味に関する解明を与えない場合には、どういう事になるか。この場合音声手段が意義を規定するのは明かな事である。かような場合が比較にならない程稀にしか起らないという事は別問題である。この事実の中には大きな経済が働いて居るのである。何故なら、若し音声手段のみによってすべてを表現する事があり得るとすれば、その場合言語は巨大な音韻目録を有たねばならない。それに対する反抗がこれに見られるのである。

　しかしベンニの見解には別の弱点もある。事実に適用出来ないのである。即ち機能が音韻（心理音声）の規矩にならないとするならば、或言語に於いてど

れが音声意図でありどれがそうでないかを決定するものは一体何であろうか。或一方言の生理音声の総体をその最微の細目まで知って居るとしても、その方言の心理音声を計算する事は誰に出来ようか。或は又、その生理音声を知り得ないのに、死語の心理音声を如何にして決定するか。これらの問題に対してベンニは解答を与えて居ない。且、彼はソシュールをも忘れて居るのである。ソシュールは père と mère の語を対置して次の如く言って居る。「この両者間には対立しかない。言語活動の全機構は…この種の対立に基礎を置いて居る。」(*Cours de lingu. gén*² 167)。

具体的な材料に於いて、かような対立だけが成果を導くのである。それは、言語が―稀にではあるが―使用し得る可能性を示して居る故である。これが、音声の機能上の可能性を明かにする唯一の<u>客観的</u>方法である。機能上の可能性の探求は音韻論の最も重要な課題である。

四、音韻間の関係。

我々は既に音韻とは何かという事を種々の定義から見て来たので、次には音韻の間に存して居る諸関係に就いて述べねばならない。音韻相互間の関係は二種あり得る。<u>聯合的</u>と<u>相関的</u>。

音韻は、すべての言語に於いて、聯合的な体系を形成して居る。この体系は、個々の音韻相互間の結合が決定するのである。二つ又はそれ以上の音韻の間で、聯合的な聯関の繋糸は強くも弱くもあり得る。大部分のフィン・ウゴル諸語に於いては、母音的音韻が強い繋糸で相互に結びつけられて居る―高母音と低母音は別々に。[3] それ故これらの言語に於いては、高音又は低音夫々の系列の内部で、個々の音韻の間に、例へば母音調和を認めないインドゲルマン諸語に於けるよりも、一層密接な結合の関係があるのである。

相関的関係は、音韻体系又は体系の一部に存する音声学的特質とその欠如とによって定義される。一つの音声的特質は、〔これを有して居る〕音韻の一系列と、この特質が存して居ない〔他の〕音韻とを分つ。かくして、体系総体、或は少くともその一部を特徴付ける対立が成立する。かような音声学的特質の一例は長短である。ラテン語の母音は、発音の長短によって、二つの対立的系

列へ分たれる。ā-a, ō-o, ē-e, ū-u, ī-i。この場合相関的対立は全体に亘って存して居る。所が、ハンガリイ語の子音に於いては、有声とその欠如即ち無声は、相関的特質としてその体系の一部だけを支配し（b-p, d-t, g-k, gy-ty, dz-c, dzs-cs, z-sz, zs-s, v-f）、他の音韻に於いては（l, ly, r, m, n, ny, h, j）最早音韻論的役割を演じないのである。

二つの音韻の相関的関係は、少くとももう一対の音韻に於いて同じ関係が現れて居る場合にのみ問題となり得るのである。相関の存在しない言語がある。ミシガン湖西方に住むフォックス・インディアンの言語には、次の子音音韻しかない。p, t, č, k, s, š, h, m, n, w, y。これらからは、たった一対の相関の組をも形成し得ない（Trubetzkoy, Die phonologischen Systeme, *Travaux IV*, 113 を見よ）。

相関的対立に於いて、音韻は常に対をなして現れて居る。この事は当然である。即ち、一方は相関的特質の存在を、他方はそれの欠如を表して居るのである。これら対をなして居る音韻 (phonèmes de couple) 以外に、——ハンガリイ語の例からも分る通り——体系の中には対を持たないもの (phonèmes hors couple) もあり得る。それらは対応する対立的音韻なしで存在して居り、それ故問題の相関の観点から見れば中性である。

相関的対立の対を形成しない音韻を、我々は相反的音韻 (unités phonologiques disjointes) とそれらの関係を相反 (disjonction) と呼ぶ。例えば、ラテン語の a-o、ハンガリー語の p-r。

相関的特質に基いて組をなして居る音韻の対の中から、我々は基本音韻 (archiphonèmes) を抽出する事が出来る。かような基本音韻は、ハンガリイ語に於いては、〔o ō〕, 〔k-g〕, 〔l-ll〕等である。これらの表示には常に、問題の相関の観点から見てネガティヴな方の音韻を用いる、〔o〕, 〔k〕, 〔l〕等。基本音韻に関しては、Trubetzkoy, Die phonologischen Systeme, *Travaux IV*, 98を見よ。又他に、Jakobson, *Travaux II*, 8. 及び Projet de termininologie, *Travaux IV*, 315-6. を見よ。

音韻間に対立の関係を齎す相関的特質は多様である。長短及び子音の有声無声の性質は既に述べたが、これ以外に音声の共鳴（例えばフランス語に於ける

母音の発音の鼻音的～口腔音的)、口蓋化（例えばロシア語の子音)、強勢的アクセントと旋律的アクセント（例えば、前者はロシア語の、後者は古代ギリシア語のアクセント）も相関的対立の基礎としての役をなし得るのである。

　同一の体系の中で多数の相関が働く事もある。これにより、多数の音韻の対が同時に、相互に密接な関係を持ち得るのである。古代印度語の一部に於いては、有声無声の相関以外に、帯気性とその欠如も現れる。

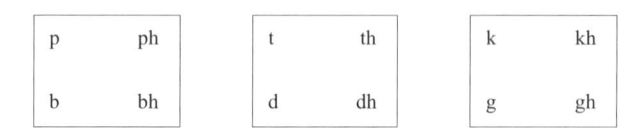

p	ph
b	bh

t	th
d	dh

k	kh
g	gh

古代ギリシア語に於いては、これが不完全な形で現れて居る。

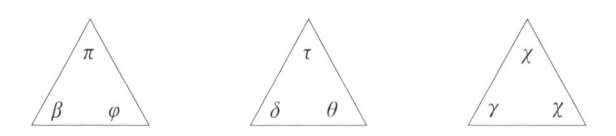

　かようにして成立する単位を、我々は音韻束（Korrelationsbündel）と名付ける。しかし音韻束は、それらを生ぜしめる相関的特質が相互に近接して居り、親近である場合にのみ問題となり得る。調音的対立（例えば有声・無声）と強度的対立（例えば長・短）からは、音韻束は成立しないのである。かように、親近でない諸相関が存して居る場合は相関の層（korrelationsschichtungen）があるのみである。これらは言語意識の中では単位を形成しない（参照、Trubetzkoy.上掲書 *Travaux IV*, 105)。ハンガリイ語の子音体系の相関的特徴（有声と無声、長と短）は二つの別の層を形成して居る。それ故我言語には音韻束はないのである。

　五、音韻変体（variantes）。
　言語が意義の差別又は言語学上の目的に対して利用しない音声差異のすべてを、我々は変体、変種と名付ける。変体は音韻論の外部に在る要素である。変体が惹起した、音韻論的には無価値な対立の名称は変化である。

一般音韻論　137

　変化は相関の付随現象として現れ得る（variation extraphonologique concomitante）。即ち、音声諸要素（こえ、長さ、強さ、高さ、等）は大抵、共同的に音韻を特徴付ける。例えば、強さは屡々長さと並行する。有声音は弱い調音が、無声音は強い調音が特徴である（media, tenuis の閉鎖、lenis, fortis の破裂）。二要素の機能的価値はかような場合三様であり得る。（一）、双方が等しく、特徴付けられた音韻の本質的な付帯要素である（例えば、オランダ語の母音に於ける上下のフォルマント）。（二）、どちらも本質的な要素ではない。それ故交替し得る、相互に取代り得る（例えば、オランダ語のアクセントの強さの要素と旋律的要素。参照　Groot, Phonologie und Phonetik als Funktionswissenschaften, *Travaux IV*, 133）。（三）、一方の要素のみが重要であって、片方は補足的な役割を演ずる（例えば、ハンガリイ語の長母音の本質的な要素は長さで、補足的要素が狭い発音である）。

　（三）に於ける本質的な要素がその言語の相関的特質である場合には、補足的要素は付随的変体の基礎をなす。ロシア語のアクセントに於いては強さの要素が支配して居るが、アクセントの有る無しの相関を長さの差別というものが追躡して居るのである。即ち、アクセントの有る母音はアクセントの無いものよりも長く発音される。これは音声学的事実である。だが長短の対立は、ロシア語に於いては音韻論的意義を持って居ないのである。ハンガリイ語の母音の長短の相関には発音の狭広が伴う。本質的な要素は長さである。英語に於いてはこれと反対である。この場合は調音の狭広が母音の本質を形成して居る（参照、R. Jakobson, Die Betonung und ihre Rolle in der Wort-und Syntagmaphonologie, *Travaux IV*, 182. 注意3）これが相関の基礎であり、長短は付随的変化としてこれに平行するのである。

　音声学的位置の差異も、変化を喚起し得る（variation extraphonologiques combinatoire）。一つの音韻が多数の変体を持ち、且これらが環境に応じて交替する場合、我々は結合的変体（variantes combinatoires）と言わねばならない。ハンガリイ語に於いてはh音韻は二つの変体を持つ、有声と無声。hは母音間の位置では有声であり、語頭及子音の後では無声である。我国の諸方言に認められるå も（árpå 大麦）——これは á 音節の後でのみ a 音韻の変種として発音

される—結合的変体である。

　結合的変体の中で、普通或一つが他よりも環境によって左右されることが少いものである。これは基本変体（variante fondamentale）であって、周囲の音韻との群化にこれよりも強く結付けられて居り且これよりも少数の位置にしか起らぬ副変体（variantes accessoires）に対するものである。ハンガリイ語の j は、無声子音の後の絶対語尾では無声であり、他のすべての位置では有声である。有声の j はそれ故この音韻の基本変体であって、無声の j はこれに反し副変体である。h に於いては、無声の変体が基本変種である。

　変種に関して、それらの中のどれが基本変体でどれが副変体であるかを言い得ない場合、それらの各個が或一定の位置にのみ現れ他処には現れない時は、この事実は同格結合的変体（variantes combinatoires équipollentes）である（参照、Jakobson, *Travaux II*, 11.）。

　一つの音韻の諸変種の中の何れでもが同一の音声学的位置に生じ得る場合に現れる随意的変体は、別の一群として述べねばならない。若干のハンガリイの方言に於いて、長母音音韻の一部は二つの変体、単母音的変種と重母音的変種とをもって居る。例えば、大平原方言群に入って居る上部ドラーヴァ河地方の方言に於いては、ō と並んで a͡o、ē と並んで ɛ͡e、ȫ と並んで ɛ͡ö が発音される。如何なる場合に単母音を、如何なる時に重母音を発音するかを言うのは困難である。語中に一つの長母音しかない場合には普通重母音を発音し、幾つかの長母音の有る場合は、第一のが重母音に発音され以下は単母音に発音される（チェケイ地方）。しかしこれも通則とは言い得ない。記録者の報告の中には—正確であると仮定すれば—これと撞着する多くのものが見出されるのである。それ故、この場合単母音と重母音は随意的に交替するというのが事実に近い。随意的変体の概念に就いては、Polivanov, *Vvedenie*, 217を見よ。

　以上論じて来た諸変体は、個々の言語領域又は方言に於いて一般的に発音されて居る。しかし音韻には、言に於けるスタイル、感情のニュアンスに依る差異もある。かような変種を臨時的或は文体論的変体（variantes stilistiques）と呼ぶ。例えば、ハンガリイ語の強調された会話に於いて長く発音される音声、dēhogy, ugyan kérem〔感投詞的意味〕、仕事の拍子をとる hāvasziva（=ha van szive)。

　ザクセンの発音に「円唇前舌母音」が存在しない事は周知である。即ち ö の代りに e を、ü の代りに i を発音する。しかし擬音語に於いてはこれらを発音する（"schröckliche, tüfe Fünsternuss," 参照、Jesperson. 上掲書244）。

　更に一般的でないのは<u>個人的変体</u>（variantes individuelles）である。これは、会語の際に或一定の音声の調音の方法がその言語を話す（一般の）人々の調音と異って居る個人に於いて認められる。例えば、吃って発音された擦音。

　勿論ソシュールも変種の概念を認めて居り、これの音韻に対する関係を見事な例を以て明確に説明して居る。ソシュールは、言語を他の一記号体系である文字と比較し次の如く断定して居る。即ち、文字記号の価値は音声のそれと同様に、それ自身ではネガティヴなものである。例えば t が如何に書かれようとも（t t t）。これの記号が他の記号と混同されない事だけが重要なのである。音声に於いても、発音の方法はそれが体系に触れぬ限り、副次的なものである。フランス語は、r を口蓋垂ふるえ音〔R〕にも舌先音〔r〕として発音し得るのみならず全然 ch にも発音し得る。ドイツ語ではこの後者の事実は殆んど必然的に意味の混乱を伴う。何故ならば、ドイツ語では r と ch とは、言語が別々に必要とする二つの要素である故。参照、*Cours de linguistique générale*[2]. 164-66.

六、<u>音韻か変種か</u>。

　或言語に於いて、何が音韻であり得、何が変種であるかという事を、原則的に決定するのは不可能である。或一つの言語に於いて変体である音声が、他の言語では場合に依っては音韻としての役割を演ずるのである。南部英語には二つの l 音がある、l と ł（leaf と feel）。この二つの変種の中、l は母音の前に、ł は子音の前と語尾に現われる。この同じ二音がポーランド語に於いては二つの別々の音韻である（lata「年」と łata「襤褸」）。又我々は或一方言の音韻が、同一の言語の他の方言に於いて音韻論的単位でないのみならず、変体としても存在しない、という事実をも見得るのである。ヤース地方の人の言語には二つの e 音がある、ɛ と e。これは双方共音韻である。第二のもの、e よりは開いた変体 ä も現れるが、これは臨時的或は個人的変種に過ぎない（例えば、de szép!

〔c: dä…〕、〔aber schön! の意〕大平原の住民の言にもこれらの音が存する。しかし此処では、e は、音韻ではなく変種になって居る。一音節語及び混合音的の単語にのみ現れるのが常である故、ε の副変体と見做し得るのである。又、北東方言では ε のみが存在し、e はこの方言の大部分に於いて変体としても現れない。開いた e と閉じた e の間には、他の言語に於いても区別が存する。但し各言語夫々別様にである。チェッコ文章語では閉じた e は開いた e の個人的変種であり、ロシア語では開いた e と閉じた e は結合的変体であり、フランス語とイタリー語では開いた e も閉じた e も音韻である（フランス語 dais～dé、イタリー語の pesca は開いた e を持てば「桃の実」、閉じた e では「漁する」）。

　言語の関知しない音的差異が往々非常に著しい事がある。北部日本方言に於いては、歯音の有声無声の発音は、意義の観点から見れば多くの場合無差別である。即ち、kotan は kodan と発音し得るのである。南米のボトクド・インディアンの言語では、子音の鼻音的調音と口腔音的調音の方法とは或程度迄入雑る。d の代りに n、b の代りに m が現れ得る。dede という語は、その意義に何の変化も受けずに、nene とも発音され得る（Polivanov. 上掲書215）。勿論その逆の例もある。又、馴れぬ耳では殆んど知覚出来ない程度の音声差異から二つの独立した音韻が成立して居ることも多い。チューリ（MNy. XXV, 11.）に依るとサモシュハートとウゴチャに於いては音韻論的に二種の é がある、é 及びこれより閉じた e（チューリの記号）。この二音韻間の音声的差異は、素人の知覚しない程小さいものである。イェスペルセンの言う所に依れば、「母語によって示されて居る範囲内では最小の音的差異を認め得る耳も、この領域以外に在る差異の区別になるや否や著しく鈍くなるのである」（Lehrbuch der Phonetik, 6）。サモシュハートの例を考えると「母語によって示されて居る範囲内」でも我々は誤を犯して居る。かような細かい音声差異は、更に遠い方言にも存在して居るのである。

　当の音声がその言語に於いて音韻であるか変種であるかの決定が如何に重要であるかという事は、既にこの若干の例からも明かである。諸言語相互を分って居る間隙は、この区別を基礎としてのみ見得るのである。相互の音声素材がそのニュアンス迄も正確に一致して居ると音声学者が確認するような二言語を、

我々は容易に考え得る。しかし、音韻論的分析が、この一方の言語では言語的要素である音声も他の方の言語に於いて存在はして居るが言語上の役割をすべて奪われて居るという事を示せば、直ちにこの二言語の音声手段が決して同一でない事が明かとなる。音声学上の相似が最も完全である二言語をも音声の観点から分離し得る真の区別が現れるのであって、この事に関してビューラー (Phonetik und Phonologie, *Travaux IV*, 27-8) は興味ある比較を伝えて居る。ビューラーはトルベツコイに依って西コーカサスのアディグの言語の母音を音声学的観点から数える。a (ao, ä?), e, ö, o, i, y, ü, u。これらをドイツ語の短母音と比較すると、この二言語の短母音が音声学的には相互に殆んど差異がないのが分る。しかし、音韻論的諸関係に対して関心を持ち、o と ö は e の変体に過ぎない事 (labıovelar の後の e=o, labial の間の e=ö)、同様に i, y, ü, u, も ə の変体である事 (palatal の後の ə=i, labiovelar の後の ə=u　labialの間のə=ü, dental の後の ə=y)、等々を知れば、この二言語を分って居る区別が明かになる、アディグの母音の一軸的な

    a
    o
    ə

の音韻論的体系に対し、ドイツ語の文章語は―強調に於ける差異を考えないでも―遙に発達した音韻論的形相を示す、

    o　a　ö　e
    u　ə　ü　i

(参照、Trubetzkoy, Zur allgemeinen Theorie der phonologischen Vokalsysteme, *Travaux I*. 55)。

それ故、諸音声の音声学的記載は、常に音韻論的分析に従わねばならない。かくする事に依ってのみ、その言語の音声状態、及び音声間を支配して居る諸関係を正しく決定し得る故に。これは共時論的要求であるのみではない。音声史の問題に於いても、変化を受けつつある音声及び変化した音声の、与えられた体系に於ける固有の価値を明かに知らぬ間は、我々は徒らに手探りする身のみである。

尚、音声書写の如き問題に於いても、音韻論の指導を欠く事は出来ない。表記すべき音声が音韻であるか変種であるかを決定しない中は、我々は一歩も進めないのである。

音声書写の問題には、既に多くの言語学者が携って来たし、尚今日でも携って居るのである。これに付帯して現れる問題は、或場合は文字改革、或は新アルファベットの製作の必要によって絶えず具体化されて居る。この問題の解決は原則的困難には遇わない。音声書写の領域に於けるすべての改革と新作成は、次の原則から出発せねばならない。<u>その言語に於いて機能を有して居る音声、即ち音韻のみが記号を得るのである。</u>

実用的見地から音声書写の問題に携った学者達が、最初にこの原則に到達した、という事は興味深い。これはウスラルである。彼はコーカサス諸言語の研究中に、新しく製作さるべきアルファベットの必要を感じたのであった。アブハズ語に関して書かれた論文の中で（Abkhazskii iazuik. Tiflis, 1887.)、彼は多くの事実の中から次の実際的な理論を抽出して居る。即ち、あらゆる言語に於いて、音声差異の外見上無限の多数に対し、或一定数の音声だけが「単語の区別」に用いられるのである、と。彼はこの考をそれ以上発展せしめて居ないけれども―恐らく彼はこの重要性を知らなかったのであろう―、カザン学派とは無関係に自分だけで此処迄達したのである。かような事情を誰も認めないと言うのは遺憾な事である。他のコーカサス言語学者ヤコヴレフも（Matematicheskaia formula postroeniia alfavita. "Kultura i pismennost Vostoka". Moszkva, 1928. I, 41-64)、全く実際的な径路で同様の認識に達して居る。しかし彼は遥かに意識的である。この問題の理論的な部分、ボードアン・ド・クルトネとシチェルバの学論を知って居る故である。彼はそれを知っていただけでなく彼等と論争もして居り、心理学的諸関係の代りに寧ろこの問題の機能的な側面を強調する事に努めて居る。「音韻は、話者のすべてに依って意識されて居る故に識別される（現存して居る音声差異の迷宮の中から）のではなく、言語、この社会的に成立した記号体系に於いて独特の言語学的機能を果す故に、話者に依って意識されるのである」（上掲書46)。

これら〔音韻〕は、あらゆる時代、あらゆる民族に於いて、文字記号の基礎

として用いられる音声である。アルファベットの作成者にとっては―ヤコヴレフに依れば―そのアルファベットの当てらるべき言語の音韻を直覚的に決定する事が課題であった。これと共に、すべての音韻が別々の記号を得るように顧慮せねばならなかったのである。

音声学的記号を問題として居る場合は―ヤコヴレフは彼の考を一歩進める―、記号が学問的に処理されればされるだけ、夥しい音声差異の区別を具象化する事が一層完全になる。実用的文字に於いては、この事は不必要である。音韻を図示的に区別する事が出来れば、又更に、これら〔音韻〕だけが自由に記号化されれば、それで充分なのである。典型的に作成された一つのアルファベットの基本公式は次の如くである。

$$A = K + V$$

この場合、アルファベット（A）に於いて、Kは子音の音韻、Vは母音の音韻を意味する。

ジョーンズも、本質的には同一の結論に達して居る―而もヤコヴレフと同時代に。「二つの音声が或言語に於いて同一の音韻に属して居る場合、この言語の、実用的目的の為に定められて居る音声的常用文字に於いて、これらは夫々別の記号に依って写される必要はない。しかし、この二音が、或他の言語に於いて別々の音韻として現れて居る場合、即ちこれらがこの他の言語に於いては語を区別する事に用いられて居る場合は、これらに対し別々の記号がこの言語に備えられて居なければならない」[6]（Das System d. A. Ph. I. p. 19）。

しかしヤコヴレフはこの基本公式に止まっては居ない。彼は実用上の観点から、これを簡略化する可能性を求めて居る。これは、音韻の数が著しく多い為に記号を節用する事が必要となるような場合、特に重要なのである。彼がこの可能性は相関に於いて実現されると見たのは正しいが、これを彼のなして居る如く数学的公式として把握する事は許されない。何故かというと、簡略化の規範は常に、その簡略化を許す相関が如何なる性質のものであるか、という事に左右されて居る故。

同様に、今日知られて居るアルファベットの作成者達が直覚的にこの音韻論的な仕事を成就した、という断定を真とする事は許されない。しかし、すべて

の文字はその成立の瞬間に於いても又それ以後も音声学的な音声書写の原理によりは音韻論的なそれに近い、という事は確かである。

更に又、借用の領域でも、音韻論的分析は大いに重要性を持って居る。外来語の音声史は、それらが土着化された後は最早何等独特の興味ある事実を含まない。同化が起った後は、外来語の音声形態は本来の単語と一緒に発達する。しかし、借用の際、同化される迄には、何が起るか借用の瞬間に於いて、それ以後の永い数世紀に起るものよりも重要な変化が単語を襲う、と言っても恐らく誇張ではなかろう。而しこれは当然である。それは、この場合、大きな変形力が最も強く作用する故である。即ちこれは、借用した言語と借用された言語の音韻論的差異である。例えば、借用語の或一つの音韻が、借用した言語に欠けて居る事がある、或は存在はして居ても臨時的に単なる変体としてしか現れないのである。かような場合——経験の示す所に依れば——借用された音声の代りに、必ず現存して居る変体が現れるのではなく、場合に依っては音的にはこれとかなり遠い或一つの音韻が現れる。大抵のヨーロッパの言語では、l と r は別々の音韻の役割を演じて居る。日本語に於いては、この中で r のみが音韻である。l も現れはするが、r の個人的或は方言的変種としてであるに過ぎない。それ故、l を含んで居るヨーロッパ語の借用が起る場合、日本語では r が現れる（例　英語、lion〔c: laiən〕＞日本語 raion。参照 Polivanov, La perception des sons d'une langue étrangère, Travaux IV, 85）。

しかし、借用の際、かように単純な差異のみは現れない。借用された言語の音声に対応する音韻が借用した言語に存するのに、借用語の音声形態に於いて転位が起る場合がある。北方支那の諸方言の音韻の対、p'-ᵖb. t'-ᵗd. k'-ᵏg は[7]、音韻体系の中で、ロシア語に於ける p-b, t-d, k-g と同じ位置を占めて居る。それ故、原則的には、北方支那語がロシア語の p, t, k 音を p', t', k' を以て、b, d, g を ᵖb, ᵗd, ᵏg を以て代える事に何の妨げもない訳である。しかしこれは決して起らない、という理由は部分的には音声学的なものである。即ち、ロシア語の帯気的でない無声閉鎖音を、それに対応する帯気音と同一視する事は困難である。精々語尾に於いて可能であるに過ぎない、而もこの場合置換は次の如くに起る（ロシア語 såv'et ＞ 北方支那語 sayaet'a）。語頭及び語中の位置では、

北方支那語はむしろ半有声に近い。この結果、かような場合にはロシア語の p, t, k と b, d, g の代りに北方支那語では等しく ᵖb, ᵈd, ᵏg が現れる事になる。しかし—この場合音韻論的な区別も現れる—これらは、語頭でのみ半有声的に実現され、語中ではこれに反し b, d, g となる故、この置換は非常に複雑な姿を示すのである。

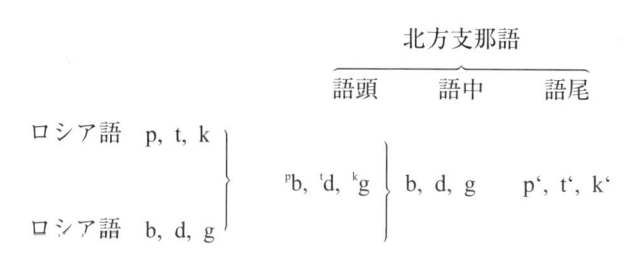

	北方支那語		
	語頭	語中	語尾
ロシア語　p, t, k	ᵖb, ᵈd, ᵏg	b, d, g	p', t', k'
ロシア語　b, d, g			

この事実から次の事を断定出来る。即ち、北方支那の方言を話す人々は、ロシア語の bal（舞踊会）と pal（落ちたる）、lipa（菩提樹）と libo（又は）の間に区別をなし得ない。しかしそれに対する手段は存在しているのである。彼等がこれをなし得ないのは、彼等の自由に任されてあり且対応して居る音韻の対を、ロシア語とは別様に使用する故である（この例はPolivanov, *Travaux IV.* 90-2を見よ）。

註

（1） 彼等が個人的知己であったか否かは確かには判らない。1881-82学年をボードアン・ド・クルトネは外国で過し、パリーにも廻って居る。同じ頃パリーではソシュールが Ecole pratique des hautes études で活動を始めて居た。ボードアンはこの時は既に "Mémoire" を知って居り、従って彼が個人的に知り合う機会を捉えたとも考え得るのである。

（2） Réunion phonologique internationale tenue à Prague, *Travaux du Cercle Linguistique de Praque* IV. Prague, 1931. この集団の刊行物を以下 "Travaux" と短縮して呼ぶ。

（3） 訳註—高母音（hochlautig）は vorder, weich, schwach の母音に、低母音（tieflautig）は hinter, hart, stark に当り、この差別は母音調和現象の基礎となるものと考えられる。

（4） かような要素をグロートは複合要素（Komplexqualitäten）と名付ける。
（5） 訳註──以下の例を見るとこれはアイヌ語「邑」である。
（6） この "one letter per phoneme" の原理をジョーンズは "On phonemes" に於いても繰り返して居る。*Travaux IV*, 78.。
（7） ⁿb, ˡd, ˡg は半有声の子音である。即ち、声の作用の開始が子音の始りと一致しないものである。

ラジツィウス・ジュラ―人と業績
(日本言語学会講演) (1978)

　ハンガリーの言語学者ラジツィウス Laziczius Gyula ［ləzitsius Julə］（1896-1957）は、国際的にはかなり知名な存在だが、日本では未だそれほど広く知られていない。今日ここでその Laziczius の人と業績について述べるのは、大凡次のような理由によるものである。
　その一つの理由は、彼がハンガリーの言語学者のうち、構造主義を中心とする一般言語理論の分野において、この国ではほとんど唯一といってもよいすぐれた学者だからである。
　もちろん、ハンガリーの言語学は、19世紀初頭以来、言語の史的・実証的研究の方面では多くの人材を生んでいる。例えば、ヨーロッパにおけるチベット語学のパイオニアとして知られるケーレシ・チョマ Kőrösi Csoma Sándor ［Alexandre Csoma de Kőrös］（1798-1842）、トルコ語学者として、また中央アジアの探検家として知られ、日本でもいくつかの旅行記や自伝の翻訳が出ているヴァーンベーリ Vámbéry Ármin（1832-1913）、アラビア語学者として、また広くイスラム研究の大家として国際的に有名なゴルトツィール Goldziher Ignác（1850-1921）（ハンガリー語以外に、ドイツ語・英語などで発表された多数の著書・論文があり、またユダヤ知識人としての彼の社会的活動の記録である大部の『日記』（"Tagebuch", Leiden, 1978）は、貴重な文化史的資料としてヨーロッパの読書界で評判になった）、更に『トルコ語文法』（"Türkische Grammatik" ［Göschen Sammlung, 1916］）の著者として知名なトルコ学者ネーメット Németh Gyula（1890-1976）（本文の筆者は第二次大戦中のブダペスト大学で「オルホン碑文解読」などの講義を聴講したことがある）らの東洋学者があり、一方、フィン・ウゴル―ウラル語学の分野では、『フィン・ウゴル言語学』（"Finnisch-ugrische Sprachwissenschaft" ［Göschen Sammlung, 1922］）をあらわしたシンニエイ Szinnyei József（1857-1945）その他の、国際的にも広く知られ

た言語学者たちがいる。

　かような伝統は、比較言語学、もしくはハンガリー（マジャル）語学の方面では、現在もハンガリーの言語学界に引きつがれて居り、多くのすぐれた学者が輩出しているが、上述したように、20世紀の構造主義以後の一般言語理論の分野では、少くとも近年まではこのLaziczius が唯一の存在だったといえよう。

　もちろんこのほかにも、ハンガリー出身の言語学者で一般理論の分野に活動した人々には、John Lotz（1913-1973）、Thomas A. Sebeok（1920-2001）、Stephen Ullmann（1914-1976）らがいるが、彼らは若い頃にハンガリーからアメリカ・イギリスなどへ移住し、それ以後はその国の学会で活動している。

　次に、Laziczius を取りあげた第二の理由としては、彼をめぐる次のような事情が言語学界以外の人々の関心をも惹いているからである。

　というのは、Laziczius は、ハンガリーのような小国の知識人の宿命ともいえるだろうが、若い頃からたびたび外部の政治情勢の余波を受けて、浮き沈みの多い、或る意味では悲劇的な数奇の生涯を送った人物なのである。かような政治的な背景のためもあってか、本国ハンガリーの学界では、Lazicziusの歿後、彼の残した学問的業績について、必ずしも無視とはいえないまでも、あまり触れたがらない傾向が近年まであったように思われる。

　ところが、一昨年（1976）の Laziczius 生誕80年を機会に、国立アカデミー編輯のハンガリーの代表的言語学雑誌『言語学報告』（Nyelvtudományi Közlemények）が、Laziczius 特輯号を発行し、この号には30数名のハンガリーの言語学者のほか、アメリカの Roman Jakobson、Robert Austerlitz やチェコの J. Vachek らも論文を寄稿して、Laziczius 理論の各分野からの再評価を行った。これらの中では、今まで世に出なかった彼の未発表論文も取り上げられて居り、これまでのいわばなぞの部分の多かった Laziczius の学問的及び人間としての生涯がかなり明らかになって来たのである。

＊　＊　＊

Laziczius Gyulaは、オーストリア・ハンガリー二重帝国時代の1896年8月18

日、ブダペスト市の外廓にあるウーイペシュト（Újpest）の街に生れた。先祖には16世紀のポーランド系神学者・歴史家だった Lasicki という学者がいるという。少くとも数世紀以来のハンガリー旧家の出身で、その家系からは芸術家が多く出ている。

小学校と中等教育は生地のウーイペシュトで受けたが、当時のギムナジウムの教師にバビッチ Babits Mihály（1883-1941）という、後にハンガリー文壇の大家になった有名な詩人・作家がいて、この師の影響で Laziczius は文学に強い関心をもつようになった。

1914年ブダペスト大学へ入り、教職志望の学生になったが、やがて第一次大戦が起ると在学中に召集され、ロシア戦線へ出征して捕虜となり、約3年半の抑留生活を送って、その間学業を中断される結果となった。しかし、Laziczius は捕虜生活中にロシア語を完璧に習得して、19世紀のロシア文学作品に親しみ、特にベリンスキーの文芸評論を読破して大きな影響を受けた。そして、ベリンスキーから更に、その理論上の師であったヘーゲルの哲学への関心を深めることになる。このヘーゲルへの傾倒によって身につけた弁証法的思考は、尖鋭な論争家としてきこえた後年の Laziczius の言語学上の論争方法にも明らかに反映している。

この時代のベリンスキー研究の成果が、数年後にまとめられた Laziczius の学位論文「ベリンスキーとヘーゲル」（Belinszkij és Hegel）（1929）である。この論文のドイツ語による要約 "Fr. Hegels Einfluss auf V. Bělinskij" が Thomas A. Sebeok編 "Selected Writings of Gyula Laziczius"（The Hague-Paris, 1966）に収録されているが、これは初期のベリンスキーに与えたヘーゲルの影響について論じた、すぐれた論文の一つといえよう。

大学卒業後、Laziczius は教員免状を取得して教職につくことになったが、ここで彼の生涯における大きな不運の一つに出会うこととなる。

第一次大戦で敗戦国となったハンガリーでは、戦争直後の1919年、クン Kun Béla（日本では当時ベラ・クンと呼ばれていた政治家）の共産政権が成立したが、数ヶ月で瓦解し、これに代ってホルティ Horthy Miklós の反革命政府が樹立された。

Laczicziusが教職についたのは、丁度この政治的混乱期で、彼の学生時代の恩師の一人だったヴィシュキ Viski という人の尽力でギムナジウムの教師に任命されたのだが、Viski が革命政権に近い立場の人物だったため、戦後のハンガリーに保守派の Horthy を摂政とする新王国が成立すると、共産政権時代に任命されたことが祟って、Laczicziusは教職から追放されてしまう。

職を失ったLaczicziusは、その後 Anglo-Austrian Bank という全く方面ちがいの私企業に職を得て、一介の銀行員として生計を立てて行くこととなる。この期間はかなり長く続いたが、この時期にも Lacziczius は専門のロシア文学に関する論文を書いたり、友人たちと "Zöld szamár"「緑の驢馬」という劇団を結成してアヴァンギャルド芸術運動をしたりしている。この時代の彼のロシア文学に関する論文には、『西方』("Nyugat") という当時のハンガリーの代表的な文芸雑誌に載った「ドストエフスキー論」(Dosztojevszkij) の力作がある。

こういうサラリーマン生活をしながらも、Laczicziusは年来の研究をまとめ、1929年にはブダペスト大学へ論文を提出してドクターの学位を得た。これが上述の論文「ベリンスキーとヘーゲル」で、Lacziczius はこの論文を審査したブダペスト大学の教授たちに認められ、会社勤めのまま大学のロシア語講師を委嘱された。

丁度その時期、即ち1920年代の終り頃から、Laczicziusの関心は、今まで直接には研究していなかった言語学の方面へ向けられて行く。これは、同じころチェコで新しい言語理論のグループ「プラハ言語学集団」(Cercle Linguistique de Prague) が活動をはじめたことと無関係ではあるまい (「プラハ言語学集団」の結成は1926年、その機関誌 Travaux の発刊は1929年である)。Laczicziusはもともとロシア文学者であり、広くスラヴ文化をも研究の対象としていたから、チェコやロシアの学者たちによる「プラハ言語学集団」の活動に強い関心を持ったのは当然だったともいえよう。

この成果として、1930年には、Laczicziusの最初の言語学論文が2篇発表された。「ハンガリー語の或る子音変化の音韻論」(Egy magyar mássalhangzóváltozás phonológiája. ["Magyar Nyelv", 26]) と「音韻論について」(A phonológiáról. [Magyar Nyelv. 26]) という2つの小論だが、何れもプラハ派の音韻論のみな

らず、ソシュールやサピアをも研究したあとの見える好論文で、未だ構造言語学的な研究がほとんど導入されていなかった当時のハンガリーの言語学界では、新しい方向の研究として一躍注目の的となった。

次いで、1931-34年に発表されたのが、「音韻論入門」（Bevezetés a fonológiába. [Nyelvtudományi Közlemények, 48]）という100頁ほどの力作で、これは彼の言語学論文の代表作の一つに数えられる。この論文は三つの部分から成り、第1部が「一般音韻論」（邦訳「音韻学入門」、徳永康元訳、『方言』8巻1号［1938］）、第2部が「ハンガリー語音韻論」、第3部が「史的音韻論」となっている。第1部は、ソシュール、ボードアン・ド・クルトネから当時のプラハ学派までの音韻論の歴史と、プラハ派の音韻理論のすぐれた紹介であり、第2部は、この音韻理論をハンガリー語の方言研究に適用し、従来多くの学説があったハンガリー語諸方言の母音体系の比較を行い、ハンガリー語地域に新たな方言区劃の学説を立てようとしたものである。第3部はハンガリー語と親縁諸言語との比較に音韻論的観点を導入した試論である。

この中で最も多く当時の学界の論争の的になったのは第2部の新しい方言区劃説で、彼の新説は、従来のハンガリー語学者、方言研究家たちから、全く実証的知識を欠いた、理論のための理論であるとして一斉に論難された。これに対し、Laziczius は生来の論争家の面目を発揮して反論を挑み、盛んな論戦が展開された。

Laziczius のこの説には、彼独自の理論の強引過ぎる適用に無理があったことは否定できないが、史的・実証的研究が支配していた当時のハンガリーの言語学界へ、一貫した理論的立場から一石を投じたことは大いに評価される。また、一方、それまで言語学の分野とは全く無縁だった Laziczius が、僅か数年間のうちに当時の新しい言語理論であった音韻論を完全に自らのものとして身につけ、このような力作を発表したことには、理論家としての彼の異常な才能を認めることができよう。

これに続く数年間は、Laziczius の最も活動的だった時期で、その多くは比較的短い論稿だが、一般言語理論、ことに音韻論関係の重要な論文を次々と発表している。

但し、この時期の Lazicziusの論文の最大の特色は、やはり従来の学説に対する激しい論争的態度であったといえよう。これには彼自身の生来の性格もあったろうが、その論法には、前にも触れたように、彼が若い頃傾倒したヘーゲルの弁証法が大きな影響を及ぼしていたと思われる。何れにせよ、Laziczius の鋭い論理と仮借ない攻撃とは、論争相手を辟易させて多くの敵を作り、彼をハンガリーの学界での孤立的存在に追い込んだことは当然の結果であった。

尤もその間、彼の言語理論に関するすぐれた業績は、当時のハンガリー言語学界の大御所だったゴムボツ Gombocz Zoltán に認められ、ブダペスト大学の講師に抜擢された。これは、従来の史的研究の分野での大家であったGomboczが、ハンガリーの言語学に構造言語学という新しい理論を導入する必要を痛感し、その代表者としての彼に期待をかけたためだと思われる。

更に Gombocz の死後も、ブダペスト大学に「一般言語学及び音声学」という新しい講座が創設されて、彼はそれを担任する員外教授となり、1940年には正教授に昇進し、やがてアカデミー会員にも選ばれている。このように、一介の在野の研究家が大学の講座をもつことは、当時のヨーロッパでは異例だったと思われるが、それだけ新時代の理論家としての Laziczius の存在が重要であった証拠ともいえるだろう。

かように、Laziczius が最も活動的であり、また外面的生活でも最も恵まれていたこの時期には、彼の業績は国際的にも広く認められるようになり、外国の言語学会誌への寄稿や国際学会での発表もかなりの数にのぼる。例えば、その中の一篇 "Das sog. dritte Axiom der Sprachwissenschaft." (Acta Linguistica, 1) (1939) などは、発表後間もなく邦訳も出ている。(「Laziczius、いわゆる言語学上の第三公理」小林英夫『言語研究・現代の問題篇』、1945)。

しかし残念なことには、1939年以後、第二次大戦の戦火がヨーロッパに拡がり、ハンガリーもやがてナチス・ドイツの圧力で参戦せざるを得なくなったため、学問の国際的交流は絶え、国内での論文発表の機会も次第に制限される結果となった。Laziczius の発表した全業績の数が比較的少ないのも、彼の活動期の後半が戦時であったという事情によるところが大きい。

尚、本文の筆者がハンガリーへ留学していた第二次大戦初期の頃、Laziczius

教授は、ブダペスト大学で「印欧比較言語学」や「音声学」の講義を担当して居られたが、学内の噂では、構造主義の観点からの「音声学」、「音韻論」、「語彙論」、「統辞論」の四部作を、ライフワークとして執筆中ということだった。しかし、この計画も第一部の『音声学』（"Phonetika." Budapest, 1944）（独訳 "Lehrbuch der Phonetik." Berlin, 1961）だけで未完成に終ってしまったわけである。

　戦争の末期、ハンガリー全土はドイツ軍の占領下に入り、やがて独ソ両軍の戦場となって大きな被害を受けた。Laziczius はもちろんナチス・ドイツには反対の立場だったから、この時期には心身ともにかなりの苦難を味わったにちがいない。

　第二次大戦が終って、ハンガリーの大学や学界も再開され始め、Laziczius にとっては戦前よりもむしろ自由な活動の期待できる時代が来た矢先に、彼の生涯にはまた思いがけぬ第二の不運が見舞うことになる。Laziczius は、学者としては、論敵のみならず弟子に対しても甚だしく厳しい人物であったが、家庭的には人一倍子煩悩な父親だったとみえ、長男が独ソ戦線でソ連の捕虜となって戦後も抑留されていることに、耐えがたいほどの心痛と不安を示していたという。やがて、幸い戦前から彼と親しいソ連の言語学者シチェルバの援助によって、他のハンガリー人捕虜たちよりも早く釈放されたのがかえって裏目に出て、帰還の途中で病死するという不幸な事件が起った。この辺の事情は未だに詳らかではないのだが、Laziczius は愛息の死に大きなショックを受け、何かこれに関する声明文を発表したらしい。ところが、その声明文が当時のハンガリー官憲の忌諱に触れ、青年時代とはむしろ逆の意味でのパージの対象となり、大学を辞めざるを得なくなった。この時期のハンガリーは、小スターリンと呼ばれたラーコシ政権の暗鬱な時代であったから、不明瞭な何らかの政治的背景があったにちがいない。近年書かれた Laziczius に関する幾つかの論稿の中では、ハンガリーの学者も、またアメリカの学者も、この問題については何故か詳しく記していないので真相は不明のままだが、何れにせよこの事件によって Laziczius は公的な生活から引退せざるを得なくなったわけである。

　これは1950年のことであったが、それ以後の Laziczius は、つましい恩給生

活者として、僅かに科学アカデミーに委嘱された語彙調査に協力したり、いろいろな翻訳の仕事を引受けたりして、不遇の日を送っていたという。この時期のLaziczius にとってのせめてもの救いは、東独の言語学者で、すぐれたウラル語学者として知られるシュタイニッツ Wolfgang Steinitz が、彼を経済的に援助する意味も兼ねて、前述の『音声学』(1944) をドイツ語に翻訳したことであった。晩年のLaziczius は、その独訳原稿を検討して、新たな見解を加筆・修正することに、唯一の学問的な慰めを見出していたようだ（この Steinitz の独訳は、"Lehrbuch der Phonetik" の題名で1961年に出版された）。一方、ハンガリーの学者たちの間からも、Laziczius の復職運動が起っていたが、その実現を待たず、彼は持病の心臓病の悪化のため、1957年8月4日、60歳の生涯を終えた。

Laziczius が名だたる論争家であり、ハンガリー学界での独り狼であったことは前にも述べたが、当時の大学内での彼の綽名、Laziczius の音をもじった"Lazac"（鮭）は、この魚の習性にも似た彼の人間的特徴、即ち補足しがたいほど敏捷な思考の動きをうまくあらわした呼び名といえよう。

Laziczius は、ハンガリーの同僚よりも、むしろプラハ派の学者たちと相互に親近感をもっていたように思われる。すでに1932年頃、彼は Mathesius に招ばれてプラハを訪れているし、1939年にヤーコプソン Jakobson がチェコを脱出した時には、約2週間ハンガリーの彼の許で匿われたと伝えられている。

プラハ派の人々の中でも、彼が最も親しみを感じていたのは六歳年長のトルベツコイ Trubetzkoy だったらしく、Laziczius はウィーンへ出る度に Trubetzkoy を訪ねている。この二人が何れ劣らぬ論争家同士でありながら互いに敬愛の念をもっていたことは、以下に述べる emfatika 論争からも明らかであろう。

* * *

次に Laziczius の言語学的業績の一端について述べる。前述したように、Laziczius はいわば中途から言語学へ移って来た学者であり、また彼の生涯には第二次大戦の勃発とか、個人的な不運とかが相重なって起ったので、彼が実際に

言語学者として活動できた期間は、僅か15年ほどに過ぎない。従って、発表された研究論文の数もあまり多くはなく、それも、単行本として出た『音声学』と、初期の「音韻論入門」を除けば、比較的短い論文ばかりである。しかし、彼の研究した言語学の分野はかなり広範囲にわたって居り、その中心テーマであった音韻論のほかにも、形態論や語彙論などに関する論文もかなり多く、内容的にも、一般理論の問題だけではなく、ハンガリー語のサンクロニック或いはディアクロニックの面でのさまざまな問題を取り扱っている。

ここでは、その中の一つである音韻論における emfatika（emphatica）の問題を取上げてみよう。

この emfatika 論は、Laziczius が提起した説であるが、これをめぐって Trubetzkoy との間に論争が行われた。Trubetzkoy はその著書 "Grundzuge der Phonologie"（Praha, 1939）の Einleitung（2. Phonologie und Lautstilistik）の中で、Laziczius 説に対して反論を行っている。

この emfatika 論の説明には、先ず心理学者ビューラー Karl Bühler の唱えた言語の Organon-Modell に関する説から出発しなければならない。

周知の如く、Bühlerは "Sprachtheorie"（Jena, 1934）の中で、言語の Organon-Modell を次のような図式によって示している。

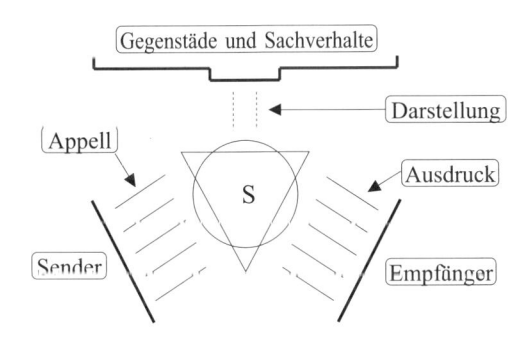

尚、この図式における Ausdruck、Appell、Darstellung の名称は、Bühler の初期の論文では Kundgabe、Auslösung、Darstellung であったのを、後に上記のように改めたのであるが、Trubetzkoy の "Grundzüge" では Kundgabe、Appell

(又は Auslösung)、Darstellung の語が用いられている。

Bühler の図式を解説すれば、言語は話し手と、聞き手と、語られる事態とを前提としているので、言語の記号はそれに応じて3つの面を持っている。話し手を特徴づける Ausdruck の面、聞き手に或る印象を起させる Appell の面、話の対象である事柄の Darstellung という3平面である。

このような Bühler の図式から出発して、Trubetzkoy は、音声の面にも当然この区別があるとして、彼の "Grundzüge der Phonologie" の序説でこの問題を論じている。

第1の Darstellung の面というのは、知的もしくは lexical な意味の区別に役立つ、弁別的な機能をもつ音のことであるから、当然音韻論の分野に属するわけで、そこに問題はないが、Ausdruck と Appell の面は、ふつうには情緒的といわれるような、つまり langue ではなく parole に属する現象と見なされて来た面なので、Trubetzkoy はこれを音韻論の中で扱うべきか否かを問題としたわけである。具体的な例でいえば、Ausdruck というのは、何らかの発音のちがい（例えば、母音における唇の円めの程度、など）によって、話し手が男か女か、教養があるかないか、或いは彼が気取りやであるか生まじめな人物であるか、というような特徴があらわれている場合であり、Appell というのは、発音におけるいくらかのちがい（例えば、ドイツ語で schön の母音・子音を引きのばすこと、など）が、聞き手に何らかの情緒を喚起する場合で、相手の心に皮肉や軽蔑や尊敬などの感情をひきおこすことになるのである。

これに対して、Laziczius は、やはり Bühler の図式に基いて言語音のこの3つの面の機能を認めた上で、更に次のように述べる。即ち、Darstellung の面だけでなく、Ausdruck と Appell の面における言語音の使用にも langue 的な、社会習慣的なものが認められるから、広義の音韻論には、従来研究されてきた Darstellung の面に関する音韻論のほかに、Kundgabe の音韻論、Appell の音韻論という、2つの新しい部門を設けなければならない。

また、Laziczius は、言語音を3種類の要素に区別している（尚、彼のこの説は1935年に Bühler：Sprachtheorie の書評［"Nyelvtudományi Közlemények," 49］と、そのドイツ語訳［Ungarische Jahrbücher, 15］とにおいて述べられ、

翌年の Cambridge での国際音声学会議ではその要約が英語で発表された［The Proceedings of the Second International Congress of Phonetic Sciences, 1936］）。彼の説によれば、従来の音韻論のフォネームとヴァリアントのほかに、emfatika という第3のカテゴリーを認めなくてはならない。即ち、ハンガリー語の tør「彼がこわす」vs. tø:r「短刀」における ø vs. ø: は、知的な意味の区別をなす対立の項だから夫々フォネームであるが、εmber「人間」vs. ε:mber（非難、軽蔑の意味で用いられる）の ε vs. ε: は、情緒的な価値をふくむ対立であって、知的な意味の区別をなす前者の対立とは異る。しかし、ø vs. ø: が音韻論的対立であるとするなら、後者もやはり音韻論的なものであるといわなければならず、従って同様にヴァリアントとは区別されなければならない。それ故、Laziczius はこれを、フォネームとヴァリアントの間に置かるべき第3のカテゴリーとして、emfatika と呼ぶ。Trubetzkoy はこれを、stilistisch（relevant）なヴァリアントとしているが、Laziczius はそれには賛成できないという。

結論的にいえば、Laziczius の説では、フォネームは Ausdruck、Appell、Darstellung の3つの面の機能をもつ要素であり、emfatika は Ausdruck と Appell の機能のみをもつ要素、ヴァリアントは Ausdruck の面の機能だけを果たす要素なのである。

これに対して Trubetzkoy は、"Grundzüge" の序説において、emfatika を第三のカテゴリーと認める Laziczius 説は、Ausdruck の面と Appell の面とを示す手段の区別の可能性を諦めることになるから賛成しがたいと反論している。即ち、εmber は、ふつうは中立的な調子で発音されるが、ε:mber と発音した場合は Appell（非難の音調）の機能をもち、一方、母音の不正確な開口度や子音のなげやりな調音とか、口蓋垂ふるえ音の r の発音などが Kundgabe（話し手が気取り屋であることを示す）の機能をもつのであるという。

両者の間にはこのような論争が行われたのであるが、もちろん Trubetzkoy も、Laziczius をこれまでの音韻論で見のがされていた Kundgabe と Appell の面の重要性について述べた最初の学者として、その功績を評価しているし、Trubetzkoy 自身、音韻論における Kundgabe と Appell という新しい2部門の必要性を認めている。ただし、Trubetzkoy によれば、Kundgabe と Appell の2部門

については、信頼すべきデータの蒐集が困難であること、社会習慣的なものと生得的なものとが混在していること、また Darstellung の音韻論に比べるとこの 2 部門はその範囲が不釣合に狭いこと、などの理由で、むしろ当面のところは Lautstilistik という部門を別に設けて、これを扱った方がよかろうとしているのである。

　上述のような問題は、1930 年代の論争であって、現在の観点からは既に学史的な意味しかもたないともいえようが、Trubetzkoy も認めているように、Laziczius がこの分野へ関心を向けた最初の学者であったという功績を忘れてはなるまい。また、Laziczius のこの emfatika の説は、広く expressive features の問題として、彼以後の学者たちによっても取上げられているわけであるし、更にまた、この Laziczius 説は、見方によれば、ソシュール説の langue-parole の区別に対する修正ないし批判にもつながる重要な意味をふくんでいるともいえるであろう。

レグイとその業績

1 ウラル系諸民族の言語・民俗研究は、19世紀の後半以来著しい発達を遂げたが、その開拓者たる役割を果した学者に、フィンランドのカストレン（Mattias Aleksanteri Castrén, 1813-52）とハンガリーのレグイ（Reguly Antal, 1819-58）がある。

ほぼ同時代に生れたこの両者は、何れも当時殆んど未だ科学的研究の行われていなかった欧露・シベリアの原住諸民族の地へ大々長期間の研究旅行を試み、多数の言語・民俗資料を現地で採録して、この分野の研究にはじめて確固たる基礎を築いたのであるが、又一方ではかような調査旅行の労苦から病を得て、その蒐集資料や研究成果の大部分を未発表のまま、同じ39歳という年齢で夭折していることなど、彼らの生涯には奇しき一致が見られる。しかし、後年カストレンの名が国際的に広く知られるようになったのに比べると、レグイの業績は彼の母国ハンガリーの学界以外では殆んど認められていないとも言えよう。

周知の通り、カストレン遺稿の主要な部分は、その歿後間もなく、同僚シーフネル（Anton Schiefner）の手で有名な "Nordische Reisen und Forschungen von Dr. M. A. Castrén"（12 Bde, 1853-62）のシリーズとして公刊されて居り、殊に彼がウラル系 主としてサモエード 以外にチュルク・蒙古・トゥングースなどのアルタイ系諸民族に関する資料・研究を多く遺していることが、ウラル・アルタイ同系論の有力だった19世紀の東洋学界において、カストレンの名を一層高める結果となったのである。

一方レグイは、その草稿の大部分が未整理のままに遺されて発表の機会を失い、後にフンファルヴィ（Hunfalvy Pál, 1810-91）、ブデンツ（Budenz József, 1836-92）、パーパイ（Papay József, 1873-1931）らの努力によって彼の蒐集資料の一部が学界に紹介されたとはいえ、それは既にこの分野の資料がかなり発表された後のことであったし、又彼のえらんだ研究領域がフィン・ウゴル諸族

の範囲に限られていた点からも、カストレンのように著しい影響を学界に与えることはできなかった。

しかし、19世紀前半のウラル系諸民族の状態を知り得る貴重な文献として、彼らの蒐集資料の重要性は等しく大きい。殊に、オビ・ウゴル族の研究におけるレグイ資料の価値は、その未公刊の部分が今後発表されるに従ってますます増大することとなろう。

レグイとカストレン―殊に前者―の遺した資料は、その整理・校訂の困難に加えて、戦争や経済事情などの外的な悪条件に妨げられ、かなりの部分が約1世紀を経た今日まで未だ公にされていない。しかし、漸く近年になって、これら未公刊手稿の出版計画が、夫々ハンガリー、フィンランドの学界で再びとりあげられはじめ、ウラル系民族の研究分野に新たな期待を抱かせている。

かような計画に基いて比較的近年に刊行されたものとしては次の二つがある。

Reguly-Könyvtár. 1. Ostják hösénekek. Reguly A. és Pápay J. hagyatéka. I. kötet. Közzét. Zsirai Miklós. Budapest, 1944.

Samojedische Volksdichtung. Gesammelt von M.A. Castrén. Herausgegeben von T. Lehtisalo. Helsinki, 1940.（Mémoires de la Société Finno-Ougrienne, LXXXIII.）

2 レグイ・アンタルは、1819年7月13日、西部ハンガリーのヴェスプレーム県（Veszprém）ジルツィ（Zirczi）に生れ、ヂェール（Győr）で教育を受けた後、ペシュト―今日のブダペシュト―の大学に入って法律学を修めた。当時のレグイは行政官志望だったが、学業を終えてから単に見聞を広める目的で試みた国外旅行が彼の生涯の方向を一変させることとなったのである。

1839年の夏、レグイはドイツを経てスエーデンを訪れたが、ストックホルム滞在中に、当時この地へ亡命していたフィンランドの歴史家アルヴィドソン（Adolf Ivar Arvidsson, 1791-1858）と親交を結び、彼の示唆によってフィン諸語とハンガリー語との著しい類似を知った。かような偶然の機会からこの問題に興味を持つようになったレグイは、次いで自国ハンガリーのシャイノヴィッチ（Sajnovics János, 1733-85）の"Demonstratio"[2]、ヂャルマティ（Gyarmathi Sámuel, 1751-1830）の"Affinitas"[3]など、これまで既に発表されていたハンガ

リー語系統論—ラップ語或はフィン系諸語との同系論—を検討して一層その関心を深め、同年末にはフィン語研究のため更にヘルシングフォルス（ヘルシンキ）へ移った。

　レグイの生涯の専攻を決定する結果となったこのフィンランド滞在は約2ケ年に及んで居り、その間彼は狭義のフィン語—スオミ語—諸方言に完全に通暁したばかりでなく、エスト語・ヴォート語などのバルト（東海）フィン諸言語をも研究し、更に北方のラップ族居住地帯にも赴いて彼らの言語・民俗に関する資料を採集した。又この数年前レンロート（Elias Lönnrot, 1802-84）によって蒐録・出版された『カレワラ』もレグイの研究意欲に大きな刺戟となったらしく、この頃そのハンガリー訳にも着手している。

　既にこのフィンランド在留中の研究で彼はハンガリー語がバルト・フィン諸語やラップ語と親縁関係にあることを確信したが、ハンガリー語の系統論にとって最も重要な言語は、既にギャルマティによって—乏しい資料に基いてではあったが—ハンガリー語と極めて密接な関係があるとされたシベリアのヴォグル語・オスチャーク語—当時のいわゆる東部フィン語—であろうという自己の見解を確めるため、更にその現地研究の実現を熱望するようになった。

　やがてレグイは、ハンガリー学士院の援助を得て、1841年夏に先ず当時のロシアの首都サンクト・ペテルブルグへ行き、此処の学者たちの指導の下でシベリア・欧露の親縁民族の言語・民俗・地理・歴史などについて十分な予備調査を行い、又それまでの彼に欠けていた言語学上の基礎智識の習得にも謙虚な努力を続けた。

　彼のペテルブルグ滞在は、経済事情や健康状態の悪化のため意外に延び、待望のシベリア旅行が実現したのは1843年10月のことであった。この現地研究は以後約3ケ年の間続けられたのであるが、その大部分はシベリアのヴォグル及びオスチャーク族の地で費されている。

　フンファルヴィの記載に従ってレグイの大凡の行程を辿れば、先ず彼はカザン、ペルムを経てカマ河上流のソリカムスクに至り、嘗つてのイェルマーク征服路に沿ってウラル山系を越え、同年12月にはシベリア側の町ヴェルナトゥリィ—トゥラ河上流—に着いた。此処での短い滞在の後、レグイは更に北方の小

部落フセヴォロドスコイに移って、この地を中心にロズヴァ河地域のヴォグル族の調査を数ケ月に亙って行っている。

この調査は、2名のすぐれたヴォグル人の助手（Jurkina 及び Pachtjar）を得たため、民間詩採録・語彙蒐集・文法研究などに多大の成果を挙げることができた。

レグイのヴォグル地域研究の第二期は1844年3月から約9ケ月に亙る困苦に満ちた移動調査であった。彼は先ず南方に向い、イルビットを経てタヴダ河下流地方のヴォグル族を調査し、更にトボルスクの町ではコンダ地域のヴォグル酋長の息子 Satigin の助力を受け、又偶々此処に滞在中だったカストレン[6]とヘルシングフォルス以来の旧交をあたためている。次いでコンダ河、ペリム河流域のヴォグル族の地に入り、最後に北部ヴォグル地域—ソスヴァ河、シグヴァ河及びその支流地域—を踏査してその調査の目的を完遂した。

この移動調査では、約3780平方哩内に散在するヴォグル族の居住地が隈なく調査された。レグイはこの各地方から厖大な量の言語資料—主として民間詩蒐集—を採録したが、同時に彼らの物質文化や地理的分布状態についてもすぐれた記録をのこしている。

ヴォグル族調査を一応終えたレグイは、当初の計画に従って、直ちにオビ・ウゴル族の他の一員であるオスチャーク族地域の調査に着手した。

同年10月、北部オスチャーク族の中心地、オビ河口に近いオブドルスクに着いた彼は、先ずオビ河支流のポルイ河地域、次いでオビ河口とウラル山系北端との中間にあるツンドラ地帯などに住むオスチャーク族を調査した後、稍南方のオビ河畔の町ベリョゾフに滞在し、Nyikilov Maxim というオスチャークの老人を通じて、当時既に堙滅に瀕していた民間伝承・民謡の類の採録に熱中したが、翌年の春には本国からの経済的援助が中絶したため、止むなく南部・東部オスチャーク族の調査を放棄して帰途についた。

彼は帰路においても、ハンガリー学士院の希望に従って、欧露のカザンを中心にヴォルガ河地域のフィン・ウゴル族—チェレミスとモルドヴィン（モクシャ及びエルジャ）—やチュヴァシュ族を調査し、此処でもかなりの言語資料を蒐録した上、1846年8月サンクト・ペテルブルグへ帰着している。

ペテルブルグでは、ロシア地理学協会の依頼を受けて北部ウラル地方の地図——山脈・水系・交通路・住民などを詳しく記載したもの——を製作したが、本来の蒐集資料の整理・研究に着手する間もなく病に倒れ、ドイツで療養生活を送ることとなった。

晩年の約10年はハンガリーに戻って静養を続けたが、肉体的衰弱に加え記憶力の減退という致命的な病症があらわれ、再び学者として活動することなく、1858年8月23日ブダ市に歿した。

レグイは、自己の採録資料、及びそれに基く研究の整理・公刊計画として、ヴォグル、オスチャーク民間詩の厖大な蒐集——原語のテキストとそのハンガリー訳——をはじめ、ヴォグル、オスチャーク、モルドヴィン、チェレミス、チュヴァシュ諸言語の文法と辞典、これら諸民族の歴史・地理・民俗の記述、レグイ以前におけるこの分野の研究史、自己の旅行記録、などを予定していたというが、この中で彼が直接着手し得たのは、僅かにその死の直前の短期間フンファルヴィの助力によってはじめられたヴォグル資料の検討のみで、他の殆んど大部分の蒐集資料は全く未整理の解読困難な手稿の形のまま死後に遺されてしまったのである（尚、彼の生存中に発表された論文としては既述の北部ウラル地図を除けば、1850年の学士院における講演『ヂュンガール人、並びに彼らとハンガリー人との人種的親縁説について』が唯一のものである）。

3 レグイが言語・民俗研究に志した直接の動機はアルヴィドソンとの偶然の邂逅だったが、その根底には有名な東洋学者・チベット語学者のケーレシ・チョマ（Kőrösi Csoma Sándor, 1784-1842）らと同じく、ハンガリーの親縁民族を何処か遠隔の地に発見しようというロマンティックな民族主義があった。但し、ケーレシ・チョマがこれをインドやチベットに求めたのに対して、レグイは前代のシャイノヴィッチ、ギャルマティ説を継ぎ、主に言語の比較に基いてハンガリー民族と広義のフィン族との同系を証明しようとしたのである。

ハンガリー語とフィン・ウゴル系諸語——勿論古い文献には種々の異る名称で呼ばれている——との類似・関聯については、ミェホウのマティアス（Mattlas de Miechov）、（16世紀初期）、ヘルベルシュタイン（S. Herberstein, 1486-1565）、

フォーゲル（Martin Forgel, 1634-75）[13]、シュトラーレンベルク（Philipp Johann Strahlenberg, 1676-1747）[14]らが既に古くから認めていたが、真に科学的基礎に立つ最初の同系論はシャイノヴィッチの、"Demonstratio"（1770）であった。彼の研究の範囲はハンガリー語・ラップ語の比較に限られていたが―そのためハンガリー国内では文化の低いラップ族との同系を主張するものとして非難され、彼の説はかえって先ず国外において広く知られた―、諸言語の親縁関係を決定するための比較には語彙よりも文法構造の一致を重要視すべきであるという見解を印欧語学のボップやラスクに先んじて確立した点で、次のヂャルマティと共に比較言語学の祖といわれている。[15]

ヂャルマティの"Affinitas"（1799）―これはドイツの歴史学者シュレーツェル（August Ludwig Schlözer）[16]の示唆によるところが多い―は、シャイノヴィッチの研究範囲を更に広め、主としてハンガリー語とフィン・ラップ語、エスト[エストニア］[17]語との文法的・語彙的比較を、前者に比べるとかなり豊富な資料に基いて行っているが、同時に、彼の言う「フィン起原の諸言語」、即ちヴォグル、ヴォチャーク、チュヴァシュ、チェレミス、ペルム［ズュリェーン］[18]、モルドヴィン、オスチャーク諸語についても不十分ながら一応の比較を試み、ハンガリー語が「フィン」系であること、又、極めて乏しい資料を根拠としているにせよ、ヴォグル語、オスチャーク語がハンガリー語に最も親近の言語であることを述べている（ヂャルマティはこの推定を自らの現地研究によって確認しようとしたが遂にその計画を果す機会がなかった）。

レグイは、先ずヂャルマティの"Affinitas"に拠って言語研究に着手したのであるが、当時のレグイの見解の発展は以下のような言葉に示されていると言えよう。[19]

ストックホルムでアルヴィドソンを知り、始めてハンガリー語系統論に関心を持つようになった頃、ハンガリー学士院へ送った報告の中で彼は次の如く述べている。

「私は始めてシャイノヴィッチの著を繙き、更にヂャルマティを読んで、特に後者の労作が否定し得ない成果を挙げていることに強い印象を受けた。彼は西部フィンについての―それも不十分な―知識しか持って居らず、東部フィン

［ヴォグル、オスチャークを含む（訳者）］に関してはごく僅かな記載があるに過ぎない。しかし、彼の研究が親縁関係推定の試みを取上げていること、殊に東部フィン我がマヂャル［＝ハンガリー］語に著しい近さを示していることは、我国にとって非常に重要な問題と言うべきであろう。ヂャルマティのこの業績は当然更に今後も継承される価値があるのみならず、国民的意義からいえばその継続をむしろ要求すべきものとさえ思う。」[20]

次いで "Affinitas" の更に詳細な検討とフィンランド滞在中のフィン語諸方言研究の結果、「音論では常に東部フィン語［主としてヴォグル語、オスチャーク語］の方が西部フィン語よりもマヂャル語と近い関係にある。語彙の点からみると、マヂャル語の語根で西部フィン語にないものが東部フィン語には存在しているし、又西部フィン語の或種の語根は、東部フィン語では首韻変化を受けているが、これはマヂャル語においても同様である……文法も同じような親近関係を示している……」と言い、「若しできるなら私は直ぐにもウラル地方へ旅行し、ヴォグル族、次いでオスチャーク族の言語を研究したい。これらの言語について現在の我々は極めて乏しい知識しか持っていないが、その範囲のみからみても、これが文法・語彙の両面で最も重要な言語であるように思われる。」[21]と述べている。

レグイの宿望たるウラル―シベリア旅行はやがて1843－46年に亙って実現されたが、この現地調査に際して彼は次の二つの問題の解明を目標としていた。その第一は、ハンガリー語と「フィン」諸語との間の親縁関係の有無、即ち彼の言葉を借りれば、「我々の国語［＝ハンガリー語］の古い姉妹語がフィン諸語の間に存在するか。［獲得された］知識のすべてを以てすればその祖語―これから我々の国語が今日の状態にまで発達して来たのであるが―を推定することは可能であるか。これらの知識に基いて我々の国語の成立と発達の過程を窺知することは可能であるか。」（ハンガリー学士院に宛てた1842年の報告）[22] というような問題に明かな解決を得ようとする企図であり、第二の目標としては、「これらの親縁語は我々の国語の研究において如何に有用であるか」（同上）、即ち「フィン」諸語がハンガリー語と親縁関係にあるとすれば、それら諸言語の研究によって現在のハンガリー語における未解決の問題に歴史的説明を与え

ることが如何なる程度で可能となるか、を追求しようとしたのである。

レグイはかような計画によってハンガリー語系統論を解決しようとしたのであるが、彼の真の目的は単に言語の領域に止らず、むしろこの言語研究を手がかりとしてハンガリー民族の起原・系統を究めようとすることにあったから、その現地調査の間にも民間詩・民謡などの言語資料の他に、住民の生活に関する民族誌的記録、聚落の分布や地名—彼はこの研究に基いて住民移動の歴史を知ろうとした—などの地理的資料を集め、殊に古い文献や考古学的遺物によって親縁諸民族の古代史を明かにしようと試みている。

レグイの現地研究期間の大部分はヴォグル族—及びオスチャーク族—の地で費され、その成果においても彼の業績の中心をなしているが、この時期に書かれた報告（ベールに宛てた1844年1月の書簡）(23)の中には、「［ヴォグル族と］マヂャル族との親縁関係は極めて明瞭であって、マヂャル族がフィン［＝ヴォグル］起原であることについて既に何ら疑いを挾む余地はなく、これによってマヂャル語の科学的研究もはじめて可能となった。」「［ヴォグル族は］その風俗・習慣においても、生活様式においても、一方ではラップ族と、他方ではチェレミス族及びヴォチャーク族と驚くべき類似を示しているので、フィン族全体の古代文化及び信仰の正確な相(すがた)を記述することももはや左程困難な課題ではなくなった。」

というような言葉が見られ、彼がこのヴォグル族の現地調査によって、予期以上の自信と希望を得たことを示している。

レグイがこの現地調査によって一応の目的を達し、大量の蒐集資料をヨーロッパへ持ち帰りながら、自らの手でこれを研究発表し得ずに歿したのは、学界にとって誠に惜しむべきことであった。しかし、彼の最大の功績とされるヴォグル族・オスチャーク族の古い民間詩・民譚の蒐集は、当時既に堙滅に瀕していた多数の資料を記録に止める結果となり、彼以後の研究に計り知れぬ貢献をなした。殊に、ヴォグルにおけるムンカーチ（Munkácsi Bernát, 1860-1937）[25]オスチャークにおけるパーパイ（Pápay József, 1873-1931）[26]は、後にレグイ資料を基礎として自ら現地研究を行い、何れもすぐれた業績を発表したのである。

レグイは、前にも述べた通り、その研究の重点を必ずしも言語のみに置いていたわけではなく、「言語学的方法は、古い時代に分離した諸民族の親縁関係の証明に際して、唯一のしかも誤りのない方法である―同時にそれは史的研究の基盤となり、これ［＝史的研究］がかような親縁論の第2段階をなす。」(27)という言葉が示すように、彼はその本来の目的たる民族系統論研究の手段として、言語学よりもむしろ史学を重要視していたように考えられる。又、彼はその経歴からしても、同時代のフィンランドの学者カストレンやアールクヴィスト（August Ahlqvist, 1826-89）(28)らに比べ、言語学の基礎的素養の点で欠けるところのあったことは否めない。しかし、言語研究の分野においても、彼の業績は単に資料蒐集に寄与したばかりではなく、ハンガリー語がフィン・ウゴル系に属することを現地研究の結果に基いて確定し(29)、更にフィン・ウゴル系諸言語相互の間の親疎関係についても始めて総括的な見解を発表している（但し、これを地域によって「西部フィン語」と「東部フィン語」に分ち、ハンガリー語をその中間に位するものとしていることなど、個々の点については勿論未だ多くの誤りが見出される）。尚、いわゆるウラル・アルタイ同系説についても一応その可能性を認めてはいるが、「中央アジアの諸言語、トルコ語・蒙古語・満洲語をフィン諸語に加えるような親縁関係も疑いなく存在はするが、しかしこれは完全なものではない。何故ならばこれは単に階層的親縁関係（Classenverwandtschaft）であるから。」(30)と言い、カストレンのように積極的な肯定説をとってはいないようである。

　要するにレグイは、「私は次の目標を忘れたことはない。即ち、何らかの仕事を行うということは、それによって我が祖国に真に役立つことができ、又これに進歩をもたらさんがためなのである。」(31)という彼のモットーが示す如く、民族主義的な精神から出発して自民族の起原・系統の研究に自己の使命を見出した典型的な19世紀前半期の学者と言い得るが、又一面においては、カストレンと共に、言語学・民族学・考古学・古代史学など諸関聯科学のすべてに亙って広い視野を有するフィン・ウゴル―ウラル学の伝統を確立した先駆者であった。

4 レグイの著作・論文で彼の生存中に発表されたものは前に述べたように左の二つだけである。

Ethnographisch-geographische Karte des nördlichen Uralgebietes, entworfen auf einer Reise in den Jahren 1844 u. 1845. St. Petersburg, 1846.

A dzungárokról és azoknak a magyarokkal állított fajrokonságáról.（In：M. Akad. Értesítő, X. Budapest, 1850）

尚、レグイの蒐集資料を収めている論著には次のようなものがある。[32] これらは何れも、彼の歿後、他の学者の編著によって発表されたもので、その中にはレグイの資料に説明・註釈をつけただけのものと、自らの論著の一部としてレグイ資料を用いたものとがある。

（1） ヴォグルに関するもの、

Hunfalvy Pál：Egy vogul monda.「ヴォグルの一伝説」（In：Akad. Ért., 1859. Budapest.）

Hunfalvy Pál：Reguly Antal hagyományai. I. kötet：A vogul föld és nép.「レグイ・アンタル遺稿集。第1冊、ヴォグルの土地と住民。」Budapest, 1864.

Munkácsi Bernát：Vogul népköltési gyüjtemény, I- IV.「ヴォグル民間詩蒐集1－4」Budapest, 1892-1921.

（2） オスチャークに関するもの、

Pápay József：Osztják népköltési gyüjtemény. Az osztják nép hitvilágra vonatkozó hősi énekek, istenidéző igék és medveénekek. Reguly A. hagyatéka és a saját gyüjtése alapján közzéteszi.「オスチャーク民間詩蒐集。オスチャーク民族の信仰的世界に関する英雄歌謡、巫術呪文、熊の歌謡。レグイ・アンタルの遺稿及び［パーパイ］自身の蒐集に基いて公刊。」Budapest-Leipzig, 1905.

Pápay József：Északi-osztják nyelvtanulmányok.「北部オスチャーク語研究」Budapest, 1910.

Pápay József：Északi osztják medveénekek Adalékok az obi-ugor népek medvekultuszához. Saját gyüjtése és Reguly A. hagyományai alapján feldolgozta…Pápay J. nyelvészeti hagyatékából sajtó alá rendezte Fazekas J., a Pápay-hagyaték ismertetésével.「北部オスチャークの熊の歌謡。オビ・ウゴル諸族の熊崇拝に関する論叢。[パーパイ]自身の蒐集及びレグイ・アンタルの遺稿に基いて編輯。——パーパイ・ヨージェフの言語学関係遺稿に基き、パーパイ遺稿の解説を付してファゼカシュ・イェネー編刊。」Budapest, 1934.

Reguly-Könyvtár. 1. Osztják hősénekek. Reguly A. és Pápay J. hagyatéka. I. kötet. Közzét. Zsirai M.「レグイ文庫。一、オスチャーク英雄歌謡。レグイ・アンタル及びパーパイ・ヨージェフ遺稿。第一冊。ジライ・ミクローシュ公刊。」Budapest, 1944.

(3) チェレミスに関するもの、

Budenz József: Erdei cseremiszség. Mondat- és szövegközlés.「草地チェレミス族。文章及び語句報告」(In: Nyelvtudományi Közlemények, III. Budapest, 1864.)

Budenz József: Cseremisz tanulmányok「チェレミス研究」(In: Nyelvtudományi Közlemények, III-IV. Budapest, 1864-65.)

Budenz József: Erdei- és hegyi-cseremisz szótár.「草地チェレミス語及び山地チェレミス語辞典」(In: Nyelvtudományi Közlemények. IV. Budapest, 1865.)

(4) モルドヴィンに関するもの、

Budenz József: Mordvin közlések.「モルドヴィン報告」(In: Nyelvtudományi Közlemények, V. Budapest, 1866.)

(5) チュヴァシュに関するもの、

Budenz József: Csuvas közlések és tanulmányok.「チュヴァシュ報告及び研究」(In: Nyelvtudományi Közlemények, I-II. Budapest, 1862-63.)

註

(1) Hunfalvy Pál. Reguly Antal hagyományai. I. kötet: A vogul föld és nép. Budapest.

1864.

Budenz József. Erdei- és hegyi-cseremisz szótár. Budapest, 1865. (In：Nyelvtudományi Közlemények, IV.)

Budenz József. Mordvin közlések, I-III. Budapest, 1866. (In：Nyelvtudományi Közlemények. V.)

Pápay József. Osztják népköltési gyüjtemény. Budapest, 1905.

(2) Demonstratio. Idioma Ungarorum et Lapponum idem esse. København. 1770.

(3) Affinitas linguae Hungaricae cum linguis fennicae onginis grammaticae demonstrata. Göttingen, 1799.

(4) ヘルシングフォルス滞在の初期に、レグイは一時カストレンからフィン語を学んだことがあるが、その後両者の間に特に親しい交友関係があったわけではないらしい。

(5) Hunfalvy P. Reguly Antal hagyományai. I. kötet：A vogul föld és nép. 50 - 66 頁。

(6) カストレンのシベリア旅行は1842 - 44年と1845 - 49年の二回に亙って行われている。

(7) Ethnographisch-geographischc Karte des nördlichen Ural-Gebietes. Entworfen auf einer Reise in den Jahren 1844 und 1845. St. Petersburg, 1846.

(8) Zsirai M. Finnugor rokonságunk. 519頁。

(9) A dzungárokról és azoknak a magyarokkal állított fajrokonságárói. Budapest 1850. この論文は見たことがないのではっきりした内容は分らないが、Gützlaffというシナ在留の宣教師が青海・甘粛地方の蒙古人とハンガリー人との親縁性を論じたのに答え、言語の親縁関係の問題を一般的に述べた短い講演原稿で、学問的にはあまり重要なものでないといわれる。

(10) レグイはハンガリーでは屢々「北方のケーレシ・チョマ」と称される。

(11) Tractatus de duabus Sarmatiis, Asiana et Europiana et de contentis in eis. Kraków, 1517.

(12) Rerum Moscoviticarum Commentarii. Basel, 1549.

(13) De Finnicae linguae indole observationes. (1669) この論文は公刊されず、手稿のままであったが、1888年フィンランドの書語学者セテレ (Emil N. Setälä) によってハンブルグで発見された。

(14) Das Nord- und Östliche Theil von Europa und Asia Stockholm, 1730.

(15) Gabelentz, Georg von der. Die Sprachwissenschaft.（1891）26頁。
Sandfeld-Jensen, Kr. Die Sprachwissenschaft.（1915）2－3頁。
Thomsen, Vilhelm. Geschichte der Sprachwissenschaft ……（1927）43－44頁。
(16) "Allgemeine Nordische Geschichte"（Halle, 1771）でフィン・ウゴル諸族——彼の用語ではフィン諸族——同系説をとなえた。
(17) 彼はフィン語とラップ語を方言的差異に過ぎないとし、かえってエスト語を全く独立の一言語と見ている。
(18) チュルク系のチュヴァシュ語を彼はフィン系の言語と考えていた。
(19) レグイの著作は、既に述べた如く原形では殆んど公刊されていない。従って彼の学問上の見解についても、現在ではその書簡や旅行報告——これらの宛先であった個人・学会などの記録中に断片的に発表されている——から知り得る比較的僅かな資料しかない。尚、シベリア・欧露旅行については、レグイの指導者・保護者であったロシアの学士院会員ベール（Baer）に宛てた報告と、当時のハンガリー学士院幹事トルディ（Toldy Ferenc）への書簡が主なものであるが、これらは、"Reguly-Album"（Pest, 1850）中に「レグイの旅行」（Reguly utazásai）と題してトルディにより編輯・発表されている。しかし現在これを参照することができないので、この論稿では他の諸著から引用した。
(20) Pápay József. A magyar nyelvhasonlítás története.（1922）36頁。
(21) Zsirai Miklós. Finnugor rokonságunk.（1937）517頁。
(22) Pápay 上掲書、37頁。
(23) Pápay上掲書、38頁。
(24) この問題については、Kannisto Artturi. Beiträge zur wogulischen Folklore und Dialektenkunde.（In：Finnisch-ugrische Forschungen, Bd. VIII. Anzeiger. Helsinki, 1908）に詳しい。
(25) Vogul népköltési gyüjtemény. I-IV. Budapest, 1892-1921. A vogul nyelvjárások. Budapest, 1894.
(26) Osztják népköltési gyüjtemény. Budapest-Leipzig, 1905.
Északi osztják nyelvtanulmányok. Budapest, 1910.
Eszaki osztják medveénekek. Budapest, 1934.
(27) pápay上掲書、38頁。
(28) レグイに次いでヴォグル族の地に現地研究を行い（1858、1877、1880の三回）、ヴォグル語研究の基礎を築いた。主著は、"Wogulisches Wörterverzeichnis"（Helsinki,

1891), "Wogulische Sprachtexte nebst Entwurf einer wogulischen Grammatik" (Helsinki, 1894) など。

(29) 当時はハンガリー語がトルコ系に属するという説が多くの学者によって主張されていた。後にフィン・ウゴル比較言語学の真の建設者となったブデンツ（Budenz József, 1836-92）さえ始めはこの説をとっていたが、レグイ遺稿の研究—彼はチェレミス語、モルドヴィン語などに関するレグイ資料の整理・公刊を行った—を通じてハンガリー語がフィン・ウゴル系であることを漸く認めたのである。

(30) Hunfalvy Pál. Reguly Antal hagyományai. I. kötet : A vogul föld és nép. (1864). 47頁。

(31) Karjalainen, K. F. Dem Andenken Anton Regulys. (In : Finnisch-ugrische Forschungen, Bd. VIII. Helsinki, 1908) 7頁。

(32) レグイ関係文献の中には、戦後未だ再入手できないものが多いので、この文献目録には主要なものを挙げるにとどめた。

ハンガリーの言語学

I. ルネサンスから宗教改革期まで（15世紀〜18世紀中期）

ハンガリー語（自称はマジャル語）に関して今日的な意味での言語研究が始まるのは、ルネサンスの声を聞いてからのことである。西欧諸国と同様に、ルネサンスの自由な探究精神と、ラテン語の綿密な研究が促した体系化の傾向とによって、自国語の語彙調査や、文法構造、起源（他言語との親縁関係）の究明がその緒に就いた。言語の研究は、続く宗教改革時代には主に聖職者（プロテスタント、のちにカトリックも）によって進展し、活版印刷の普及がこれを助けた。

［最初期の文法書］ ハンガリー語に関する記述は、チェコの宗教改革者フスの *Orthographia Bohemica*（ca. 1412）や、アルプス以北でルネサンス文化の最初の中心となったマーチャーシュ1世（ハンガリー王、在位1458〜90）の宮廷に出入りした、イタリアの人文主義者マルジオ（Galeotto Marzio, 1427〜97）が王の言行について記した著作（1484〜87）に、すでに散見する。また、ハンガリー最大の人文主義者ヤヌス・パンノニウス（Janus Pannonius, 1434〜72）のラテン語文法にも、ハンガリー語に関する言及があったとの記録があるが、実物は早くに失われた。このためハンガリーの文法家としては、エラスムスの流れを汲む聖書翻訳者でもあったシルヴェステル（Sylvester János, ca. 1504〜55）をもって嚆矢とする。*Grāmatica Hvngarolatina*（1539）は基本的にラテン語文法であるが、ハンガリー語の用例・解説は、ハンガリー語についての最初の広汎な文法的記述である。最初の正書法は、ハンガリーのルター派の中心人物デーヴァイ・ビーロー（Dévai Bíró Mátyás, ca. 1500〜45）によって著された *Orthographia Vngarica*（1549[2]）である。当時の方言間の差異を明示した正書法によって、書字の上で統一された文語を創出する試みがなされており、ハンガリー語の音声上・形態上の特徴についても貴重な資料を提供する。

ハンガリー語そのものの文法書は、旧約聖書詩篇の翻訳でも有名なセンツィ・モルナール（Szenczi Molnár Albert, 1574〜1634）による Novae Grammaticae Ungaricae… Libri Duo（1610）が最初であり、特に、統辞上の規則が初めて詳述されている。その後、トランシルヴァニアのカルヴァン派の文人ゲレイ・カトナ（Geleji Katona István, 1589〜1649）の『ハンガリー小文典』（Magyar gramatikatska, 1645）、清教主義を奉じたコマーロミ・チプケーシュ（Komáromi Csipkés György, 1628〜78）の Hungaria illustrata（1655）、イエズス会司祭ペレスレーニ（Pereszlényi Pál, 1631〜89）の Grammatica Lingvae Vngaricae（1682）など、17世紀には多くの文法書が世に出る。

18世紀中葉までは、前世紀に比して文法書の数は大きく減少したが、その中でも重要な著作として、パーパイ・パーリズの辞書（後出）の付録として現われた、シャーロシュパタク神学校（カルヴァン派）の教師チェーチ（Tsétsi János, 1650〜1708）による "Observationes Orthographico-Grammaticae"（1708）があげられる。また、ルター派（敬虔主義）の多面的な学者ベール（Bél Mátyás, 1684〜1749）、元イエズス会士でウィーンの宮廷に仕えたアダミ（Adami Mihály, ?〜1781）はそれぞれ、ドイツ語による最初のハンガリー文法を著した。

［最初期の辞書］　14世紀後半から残るラテン語学習用の分類別の語彙集（nomenclatura）が、のちのハンガリー語を含む二か国語辞典の源流となる。同様にラテン語学習用で、ＡＢＣ順の辞書（vocabularium）の中では、1540年前後に成立したとされる『ジェンジェシュの〔同所にて所蔵・発見された〕（ラテン・ハンガリー）辞書断章』（Gyöngyösi (Latin-magyar) Szótártöredék）がもっとも有名で、16世紀後半の写本の一部が現存している。

印刷された（ハンガリー語を含む）語彙集の早いものとしては、シルヴェステルによる四か国語のもの（クラクフ、1531年刊）が記録に残るが、実物は未発見である。16世紀には、ハンガリー語を含む語彙集が他に3点刊行される。すなわち、オランダのムルメリウス（Murmellius, ?〜1517）による語彙集（1533年版（クラクフ刊）にハンガリー語が追加された）、および、エラスムス流の人文主義者ペシュティ（Pesti Gábor, 16世紀前半）と、シャーロシュパタ

ク神学校教師シクサイ・ファブリツィウス（Szikszai Fabricius Balázs, ca. 1530～76）の筆になる、それぞれ数か国語の語彙集である。

印刷された辞書として早いものではイタリアのカレピーノ（Calepinus, 1435～1511）の辞書の第5版（リコン、1585年刊、10か国語）がハンガリー語の訳語を加えているが、その執筆者はトランシルヴァニアのカルヴァン派の牧師ラシュカイ（Laskai Péter, ?～1587）らとされる。

17世紀に入ると、本格的な2か国語辞書が出版され始める。センツィ・モルナールの *Dictionarivm Latinovngaricvm, Dictionarivm Vngaricolatinvm* （1604）がその最初である。カルヴァン派の文人パーパイ・パーリズ（Pápai Páriz Ferenc, 1649～1716）の *Dictionarium Latino-Hungaricum*、*Dictionarium Hungarico-Latinum* （1708）はこれらを増補したもので、教会史・文芸史家ボド（Bod Péter, 1712～1769）による改訂（1767）を経て、長らく利用された。

　[親縁関係についての諸説]　16～17世紀にはヘブライ語との親縁説がシルヴェステル、センツィ・モルナールほか、人文主義者たちの一致した見解であった。

17世紀後半からは、「日出づる処（アジア）の」（"napkeleti"）言語群（トルコ、モンゴル、セム、イラン系の諸語を含む）との親縁説が唱えられ、この説は19世紀に至るまで学界において一般的であった。一方、フィン・ウゴル系各言語との親縁説もすでに15世紀後半から国外で指摘されはじめていたが、ハンガリー国内ではこれに対しむしろ反撥する傾向があった。

II. 啓蒙・改革期（18世紀後期～19世紀前半）

　[音声学の先駆]　啓蒙主義時代のハンガリーが生んだケンペレン（Kempelen Farkas, 1734～1804）は、科学者・技術者・建築家にして発明家で、*Mechanismus der menschlichen Sprache...* （1791）と、その研究に基づいて製作した音声合成器（1788）とによって、音声学の世界的な先駆者と言える。発声の生理学的究明、ユニヴァーサルな音声記号の創案、歴史的・地理的音声変化の生理学的説明の試み—この点で彼はラウマー（Rudolf von Raumer, 1815～76）、シュライヒャー（A. Schleicher）らに半世紀先んじている—などが主な業績であるが、その後、長い間忘れられていた。ケンペレンの業績を65年ののちに再発見し、

生理 (調音) 音声学の基礎に位置づける評価を行なったのは、ドイツの生理学者ブリュッケ (Wilhelm Ritter von Brücke, 1819～92) である。また1968年には、フランスの音響学者たちがこの音声合成器を記録に基づき再現している。

[フィン・ウゴル系統論の黎明] この時期に現われたフィン・ウゴル系統論の先駆者として、シャイノヴィチ (Sajnovics János, 1733～85) とジャルマティ (Gyarmathi Sámuel, 1751～1830) がある。前者はイエズス会士・天文学者で、金星の太陽面通過の観測に参加した際の、ノルウェー北部での知見をもとに、ハンガリー語とラップ語との同系論 Demonstratio. Idioma Ungarorum et Lapponum idem esse (1770) を著した。後者はハンガリー語文法をも著した言語学者で、フィン・ウゴル諸語との同系論 Affinitas linguae Hungaricae cum linguis Fennicae originis grammatice demonstrata (1799) がもっとも重要である。両者は、文法構造の一致に基づく言語の系統研究をボップやラスク以前に確立し、比較言語学の祖と称される。

[19世紀前半の言語研究] 文学者カジンツィ (Kazinczy Ferenc, 1759～1831) を指導者とする、19世紀初頭の「言語改新 (a nyelvújítás、ハンガリー語の近代化運動)」は、多くの新造語と近代文語とを生み出すが、その手段として採集・利用された、古語・廃語・方言の研究が進展をみた。

元来、カトリックとプロテスタントの違いに由来する、大別して2種あった正書法は、18世紀末までに個々の文人ごとに折衷され、混乱していたが、この状況が2大言語学者の論争に発展し、口語の発音を重視するヴェルシェギ (Verseghy Ferenc, 1757～1822) に対して、語源重視のレーヴァイ (Révai Miklós, 1750～1807) が、カジンツィら、言語改新を推進した勢力の支持を得て勝利を収める。正書法は、アカデミーの『ハンガリー語正書法及び語尾変化の主要規則』(A' Magyar helyesírás' és szóragasztás' föbbszabályai, 1832) により、最終的にカジンツィ案を基本として落着する。

レーヴァイは、古典研究 Antiqvitates literatvrae Hvngaricae (1803)、浩瀚な文法 Elabolatior grammatica Hvngarica (Ⅰ-Ⅱ 1803-06, Ⅲ 1908) によって、学問的な国語史研究の礎を築く。しかし、言語改新に反対する保守派の文法観の集大成である『デブレツェン文法』(Debreceni Grammatika, 1795) の流れを

汲むレーヴァイの系統論上の見解は、シャイノヴィチ、ジャルマティよりもむしろ後退した。レーヴァイの教えを受けたダンコフスキ（Dankovszky Gergely Alajos, 1784～1857）は、ハンガリー語の語彙のほとんどを、スラヴ語起源のものとして説明しようと試みた。

デブレンテイ（Döbrentei Gábor, 1785～1851）が刊行した最初の『ハンガリー古文献集』（*Régi Magyar Nyelvemlékek* I-IV, 1838-46）は、そのすぐれたテキスト編集方針で、国語史研究に大きく貢献した。

III. フィン・ウゴル系統論の確立（19世紀中期～20世紀前半）

［レグリ］　シャイノヴィチ、ジャルマティによる、ハンガリー語のフィン・ウゴル同系論は、これが北部シベリアの漁撈民族の小言語との親縁説でもあるため、反対派からは "halzsíros atyafiság"「魚脂まみれの血縁関係」と揶揄され、民族意識の高揚期であった当時のハンガリー社会では一般の共感を得られなかった。また、研究の面においてもこの19世紀前半は、系統論への関心が沈滞した時代だったといえよう。その中にあって、前代のシャイノヴィチ、ジャルマティの所説を受け継ぎ、現地踏査によってフィン・ウゴル学の確立に貴重な業績を遺したのが、レグリ（Reguly Antal, 1819～58）である。

レグリは、はじめフィンランドへ赴いてフィン系諸言語を調査・研究し、さらに語系的にハンガリー語にもっとも近いと考えられる西部シベリアのヴォグル語（マンシ語）とオスチャーク語（ハンティ語）を中心に、ヨーロッパ・ロシアのチェレミス語（マリ語）、モルドヴィン語などの現地研究を約3年間（1843年秋から1846年秋まで）にわたって行ない、大量の言語・民俗資料を採録した。彼はこの困難な旅の労苦のために帰国して間もなく病に倒れ、貴重な蒐集資料は未刊のまま遺されたが、没後、同世代のフンファルヴィや、ブデンツ、パーパイ、ムンカーチ、ジライ、カールマーンら後輩の言語学者たちによって次々に整理・研究され、その公刊は1世紀後の近年になってほぼ完了した。

レグリは、彼と同じ頃、サモイェード語を中心にシベリアの北方諸民族の地を長期にわたって踏査し、厖大な言語・民俗資料を採録・研究したフィンラン

ドのカストレーン (M.A. Castrén) とならんで、ウラル比較言語学の開拓者の一人となった。

［フンファルヴィ］　レグリの遺した資料に基づいてハンガリー語の系統研究を継承したのはフンファルヴィ (Hunfalvy Pál, 1810～91) であった。

彼は地方町の教師だった頃、1848～49年の対墺独立戦争に参加し、敗戦後の潜伏生活中に、ナショナリズムの立場からハンガリー語研究の重要性に目ざめ、ことに系統論に強い関心をもった。

その研究の初期には、ハンガリー語とフィンランド語との親縁関係の検討を主たるテーマとし、1856年には『ハンガリー言語学』(Magyar Nyelvészet, のちに『言語学報告』(Nyelvtudományi Közlemények) と改称) という学術雑誌を創刊している。その後はさらに、ラップ語 (サーミ語)、モルドヴィン語、オスチャーク語、サモイェード語などをも研究して、次第にフィン・ウゴル語学への視野を広めていった。

レグリの没後、ハンガリーのアカデミーは彼の遺稿の整理・研究をフンファルヴィに委託し、その成果の一部は『ヴォグルの土地と民』(A vogul föld és nép, 1864) の大冊として刊行された。この内容はレグリの蒐集した北部ヴォグル族の民間伝承や民俗資料である。フンファルヴィはさらに、レグリ遺稿中の南部ヴォグル族と北部オスチャーク族の採録資料の整理にも着手したが、これは未完成に終わった。

フンファルヴィは、ハンガリー語の系統論的な所属に関して、はじめは広義のトルコ系説をとり、次いでトルコ系とフィン・ウゴル系との中間説に転じたが、最終的には後輩のブデンツとともに、ウゴル系のヴォグル語・オスチャーク語との親縁説を主張するようになった。晩年のフンファルヴィは、ハンガリー語の系統研究をブデンツに譲り、ハンガリーの民俗・歴史研究に関心を向け、『ハンガリー民族誌』(Magyarország ethnográfiája, 1876) の著を遺している。

［ブデンツ］　ブデンツ (Budenz József, 1836～92) は、ヘッセン出身のドイツ人であるが、青年時代にハンガリーへ移って、この国の言語学界でフィン・ウゴル言語学の建設者となった。

ドイツでの学生時代、彼はゲッティンゲン大学で、高名な梵語学者ベンファ

イ（Theodor Benfey）らを師として印欧比較言語学を学び、ギリシア語の接尾辞についてのすぐれた論文で将来を期待されたが、同学のハンガリー人との交友からハンガリー語に興味をもち、現地研究の目的でブダペストへ移住、その後の生涯をハンガリーで送ることとなる。ハンガリーでは、フンファルヴィの援助でアカデミー図書館に職を得て、念願のハンガリー語の研究に没頭し、ドイツで受けた印欧比較言語学の素養を生かして、ハンガリー語の系統論の分野で次々と新しい成果を発表した。

　ブデンツは、はじめ、ドイツの東洋学者ショット（Wilhelm Schott）らのウラル・アルタイ同系論への関心から、ハンガリー語のトルコ－アルタイ系説を唱えたが、レグリの遺稿の研究を進めるにつれて初期の自説を撤回し、ハンガリー語がフィン・ウゴル系に属することを証明した。その際、ハンガリー語のトルコ系説をとる東洋学者ヴァーンベーリ（Vámbéry Ármin）との間に、「トルコ・ウゴル戦争（Török-ugor háború）」とよばれた激しい論争が起こって、学界のみならず広く社会的な話題となったが、この論争は学問的にはブデンツ－フンファルヴィ側の完全な勝利に帰した。

　ブデンツは、後年、ブダペスト大学（正式名称としては、戦前はパーズマーニュ・ペーテル Pázmány Péter 大学、戦後はエトヴェシュ・ロラーンド Eötvös Loránd 大学）の教授となり、ハンガリーの学者として生涯を終えたが、主著としては『ハンガリー語・ウゴル語比較辞典』（*Magyar-ugor Összehasonlító szótár*, 1873-81）があり、未完成に終わった『ウゴル諸語比較形態論』（*Az ugor nyelvek összehasonlító alaktana*, 1884）もフィン・ウゴル学の重要な業績の一つに数えられる。

　［フィン・ウゴル学の発展］　ブデンツの没後、その学統を継いで、ハンガリーのフィン・ウゴル学の中心的存在となったのはシンニュイ（Szinnyei József, 1857～1943）である。彼はフィンランド語の研究から出発して、次第にその研究分野をハンガリー語の親縁諸言語へ広げ、総合的観点からフィン・ウゴル諸言語の比較研究を一応の完成の域にまで高めた。

　シンニュイには、フィン・ウゴル語学、ハンガリー語学に関する多数の著書論文があり、中でもドイツ語版の『フィン・ウゴル言語学』（*Finnisch-ugrische*

Sprachwissenschaft〔Sammlung Göschen〕, 1922²) は、フィン・ウゴル比較言語学の入門書として国際的に広く知られた。このほか主な著書として、ハンガリー語学では、古文献研究の『〈弔辞〉の音論と形態論』(*Halotti Beszéd hang- és alaktana*, 1926)、方言関係では『ハンガリー方言辞典』(*Magyar tájszótár*, 1893-1901) などがある。

　ブデンツの薫陶を受けたハンガリーの言語学者のうち、フィン・ウゴル諸民族の現地調査に基づく厖大な業績を遺したのはムンカーチ (Munkácsi Bernát, 1860〜1937) であった。彼の生涯の目標は、ハンガリー民族 (マジャル族) の古代史の再建であったが、その研究テーマは、ハンガリーと同系のフィン・ウゴル諸民族の言語・民俗研究から、民族移動時代のハンガリー人の他民族との接触や借用語の問題にいたるまで、広汎な領域にわたっている。

　ムンカーチの主著は、1885年のヴォチャーク族 (ウドムルト族) の地への調査旅行の成果『ヴォチャーク語辞典』(*Votják nyelv szótára*, 1892-96)、1888年の西部シベリアのヴォグル族 (マンシ族) の現地採録資料『ヴォグル族の民間詩蒐集』(*Vogul népköltésigyüjtemény*, 1892-1921) であるが、未発表のまま遺された資料も多く、それらは第二次大戦後になって順次公刊されつつある。また、『フィン・マジャル諸語におけるアーリア及びコーカサス要素』(*Árja és kaukázusi elemek a finn-magyar nyelvekben*, 1901) は、学説的には批判も多かったが、独自の見解を提起した借用語研究として注目された。

　このほか、ブデンツ門下のフィン・ウゴル学者には、ラップ語 (サーミ語) ― 特にスウェーデン・ラップ語方言―の言語・民俗資料を採録したハラース (Halász Ignác, 1855〜1901)、カレワラ研究のヴィカール (Vikár Béla, 1859〜1945) らがいる。

　彼らの次の世代では、パーパイ (Pápay József, 1873〜1931) が、西部シベリアのオスチャーク族 (ハンティ族) の言語・民俗研究に重要な成果をもたらした。彼はレグリ遺稿の解説・公刊を目ざして、ジチ (Zichy Jenő) の第3次アジア探検隊に参加し、1898-99年に北部オスチャーク族の地への現地調査を行ない、レグリの遺稿に自身の収録資料を加えて、『オスチャーク民間詩蒐集』(*Osztják népköltési gyüjtemény*, 1905) の題名で公刊した。このほか、『北部オ

スチャーク語研究』(*Északi osztják nyelvtanulmányok*, 1910) や、彼の没後ファゼカシュ (Fazekas Jenő) によって編集・発表された『北部オスチャーク族の熊の歌謡』(*Északi-osztják medveénekek*, 1934) も、現地調査に基づく貴重な業績である。

両大戦間の時期には、ハンガリー人によるソ連邦内の現地調査が困難になったため、レグリ以来の先輩学者たちの遺した蒐集資料の整理・研究、さらにその成果に基づくフィン・ウゴル諸語とサモイェード諸語との同系論——ウラル語族成立——の証明が、ハンガリー言語学界の主たるテーマとなった。

1930年代には、ジライ (Zsirai Miklós, 1892〜1955) の総括的なフィン・ウゴル学概論『フィン・ウゴル系のハンガリー親縁民族』(Finnugor rokonságunk, 1937) の大著があり、ジェルケ (Gyorke József, 1906〜46)、ラコー (Lako György, 1908〜) らによるフィン・ウゴル (ウラル) 系諸語の精密な比較研究も注目された。

［ハンガリー語学］ブデンツに学んだ世代のうちで、ハンガリー語学の分野の第一人者となったのはシモニ (Simonyi Zsigmond, 1853〜1919) である。

シモニの『ハンガリー語』(*A Magyar nyelv*, 1905²) は、言語史と文法概説の2部からなる概論であるが、ハンガリー語研究史における重要な業績であり、そのドイツ語版 Die ungarische Sprache (1907) は、ハンガリー語学の国外への普及に大きな貢献をなした。また、彼と音声学者バラッシャ (Balassa József, 1864〜1945) との共著『ハンガリー語の史的詳文典』(*Tüzetes magyar nyelvtan történeti alapon* I, 1895) は、第1部しか発表されなかったが、ハンガリー語史の基礎的労作の一つとされる。辞典に関する業績としても、サルヴァシュ (Szarvas Gábor, 1832-95) との共編になる『ハンガリー語史辞典』(*Magyar nyelvtörténeti szótár*, 1889〜93) がある。このほか、シンニェイの *Ungarische Sprachlehre* 〔Sammlung Göschen〕(1912) も、要約された小文典ながら、これ以後のハンガリー文典の基準となった好著である。

シモニを継いで、ハンガリー語研究に画期的な発展をもたらしたゴンボツ (Gombocz Zoltán, 1877〜1935) は、ブダペスト大学と、「エトヴェシュ学寮 (Eötvös-Kollégium)」(フランスの École Normale Supérieure に範をとって1895

年に設立された国立の教育施設)を拠点に、多くのすぐれた言語学者を育成した。ゴンボツには、*Die bulgarisch-tatarischen Lehnwörter in der ungarischen Sprache*〔MSFOu. XXX〕(Helsinki, 1912) など多数の論攷があるが、最大の業績はスラヴ学者メリッヒ (Melich János, 1872〜1963) と共編の『ハンガリー語源辞典』(*Magyar etymológiai szótár*, 1914-44) であった。ただし、この辞典は、2回の大戦やゴンボツの急逝のため、第17分冊 (g の項) までの未完成のままで終わった。

　ゴンボツの没後、師の遺志を継いで、第二次大戦期までの学界で、ハンガリー語研究の水準をさらに高めたのは、パイシュ (Pais Dezső, 1886〜1973) とバールツィ (Bárczi Géza, 1894〜1975) である。なおこの時期には、初期古文献のハンガリー語研究のメーセィ (Mészöly Gedeon, 1880〜1960)、方言研究のチューリ (Csűry Bálint, 1886〜1941) もそれぞれの分野ですぐれた業績を遺している。

　一般言語学の部門では、プラーグ学派の理論を学んだラジツィウス (Laziczius Gyula, 1896〜1957) が異色ある存在で、彼の『音韻論序説』(*Bevezetés a fonológiába*, 1932) は、当時のハンガリーの言語学界に大きな波紋をおこした。

　[東洋語学、その他] ハンガリーは、19世紀初頭に、自民族のルーツを求めて東方へ旅立ち、結果的にはチベット語学の先駆者となったケーレシ・チョマ (Kőrösi Csoma Sándor, Alexandre Csoma de Kő-rös, 1784〜1842) 以来、知名の東洋学者を輩出している。

　ヘブライ語・アラビア語の大家ゴルトツィーヘル (Goldziher Ignácz, 1850〜1921)、トルコ語・ペルシア語の達人で中央アジア旅行記で知られるヴァーンベーリ (Vámbéry Ármin, 1832〜1913)、トルコ語学とハンガリー古代史のネーメト (Németh Gyula, 1890〜1976)、モンゴル語学のリゲティ (Ligeti Lajos, 1902〜87)、ビザンツ学のモラフチーク (Moravcsík Gyula, 1892〜1972)、スラヴ語学のクニエジャ (Kniezsa István, 1898〜1965) らは、その多彩な業績によって国際的にも広く知られている。

IV. 第2次大戦後のハンガリーの言語学

[戦後の社会変化と言語学] 第2次大戦後に生じた社会・政治体制の大きな変化は、言語学にも、直接的、間接的にさまざまな影響を及ぼした。共産党による一党独裁とマルクス主義が思想上の制約をもたらし、弁証法的唯物論が、言語学をも含めて、あらゆる科学における唯一の正しい方法とされた。

旧ソビエトで一世を風靡したマール理論は、政治的にソビエトの強い影響下にあったハンガリーの言語学界にも、波紋をまき起こした。マール理論は、ハンガリーでは一部の人々にしか受け入れられなかったとはいえ、1950年にスターリンがマール理論を批判するまで、自由な言語研究の発展を妨げたことは確かである。

このように、共産党が権力を握った1948年から50年代初頭は、思想的弾圧が言語学にも直接及んだ時代であった。たとえば、戦間期にすぐれた音韻論研究を行なったラジツィウスが、1949年、思想的・政治的理由で大学を辞職させられる事件があった。

その後、特に1956年以降、思想的な弾圧は徐々に弱まっていくが、制約がまったくなくなったわけではなかった。また、戦後の冷戦構造は、西欧諸国との自由な学術交流を妨げ、それがハンガリー言語学界を保守的なものにしたともいえよう。

とはいえ、戦後の体制は悪影響のみをもたらしたわけではない。新体制のもと、1949年に設立されたハンガリー科学アカデミー付属の言語学研究所を中心として、それまでは不可能であったようなタイプの研究が可能になった。政府による財政援助が保証されたことにより、5か年計画といった研究計画のもとに、共同作業による厖大な資料の分析をはじめとする大規模な研究が可能となった。その成果は、種々の辞典や方言地図となって結実した。

[研究の動向] 戦前のハンガリーの言語学は、ドイツの青年文法学派の流れをくむもので、研究者たちの関心は、ハンガリー語の歴史、とりわけ、ハンガリー語の音韻変化と語源研究にあった。文献重視の部分的研究が主流で、方言や話し言葉にはほとんど関心が払われなかった。ただ、当時のハンガリーの言語学者たち(ブンボツ、シモニ、シンニィ、バラッシャ)は、「音韻法則に

例外なし」といった法則絶対主義や、言語の変化を自然の変化と同様にとらえる考え方には批判的で、いわば言語に対して現実的な見方をしていたといえよう。

戦後は、それまでの通時的な歴史研究に対して、ソシュール（F. de Saussure）の影響が広まったこともあって、言語の共時的研究がさかんになった。1950年代後半から60年代にかけては、伝統的言語学に対して、プラーグ学派的機能分析や、アメリカの構造言語学、チョムスキー（N. Chomsky）の生成文法理論など、外国から新しい理論が入ってきたが、学界の主流をなすには至らなかった。

1970年代から今日にかけては、多様化の時代といえる。通時研究対共時研究、伝統文法対生成文法といった二者択一的な対立は次第に影をひそめ、外国からの新しい理論や研究が次々と紹介され、心理言語学、社会言語学、数理言語学、統計言語学、機械翻訳など、まさに多種多様な研究が共存するようになっている。

［研究状況］

1）ハンガリー語研究　戦後のハンガリーにおける言語研究の対象は、まず第一にハンガリー語であり、その目的は、言語一般にみられる特徴の追究より、ハンガリー語の構造や特徴を明らかにすることにおかれた。とりわけ、ハンガリー語の共時的記述研究が第一課題となった。

a）記述研究　この分野での大きな成果は、言語学研究所で編集された全7巻からなる『ハンガリー語詳解辞典』（*A Magyar nyelv értelmező szótára*, 1959-66）の出版である。全巻およそ7,400ページ以上にわたって、約20万語以上の単語が掲載されており、初めての現代ハンガリー語の国語辞典である。まさに、戦後の体制が可能にした大規模な共同作業の成果といえよう。

次に、これも言語学研究所の第1次5か年計画のひとつであるが、ハンガリー語の記述文法書の作成がある。通称アカデミー文法（Akadémiai Nyelvtan, 英 Academy Grammar）とよばれる『現代ハンガリー語の体系』（*A mai magyar nyelv rendszere*, Tompa編, 1960-62）である。この共時的記述文法書は、青年文法学派の流れをくむ伝統的な古典文法に基づいており、「伝統的すぎる」「規

範文法的すぎる」といった批判を受けた。新しい時代を開くものではなく、それまでの時代を締めくくる古典文法の集大成といえよう。

　この伝統的文法書に対して、機能論的分析やアメリカ記述言語学派の理論、生成文法を応用した試みが、音韻論、形態論、統語論などの領域でなされているが、アカデミー文法を超えるような総合的な成果は得られていない。

　構造主義によるハンガリー語文法はゴンボツの弟子であるアメリカ生まれのハンガリー人言語学者ロッツ（Lotz János, 1913～73）によって、すでに1939年に書かれていたが（Das ungarische Sprachsystem）、当時、ロッツはスウェーデンに移っていて、ストックホルムで出版されたため、残念なことに、ハンガリーの言語学界にその影響が及ぶには、20年以上待たねばならなかった。

　生成文法によるハンガリー語分析の最初の試みは、1963年に言語学研究所内にグループが結成され、1969年にその成果が発表されている（Telegdi & Szépe 編, 1969）。その後は、チョムスキーの標準理論によるハンガリー語の語順分析（Kiefer, 1967）や生成音韻論的研究（Vago, 1980）などがあったにすぎないが、80年代になると、統率束縛理論による研究（Kiss, 1983, 1986；Horváth, 1986）がいくつか発表されるようになっている。

　b）　歴史研究　　戦前、主流であった通時的研究は、戦後、共時的研究におされた観があったが、現在では、通時、共時の両面からハンガリー語の歴史を解明する努力がなされている。

　この分野でのもっとも大きな成果は、言語学研究所とブダペストのエトヴェシュ・ロラーンド（Eötvös Loránd）大学ハンガリー語史科との共同作業により作成された、全4巻からなる（第4巻は索引）『ハンガリー語歴史・語源辞典』（A magyar nyelv történetietimológiai szótára, Benkő 編, 1967-84）である。見出し語約12,000語を含めたおよそ6万語について、その歴史的語形変化と語源が示されている。現在の文語、共通語のほかに、重要な古語や方言も掲載されている。

　このほか、戦前にはみられなかった歴史研究としては、たとえば、英語起源の外来語研究（Országh, 1977）や共通語の形成史（Bárczi, 1963；Deme, 1972）などがあげられる。

c）方言研究　　戦後可能になった大規模な共同研究の成果のひとつが、『ハンガリー語方言地図』（*A magyar nyelvjárasok atlasza*, Deme & Imre 編, 1968-77）全6巻の完成である。方言地図の作成は、すでに1941年に計画されたが、第二次大戦で中断されていた。戦後、1949年に言語学研究所が設立されるとともに調査が再開され、ハンガリー語が話されている395地点（国内327か所、国外68か所）で、データの収集が行なわれた。厖大な資料収集と分析により作成されたこの言語地図は、ハンガリー方言学における最大の成果である。ハンガリーでは、方言研究とともに、地名や人名を扱う名称学も伝統的にさかんである。

d）応用研究　　戦前の青年文法学派の言語学者は、言語を観察し記録するが、言語の自然な変化に口を出すべきではないという立場に立っていた。しかし、戦後の社会体制の変化により、言語学にも、積極的な社会的役割が求められるようになった。正しい言葉使い、発音、話し方、正書法などについての規範を示すための実用的な研究が必要とされ、その成果を母語教育に応用し話し手を育てるとともに、ハンガリー語をより豊かな言語に育てていくという「言語育成（nyelvművelés, 英 language cultivation）」が重要な課題とされている。

ハンガリーでは、伝統的に、母語を守り育てるという意識が強い。これが「言語育成」であり、こうした意識は、「愛しきわれらが母語（édes anyanyelvünk）」という、さまざまな文章の中でよく用いられる表現に現われている。

ハンガリー語の正しい使用法についての指針を与えるものとして、言語学研究所で作成された『言語育成事典』（*Nyelvművelő kézikönyv*, Grétsy & Kovalovszky 編, 1980-85）が出版されている。

この分野におけるもうひとつの主要な研究として、ハンガリー語とその他の言語との対照研究がある。1970年に、当時ロッツが所長を務めていたワシントンの応用言語学センター（Center for Applied Linguistics）と言語学研究所との共同研究として、英語とハンガリー語の対照研究（Dezső & Nemser 1980, Dezső 1982, Stephanides 1986）が開始された。現在では、英語のほかに、フランス語、ロシア語（Papp, 1984）、ドイツ語（Juhász, 1980）、日本語（Hidasi, 1988）との対照研究も行なわれている。

2) ウラル諸語研究　ハンガリー語の歴史的研究と同様に、この分野でも、それまでの文献を重視した音韻論や語源中心の研究から、形態論や統語論の共時的研究が重要な位置を占めるようになり、類型論、地域言語学など、新しい理論が応用されるようになっている。

戦前の古典的フィン・ウゴル学は、祖語の再構を第一目的としていたため、データの収集が、重要な課題とされた。戦後の研究のひとつには、かつてのこうした現地調査によって収集された資料の整理と出版が含まれている。

その中には、戦前の研究者たちが未整理のまま残した資料を後の研究者が整理して戦後に出版したもの（レグリが収集したものを、ジライがまとめたハンティの英雄詩、ムンカーチが収集したものをカールマーン（Kálmán Béla）がまとめたマンシの民謡集、および、マンシ語辞典〔Munkácsi & Kálmán, 1986〕）、戦前にみずから実地調査した成果の出版（フォコシュ・フックス Fokos-Fuchs Dávid、1884～1977のコミ語辞典；ベケ Beke Ödön、1883～1964のマリ語の資料）、戦後に調査収集した資料の出版（音楽学者のヴィカール Vikár László と言語学者ベレッキ Bereczki Gábor によるマリ語の民謡集）などがある。

この分野における共同作業による成果としては、3巻からなる『ハンガリー語語彙におけるフィン・ウゴル要素』（*A Magyar szókészlet finnugor elemei*, Lakó György 編, 1967-78）がある。戦後の新しい研究は、ウラル系諸言語の形態論、統語論、文法書の記述といった共時的研究があるが、個々の言語に関しては、たとえば、カールマーン（1965, 1976）はマンシ語、レーデイ（Rédei Károly, 1965, 1978）はハンティ語、コミ語、ベレッキ（1971）はマリ語、ハイドゥー（Hajdú Péter, 1968）はサモイェード諸語の研究を専門としている。

ハンガリーでは、伝統的に、ハンガリー語ともっとも親縁関係の近いオビ・ウゴル諸語の研究がさかんであるが、戦後になって、新たに、ハイドゥーによるサモイェード諸語の研究が加えられた。フィンランド語については、パップ（Papp István, 1962, 1966）による文法書、および対訳辞典がある。

ウラル諸語の全体を総括するものとしては、デーチ（Décsy Gyula, 1965）とハイドゥー（1975, 1976）によるすぐれた著作がある。ハイドゥー（1978, 1987）は、ウラル諸語を、類型論および地域言語学の観点から分析している。

また、レーデイ（1932〜2008）による『ウラル語源辞典』（1988-）が刊行中である。

［雑誌］　ハンガリーで刊行されている言語学関係の雑誌には、*Nyelvtudományi Közlemények*（『言語学報告』、主としてウラル学）、*Magyar Nyelv*（『ハンガリー語』）、*Magyar Nyelvör*（『ハンガリー語の護り』、主としてハンガリー語の育成について）、*Acta Linguistica*（言語学一般）、東洋学の *Acta Orientalia*（前身は、*Keleti Szemle*『東洋学評論』と *Kőrösi Csoma Archivum*『ケーレシ・チョマ文庫』）、スラヴ学の *Acta Slavica*、などがある。

以下、Ⅳ．「第二次大戦後のハンガリーの言語学」に関する引用・参考文献をあげる（なお、ハンガリー語の略語でsz., fösz. はそれぞれ編、主幹の意。また、ハンガリー人の著者名は姓・名の順）。

Bárczi Géza（1963, 1975²）, *A magyar nyelv életrajza*（Gondolat, Budapest〔以下, Bp.〕）

Benkő Loránd（fösz.）（1959-66）, *A magyar nyelv értelmező szótára*（Akadémiai Kiadó〔以下, AK〕, Bp.）

―――（sz.）（1967-84）, *A magyar nyelv történeti-etimológiai szótára* I-IV（AK, Bp.）

―――& Samu Imre（eds.）（1972）, *The Hungarian Language*（AK, Bp.）

Bereczki Gábor（1971）, *Cseremisz (mari) nielvkönyv*（Bp.）

Deme Laszló（1972）, "Standard Hungarian", in Benkő & Imre（eds.）（1972）

―――& Imre Samu（sz.）（1968-77）, *A magyar nyelvjárasok atlasza* I-VI（AK, Bp.）

Dezső László & Nemser W.（eds.）（1980）, *Studies in English and Hungarian Contrastive Linguistics*（AK, Bp.）

Dezső László（ed.）（1982）, *Contrastive Studies Hungarian-English*（AK, Bp.）

Décsy Gyula（1963）, "Linguistics in Eastern Europe：Hungary", in T. Sebeok（ed.）, *Current Trends in Linguistics*, Vol.1: Soviet and East European Linguistics（Mouton, The Hague）

―――（1965）, *Einführung in die finnisch chugrische Sprachwissenschaft*（Otto

ハンガリーの言語学 189

Harrassovitz, Wiesbaden)
Grétsy Laszló & Kovalovszky Miklós (sz.) (1980-85), *Nyelvmüvelö kézikönyu* I-II (AK, Bp.)
Hajdú Péter (1968), *The Samoyed Peoples and Languages* (Indiana University Press 〔以下, IUP〕, Bloomington)
—— (1975), *Finno-Ugrian Languages and Peoples* (André Deutsch, London)
—— (1976), *Ancient Cultures of the Uralian Peoples* (Corvina, Bp.)
—— (1981), *Az uráli nyelvészet alapkérdései* (Tankönyvkiadó, Bp.)
—— & Domokos Péter (1978), *Urali nyelvro-konaink* (Tankönyvkiadó, Bp.)
—— & —— (1987), *Die uralischen Sprachen und Literaturen* (AK, Bp.)
Hidasi Judit (ed.) (1988), *Contrastive Studies Hungarian-Japanese* (AK, Bp.)
Horváth Julia (1986), *Focus in the Theory of grammar and the Syntax of Hungarian* (Foris Publications, Dordrecht)
Juhász János (ed.) (1980), *Kontrastive Studien Ungarisch-Deutsch* (AK, Bp.)
Kálmán Béla (1965), *Vogul Chrestomathy* (IUP, Bloomington)
—— (1976), *Wogulische Texte mit einem Glossar* (AK, Bp.)
Kiefer Ferenc (1967), *On Emphasis and Word Order in Hungarian* (Mouton, The Hague)
—— (ed.) (1982), *Hungarian Linguistics* (John Benjamins, Amsterdam)
Kiss Katalin E. (1983), *A magyar mondatszerkezet generatív leírása* (Nyelvtudományi Értekezések 116, AK. Bp.)
—— (1986), *Configurationality in Hungarian* (AK, Bp.)
Lakó György (sz.) (1967-78), *A magyar szókészlet finnugor elemei* I-III (AK, Bp.)
Lotz János (1939), *Das ungarische Sprachsystem* (Ungarisches Institut, Stockholm)
Munkácsi Bernát & Kálmán Béla (1986), *Wogulisches Wörterbuch* (AK, Bp.)
Országh László (1977), *Angol eredetü elemek a magyar szókészletben* (Nyelvtudományi Értekezések 93, AK, Bp.)
Papp Ferenc (ed.) (1984), *Contrastive Studies Hungarian-Russian* (AK, Bp.)

Papp István（1962）, *Finn-magyar szótár*（AK, Bp.）

―――（1966）, *A finn nyelv alapelemei*（Tan-könyvkiadó, Bp.）

Rédei Károly（1965）, *Northern Ostyak Chrestomathy*（IUP, Bloomington）

―――（1978）, *Syrjänische Chrestomathie*（Verband der wissenschaftlichen Gesellschaften Österreiches, Wien）

―――（1988-）, *Uralisches Etymologisches Wörterbuch*, Band I（Otto Harrassovitz, Wiesbaden）

Stephanides, Éva（ed.）（1986）. *Contrasting English with Hungarian*（AK, Bp.）

Telegdi Zsigmond & Szépe György（sz.）（1969）, *Altalános Nyelvészeti Tanulmányok* VI（AK, Bp.）

Temesi Mihály（1980）, *A magyar nyelvtudomány*（Gondolat, Bp.）

Tompa József（sz.）（1960-62）, *A mai magyar nyelv rendszere*（AK, Bp.）

Vago, Robert M.（1980）, *The Sound Pattern of Hungarian*（Georgetown University press, Wash ington. D. C.）

［参考文献］　なお、本項全体に関わる参考文献として、以下のものも挙げておく。

Balázs János（1987）, *Hermész nyomában. A magyar nyelvbölcselet alapkérdései*（Bp.）

Bárczi Géza（1963, 1975²）, 上記。

Benkő Loránd（sz.）（1967, 1989⁶）, *A magyar nyelv története*（Bp.）

Hajdú Péter & Domokos Péter（1978）, 上記。

Szathmári István（sz.）（1970, 1978²）, *Tanulmányok a magyar és finnugor nyelvtudomány történetéből*（1850-1920）（Bp.）

ヒダシ・ユディット&セーペ・ジョルジ/池田哲郎訳（1985）、「現代ハンガリー言語学概況」『京都産業大学国際言語科学研究所所報』7（1）

徳永康元（1975）,「ハンガリー語の古文献」『松山商大論集』25（6）

ハンガリイに於ける言語学・民俗学研究の近況

　現在の大戦下にある欧洲各国の学界が、戦争の影響を蒙って研究に多大の困難を感じて居ることは言う迄もない。仏蘭西・白耳義・和蘭等の敗戦国は勿論のこと（仏蘭西では最近漸く2年ぶりで書物の出版が始められるようになったばかりである）。独逸やソ聯も国を挙げての動員のため研究者の不足に悩んで居る。私の留学して居た洪牙利も次第に戦争の影響が及びつつはあったが、参戦が遅かったのと戦線に遠いことのため、現在の欧洲に於いてはスイス・スウェーデン等の中立国に次いで比較的平穏に生活することが出来、大学の講義や研究も平時に近い状態で行われて居たのは幸いであった。

　ブダペストに着いたのは昭和15年の2月初旬で、本年6月中央亜細亜経由で帰国するまで約2年半を欧洲に過したことになる。欧洲戦勃発後のこととて英仏等の西欧諸国に入るのは既に不可能であったが、独・伊・バルカン諸国へは屢々旅行する機会があり、又大学の休暇には必ずハンガリイ国内の諸地方を廻ってみることにして居たので、戦時中としては思ったより広い見聞を得ることが出来た。併し他国の事情の紹介は別の機会に譲り、此処ではハンガリイの学界の近況を簡単に記して見よう。

　私の在学して居たのはブダペスト大学であって、此処に留学期間の大部分を過し、研究題目はフィン・ウゴル語族の研究であった。古くからショット（W. Schott）、カストレン（Mathias Alexander Castrén）等によって論じられ、ヴィンクラー（Heinrich Winkler）や最近のソーヴァジョ（Aurélien Sauvageot）を代表とするウラル・アルタイ学説と、アンデルソン（Nicolai Anderson）（エストニヤ）、ヴイクルンド（K.B. Wiklund）、コリンダー（Björn Collinder）等主としてスウェーデン系の学者の唱えて居る印欧ウラル同系論の論議は、要するに個個のウラル及びアルタイ語族の諸言語の研究が進めば次第に解決される問題であろう。私はハンガリイ語乃至はオビ・ウゴル語を中心としてフィン・ウ

ゴル語族を研究することを留学中のプランとして居たが、このフィン・ウゴル研究はカストレン、レグイ（Reguly Antal）——ハンガリイの人名は姓が先で名が後である——の昔からフィンランド、ハンガリイの両国に於いて最も盛んなのである。世界大戦後この民族の大部分の住むロシアの地がソ聯となりこれら芬洪の学者にとって鎖国同様となってしまったため、彼等が研究に不便を感じて居るのは否めない事実であるが、やはり今日でもこのフィン・ウゴル学の中心は芬蘭、洪牙利にあり、優秀な学者が輩出して居る。但し現在では、フィン・ウゴル研究に携わる者として、この両国のみならず、エストニヤ（ソ聯のバルト三国併合により亡国の憂目を見、独ソ戦では戦場となってしまった）、ソ聯、スウェーデンに於ける最近の研究も重視せねばならぬことは言う迄もない。

　ハンガリイに於けるフィン・ウゴル言語学は、印欧比較言語学の祖ラスク、ボップ、グリム以前に既に比較言語学の方法を試みたことで言語学史に有名なシャイノヴィチュ（Sajnovics János）（彼の Demonstratio の発表は1770年）とヂャルマテイ（Gyarmathi Sámuel）（Affinitas の出版は1799年）にその萌芽を有し、カストレンと同時代に欧露、シベリアのフィン・ウゴル民族の地を始めて調査し多数の貴重な資料を蒐集した前記レグイ（1819-1858）を経て、フンファルヴィ（Hunfalvy Pá'l 1810-1891）、ブデンツ（Budenz József 1836-1892）によって大成せしめられたのである。殊にブデンツは真の意味でのフィン・ウゴル比較言語学の父ともいうべき人で、この語族の各言語に就いて今日も尚貴重な研究を多数発表して居るが、彼のライフ・ワークと見るべき力作は1873年から81年に亙って発表された「マヂャル・ウゴル比較辞典」（Magyar-ugol összehasonlító szótár）（ブデンツはウゴルという名称をフィン・ウゴルの意味に用いて居た）であり、これは同じ時代の芬蘭のオットー・ドンネル（Otto Donner）の「フィン・ウゴル語比較辞典」（Vergleichendes Wörterbuch der finnisch-ugrischen Sprachen. 1874-88）に比べてみても内容的に遙かに優れて居る。

　19世紀後半から20世紀にかけてのハンガリイに於ける言語学者は殆んどこのブデンツの弟子であった。主な学者を以下に列挙して見ると、故人となった人々にはハラース、ムンカーチ、シモニイ等があり、現存のスィンニェイやヴィカールもブデンツを師として居る。ハラース（Halász Ignác 1855-1901）はスウェー

デン・ラップ族の研究家として有名だが、晩年の作には「ウゴル・サモエード言語親縁性の問題」(1819-1858)（Azugor-szamojéd nyelvrokonság kérdése. 1894) という興味ある論文もある。シモニイ（Simonyi Zsigmond）はハンガリイ語学を専門とし、極めて多数の論文を書いて居るが、就中「史的ハンガリイ詳文典」(A tüzetes magyar nyelvtan történeti alapon, 1895)、「ハンガリイ語」(A magyar nyelv, 1905：Die ungarische Sprache, 1907) 等で名を知られて居る。ムンカーチ（Munkácsi Bernát；1860-1937）の力作「フィン・マヂャル諸語に於けるアーリア及びコーカサス要素」(Arja és kaukázusi elemek a finnmagyar nyelvekben. 1901)（この場合のフィン・マヂャルはやはりフィン・ウゴルのことである）は学問的には聊か難点が見出されるが、彼の青年期に試みたヴォグル族の地の研究旅行の成果たる厖大な「ヴォクル民衆詩鬼集」(Vogul népköltési gyüjtemény. 1892-1921) は我々にとって貴重な資料となって居る。

現存のスィンニェイは (1857-)、ゲッシェン叢書の「フィン・ウゴル言語学」(Finnisch-ugrische Sprachwissenschaft[2]. 1922) や「ハンガリイ比較言語学」(Magyar nyelvhasonlítás[7].1927) によって日本にも有名であるが、現在は既にブダペスト大学の教壇を退き、学士院図書室の館長として余生を送って居られる。ヴィカール（Vikár Béla）も現存の人でフィンランドの民譚「カレワラ」研究家であり、彼の手によるハンガリイ語訳がある。

尚故人たる言語学者にはパーパイ（Pápay József；1873-1931）がある。彼は有名なジチイ伯（Zichy Jenö）の第三回アジア探検隊に加わり、シベリアの親縁民族オスチャーク族の言語民俗資料を集め、これ小貴重な学的遺産となって居る。

1935年に死んだゴムボツ（Gombocz Zoltán）は近年のハンガリイ言語学界の中心人物であった。彼の「ハンガリイ語に於けるブルガール・トルコ借用語」(Die bulgarisch-türkischen Lehnwörter in der ungarischen Sprache. 1912. MSFOu, XXX) は有名であるが、尚「ハンガリイ語の a 音の歴史に就いて」(Magyar a-hangok történetéhez. 1909)、「フィン・ウゴル・サモエード音声史に就いて」(Zur finnischugrisch-samojedischen Lautgeschichte. 1912) 等の好論文があり、最近学士院から彼の全著作が全集の形で出版されつつある。併し我々にとって

最も遺憾なことは、このゴムボツ教授とスラヴ語学のメリッヒ教授（Melich János）の協力で学士院から刊行されつつあった「ハンガリイ語源辞典」（Magyar etymologiai szótár. 1914-）の事業半ばにしてゴムボツの訃が伝えられたことである。この時は未だ第2巻第1冊までしか出版されて居らず（F項まで）爾後の刊行も危ぶまれたのであるが、現在ではメリッヒ教授の手によって継続され其後何冊かの新冊も著れて居る。このゴムボツ教授は学界の大御所であっただけに、ブダペストをはじめ全国各大学の現在の言語学の教授はすべて彼の薫陶を受けた人たちである。

1940-41年度のブダペスト大学（正確に言えば、洪牙利王国々立パーズマーニ・ペーテル大学）の講義を中心として以下に現在のハンガリイ言語民俗学界の顔触を紹介してみよう。文学部（哲学部）には「哲学・美学・教育学」、「ギリシヤ・ラテン文献学」、「ハンガリイ語・ハンガリイ文学」、「一般・比較言語学」、「東洋語学」、「現代諸語学と諸文学」（これは尚ゲルマン・ロマン・スラヴ科に細分される）、「歴史」（これは「ハンガリイ及び一般史」、「歴史学の補助学科」、「美術史」、「音楽史」に細分される）、「数学・天文学」、「地理学・民俗学」、「物理学・化学」、「生物学」（この中には「一般生物学」、「人類学」、「動物学」、「植物学」がある」）、「鉱物学・地質学」等、総計12の学科がある。

「ハンガリイ語学科」の中にはフィン・ウゴル言語学も属する。現在の主任教授はジライ氏（Zsirai Miklós）でやはりゴムボツとスィンニェイの弟子だった人である。フィン・ウゴル語族全般に亙って造詣が深く、2年間色色指導を受けた私は此処に感謝の意を表して置きたい。主著はフィン・ウゴル概論とも言うべき Finnugor rokonságunk（1937）という600頁ばかりの大著で、これにはフィン・ウゴル各民族の歴史・民俗・言語が詳細に解説され、後半はフィン・ウゴル比較言語学史となって居て、今迄出たフィン・ウゴル学概論の中では最も好いものである。ジライ教授の最も得意とする部門は民族名の研究で「フィン・ウゴル諸民族名」（Finnugor népnevek）という労作を学士院発行の「言語学報告」に連載し、現在までの所では Jugria の部が完成して居る。毎年行われる講義は初年生のための「フィン・ウゴル学概論」と「フィンランド語」でこれには約半数の女子を交えた100人近くの聴講生があり、さすがにハンガリイ

らしいと感じたことであった。上級の学生のための講義は昨年は「オスチャーク語講読」、この年は「フィン・ウゴル語の動詞活用」で、次の41-42年度の題目は「ヴォグル語」であった。

このジライ教授の下で演習を指導するのはヂェルケ（Györke József）講師で国立博物館研究員と兼任である。この人はエストニアとの文化交換派遣員としてタルトゥ大学へ留学したことがあり、同大学のマルク教授（J. Mark）（彼の主著は Die Possessivsuffixe in den uralischen Sprachen. 1925) と同様ウラル祖語の問題を専門とする中々の理論家である。主著はタルトゥ大学のハンガリイ研究所叢書で出た「ウラル語の語構成論」（Die Wortbildungslehre des Uralischen. 1935)。サモエードの研究家たるフィンランドのカイ・ドンナー（Kai Donner：1888-1935）（Über die anlautenden labialen Spiranten und Verschlusslaute im Samojedischen und Uralischen. 1920, MSFOu.49；Samojedische Wörterverzeichnisse. 1932, MSFO u. 64). レヒテイサロ（T. Lehtisalo）（Entwurf einer Mythologie der Juraksamojeden. 1924, MSFOu. 53；über den Vokalismus der ersten Silbe im Jurak-samojedi schen. 1927, MFSOu. 56；Beiträge zur Kenntnis der Renntierzucht bei den Juraksamojeden. 1932；Zur Geschichte des Vokalismus der ersten Silbe im Uralischen vom qualitativen Standpunkt aus. 1933. FUF. 21；Über die primären ururalischen Ableitungssuffixe. 1936, MSFOu. 72；等）と共にウラル祖語の問題を扱う少数の学者の一人として将来を期待すべき人であろう。

ハンガリイ語学専門の教授はパイシュ氏（Pais Dezsö）で、講義題目は「ハンガリイ語音声史」、「ハンガリイ語文章論」、「古文献研究」などであるが、この教授の得意とする所は古文献の研究である。13世紀のハンガリイ国王の書記「無名氏」の年代記に関する研究がある。

フィン・ウゴル系民族として親縁関係にあるフィンランド・エストニアとの間には文化協定があって、交換教授・交換学生が往来して居たが、エストニアから来て居た講師のオイナス氏はソ聯のエストニア併合直前帰郷したきり消息を絶った。フィンランドからは、ヘルシンキのフィン・ウゴル協会の Lexica 叢書で「リーヴ語辞典」（Livisches Wörterbuch mit grammatischer Einleitung. 1938.) を出したケットゥネン教授（L. Kettunen）が交換教授としてブダペス

ト大学に来て居る。

　一般言語学の方面ではこの国はあまり振わない。僅かにラズィツィウス教授（Laziczius Gyula）の「一般言語学」、「音声学」の講義のみである。このラズィツィウス氏の主著はプラーハ派の影響を受けた「音韻学序説」（Bevezetés a fonológiába. 1932；「方言」第8巻第1号に拙訳がある）で、最近はコペンハーゲン発行の Acta Linguistica の同人の一人として時々論文を載せて居る。

　東洋語学科ではチュルク語学のネーメト教授（Németh Gyula）が光って居る、若年の際既に有名だったことはゲッシェン叢書にある「トルコ文典」（Türkische Grammatik）で窺うことが出来る。主著というべきは「ハンガリイ建国民族の形成」（A honfoglaló magyarság kialakulása. 1930）であって、該博のチュルク諸語の蘊蓄を以て史上にあらわれるトルコ諸民族名を研究した名著である。最近はソシュールの「一般言語学講義」のハンガリイ訳をして居られるとのことであった。ネーメト教授の前年の演習はオルホン碑文だったが、この年はチュワシュ語で、フィン・ウゴル語を扱って居る我々にも興味深いものであった。トルコ語学を志す学生は極めて少いが、ハッサン氏というトルコ人とカラフカ氏というラムステッドの教室からのフィンランドの留学生は優秀な人達であった。尚若いフケテ講師がネーメト教授の本によってオスマンリ語初歩を教えて居る。

　一昨年日本へ来朝したリゲティ教授（Ligeti Lajos）はネーメト氏の弟子だが、専門は蒙古語学である。以前支那とアフガニスタンへ夫々研究旅行を行ったことがあって、仏文の報告もあるが、「黄色の人々、黄色の神々」、「アフガンの地にて」というハンガリイ語の旅行記が出て居り、最近は「未知の内亜細亜」（As ismeretlen Belsö-Azsia. 1940）という著書があるがこれは一般向のものである。嘗てペリオにも師事したことがあり、「通報」には論文が時々載って居る筈である。この年のリゲティ氏の講義題目は「アジアの匈奴の歴史」、「蒙古学と日本・支那の文献」、「蒙古語学入門」等であった。尚前記ネーメト教授が編纂した新刊の「アッチラとそのフン族」（Attila és hunjai. 1940）は、ネーメト氏がフン族の言語を、リゲティ氏が匈奴・フン族の歴史を、考古学のフテイヒ講師がフン族の遺物を、エックハルト教授が伝説にあらわれて居るフ

ン族の研究を、夫々専門の立場から分担して執筆し、現在までのハンガリイに於けるフン族研究を纏めた好著である。

　東亜研究室の主任であるプレーレ老教授（Pröhle Vilmos）の教室で私は日本語の講義をして居たが、このプレーレ教授は日本語以外にも、支那語・アラビヤ語・ペルシャ語の講義を持ち、正に博言学者という型である。白鳥庫吉博士が40年前ハンガリイに滞在されて居た際親交があったということで、既に70歳を越え、今年の夏で大学を退職された筈であるが、嘗て Revue Orientale (Keleti Szemle) に時々トルコ語に関する論文などを発表されて居た。

　ゲルマン研究室では、ヨランド（Yolland Arthúr）教授が英語学を、ティーネマン（Thienemann Tivadar）、シュヴルツ（Schwartz Elemér）両教授が独語学を講じ、ヨランド氏の「英洪・洪英辞典」、ティーネマン氏の改訂増補したケレメン（Kelemen Béla）の「独洪・洪独大辞典」は夫々権威あるものである。尚ブダペストにあるドイツ研究所の主任としてドイツ政府から派遣されて居るフライヤー教授は、洪独文化協定によって大学にも講座を持ち、社会学の見地からドイツ民族の文化を講じて居る。

　ロマン研究室には仏伊西語の講座があるが、隣国ルーマニアとの永年の政治的対立関係のため、ルーマニア研究が盛んで、タマーシュ助教授（Tamás Lajos）、ガールディ講師（Gáldi László）等の優れた専門家があり、ガールディ氏は最近「ルーマニヤ民族の歴史」という好著を発表した。尚、ウラル・アルタイ学者として、又 Recherches sur le vocabulaire des langues ouralo-altaiques. 1930. の著書として日本にも名を知られて居るフランスのソーヴァジョ（Aurélien Sauvageot）氏も嘗てこの大学にロマン語学を講じて居たのである。帰仏後は、巴里で発行されて居るハンガリイ研究雑誌 Revue des études hongroises に時々論文を載せて居たが（Découverte de la Hongrie. 1937. というハンガリイ印象記も上梓されて居る）、最近彼の手によって完成された「仏洪・洪仏大辞典」は量的にも質的にも今迄のハンガリイ語辞典（他国語との）中最も優れたものである。

　スラヴ研究室のメリッヒ教授は現役の言語学者の最長老で、スラヴ諸語の講義を持って居るが、就中ハンガリイ語に於けるスラヴ借用語の研究、スラヴ語

学の見地よりのハンガリイ古代史の研究を専門とし、学士院の「ハンガリイ言語学綱要」叢書の一冊として発表された「建国時代のハンガリイ」(A honfoglaláskori Magyarország. 1925-29) の大著は有名である。尚前述の如く故ゴムボツ教授と共同して開始された大事業「ハンガリイ語源辞典」の刊行は現在もこのメリッヒ教授によって継続されつつあり、一日も速かなその完成は全学界から期待されて居る。最近トランシルヴァニアのコロジュヴール大学からブダペスト大学へ転任した筈のクニエジャ教授 (Kniezsa István) はスロヴァキア語の専門家で、近著にはスラヴ諸民族の歴史を要領よくまとめた「スラヴ諸族」(A szlávok. 1932) がある。この研究室には以上の他、ポーランド、ブルガリヤ、セルボ・クロアト語等の講義が夫々該国人の講師によって行われて居る。

　ハンガリイ史の教授にはドマノヴスキイ (Domanovszky Sándor)、セクフュー (Szekfü Gyula)、マーユス (Mályusz Elemér) 等があり、近年セクフュー編輯の大部の「ハンガリイ史」が出た。

　考古学ではパンノニアの考古学の専門家として有名なアルフェルディ (Alföldi András) 教授があり、現在日洪交換学生として京都大学に研究中のホルヴァート (Horváth Tibor) 氏もこの教室の出身である。アルフェルディ教授のまとまった著書としては「ハンガリイの諸民族とローマ帝国」(Magyarország népei és a római birodalom) などがある。考古学者には他にトムパ助教授 (Tompa Ferenc)、フェティヒ講師 (Fettich Nándor) がある。フェティヒ氏は今年の冬、ドイツ考古学調査団の一行と共に占領後間もないウクライナ地方の調査に赴いた筈であるが、私のブダペストを出発した5月までにはその成果を聞いてみる折がなかった。尚大学で考古学の特別講義を行って居るジチイ伯 (Zichy István) はハンガリイ国立博物館の館長で、民族移動時代を専攻し、「ハンガリイ古代史」(Magyar östörténet. 1933) の著がある。

　尚民俗学の講座にはグンダ (Gunda Béla)、オルトゥタイ (Ortutay Gyula) の二講師が居り、オルトゥタイ氏は近年ハンガリイ各地の民譚を蒐集して続々と刊行中である。尚この講座にはヴィーン大学から岡正雄教授が出講して「日本民族学」を講じて居られた。人類学の講義はバルトゥツ講師 (Bartucz Lajos) が担任して居る。

民俗学関係の著書はハンガリイでは毎月多数に出版されて居て、ヴィシュキ氏（Viski Károly）の民俗衣裳や民俗舞踊に関する紹介書など外国にも知名であるが、最近は社会学的観点よりのハンガリイ農村の研究が盛んになり、数種の叢書が刊行されて居る。その中で、日本の「岩波新書」や「教養文庫」に当る magyar Szemle 社の Kincsestár 叢書から例を挙げてみると、オルトゥタイ「ハンガリイ民俗学」、ヴイス（Weis István）「ハンガリイの農村」等があり、アルフェルド（ハンガリイ大平原）研究家たるエルデイ（Erdei Ferenc）の編輯する叢書には「ハンガリイの都市」、「ハンガリイの村落」、「ハンガリイの農民」、「アルフェルドの流砂」、「一農家の歴史」の諸書あり、農民生活の研究家ヂェルフィ（Györffy István）の主宰する叢書もある。他に前記グンダやオルトゥタイ、デブレツェン市の民俗博物館主任のリュケー（Lükö Gábor）等新進のアカデミックな民俗学者の最近の研究や民間の研究家たちの稍々通俗的な著書を数えれば、毎年発刊される民俗学関係書は相当な数に上るであろう。最近刊行された「ハンガリイの民俗」（4冊本の大部な本である）は各民俗学者の分担執筆で学者にも一般人にも便利なものである。

　此処で簡単にハンガリイの博物館について述べると、ブダペストの国立博物館（Nemzeti Muzeum）は自然科学、考古学、歴史に関する優秀な蒐集を有つ本館の他、「民俗博物館」（Néprajzi Muzeum）、「東亜博物館」（Hopp Ferenc Muzeum）等の分館があり、この他美術館や農業博物館も見るべきものである。地方各都市にも夫々その地方の民俗資料、考古学の出土品、或はその町の歴史的紀念品を蒐集した博物館があって、こういう施設に乏しい日本の我々には羨しい感じがする。就中デブレツェン（Debrecen）市の博物館（Déri Muzeum）とその分館たる民俗博物館、セゲド（Szeged）市にある主として考古学出土品と自然科学の標本を集めた博物館、北部ハンガリイのカッシヤ（Казза）市の考古学・民俗学博物館などは立派なものである。

　尚、ハンガリイに於いては民俗音楽の研究も盛んで、現代の世界一流の作曲家たるコダーイ（Kodály Zoltán）、バルトーク（Bartók Béla）、ドホナーニ（Dohnányi）の作品の大部分は民謡に書いたものである。従ってハンガリイ国内各地の民謡の蒐集事業は国家の補助の下に行われ、バルトークによる各地民

謡レコードの作成、コダーイの「ハンガリイ民謡集成」の楽譜の刊行は、貴重な資料として後世に残るものであろう。最近はコダーイの弟子に当るヴェレシュ（Veress Sándor）（日本の紀元2600年祝典音楽の作曲家）もこの民謡蒐集の事業に専心して居る。

ハンガリィにはブダペスト以外に、トランシルヴァニア（ハンガリイではエルデーイ Erdély という）のコロジュヴール（Kolozsvár）、ハンガリイ平原の中心デブレツェン（Debrecen）、平原南部のセゲド（Szeged）、西南部のペーチュ（Pécs）（ドイツ名は Fünfkirchen と称した）に国立の綜合大学がある。この中言語学・民俗学の方面の研究の進んで居るのはデブレツェン大学とコロジュヴール大学である。デブレツェン大学の言語学教授はチューリ（Csüry Bálint）でハンガリイ方言の研究家として声名があったが昨年働き盛りの年齢で世を去ったのは惜しまれる。同氏は幾つかの雑誌や叢書を主宰して居たが、最近の「サモシュハート方言辞典」（Szamosháti szótár. 1935-36）は北東部ハンガリイの彼の郷里地方の方言研究の成果であり、フィンランドの言語学者ヴィヒマン（Yrjö Wichmann 1868-1932）の蒐集した材料をカニスト（Artturi Kannisto）と共同して編纂発行した「ルーマニア領内のハンガリイ語チャーンゴー方言辞典」（Wörterbuch des Ungarischen Moldauer Nordcsángó- und des Hétfaluer Csángódialektes. 1936, Lexica. IV）と共に、ハンガリイ方言研究に極めて貴重な資料である。

コロジュヴール大学は、世界大戦後この町がルーマニア領となったため、セゲドへ遷ったが、昭和15年のヴィーン会談によってハンガリイが北トランシルヴァニア地方を回復した結果、再びこの地に戻ったのである。此処の教授には一般言語学のクレム（Klemm Antal）（「文章論」A mondattan elemélete. 1928；「ハンガリイ語史的文章論」Magyar történeti mondattan. 1928）、最古のハンガリイ語文献たる Halotti Beszéd の研究家メーセイ（Mészöly Gedeon）の両氏がある。尚トランシルヴァニアの東部、カルパチア山脈に近い地帯はフン族の後裔といわれるセーケイ（Székely）族の地なので、自然トランシルヴァニア地方の文化の中心たるこの大学では民俗学的研究が盛んである。セーケイ族の起源に関しては現文相である歴史学者ホーマン氏（Hóman Bálint）にも著書がある。

尚セゲドで刊行されて居た言語学・民俗学の専門雑誌「我民族と我国語」(Népunk és nyelvünk) も現在ではコロジュヴァール大学の教室から発行されて居るのであろう。一昨年夏セゲドへ赴いた際、この大学の考古学教室ではアルフェルドのクーン人（コーマン人）の故地で発掘作業を行って居たが、この教室も現在ではこのコロジュヴァールへ移った筈である。

以上で一通り言語学・民俗学界の現状を述べたが、現在発行されて居る学術雑誌のことも一応簡単に紹介して置こう。ハンガリイ学士院発行の「言語学報告」(Nyelvtudománi közlemények) はフィンランドの学術雑誌 Finnisch-ugrische Forschungen や、フィン・ウゴル協会 (Société finno-ougrienne ; Suomalaisugrilaisen Seura) の Mémoires (Toimituksia), Journal (Aikakauskirja) と共に、フィン・ウゴル研究に欠くべからざる重要な雑誌で、1862年創刊以来多数の著名な論文が同誌上に発表されて居るが（主幹は初代のフンファルヴィからブデンツ、シモニイ、スィンニエイを経て現在はジライ）、1935年の第50巻（ブデンツ紀念号）以来休刊状態になって居るのは惜しまれる。ハンガリイ語学の専門雑誌としては、やはり大学の研究室が中心となって居る「ハンガリイ語」(Magyar nyelv) があり、民間の手になるものとしてはバラシャ (Balassa József) 主宰の「ハンガリイ国語擁護者」(Magyar nyelvör) というのも歴史が古い。ハンガリイ語学に関しては「言語学紀要」(Nyelvészeti füzetek)、「ハンガリイ言語学協会紀要」という叢書もあり、多くの冊数を重ねて居るが、これらは大抵上述の「ハンガリイ語」に発表された論文である。フィン・ウゴル比較言語学の叢書には古くは「ウゴル紀要」(Ugor füzetek)、現在は「フィン・ウゴル論文集」(Finnugor értekezések) などがある。これらに載る論文も「言語学報告」の転載である。アルタイ語学関係では、Revue Orientale (Keleti szemle) は既に廃刊され、Körösi Csoma Archivum も休刊状態にある。その他各大学の教室を中心として小叢書が多数刊行されて居るが、此処には省いて置く。

フィン・ウゴル学は周知の如くフィンランドに於いても、カストレンに次ぐアールクヴィスト (A. Ahlqvist)、ゲネツ (Arvid Genetz)、オットー・ドンナー (Otto Donner) 等を経て、20世紀に入り黄金時代を現出したのであるが、パーソネン (H. Paasonen ; 1865-1919)、カリヤライネン (K. F. Karjalainen ; 1871-

1919) を始め、近年になってヴィヒマン（Yrjö Wichmann；1868-1932）、クローン（Kaarle Krohn；1863-1933）、カイ・ドンナー（Kai Donner；1888-1935）、セタラ（E. N. Setälä；1864-1935) 等の優秀な学者を続々と失い寂蓼の感なきを得ない。しかし現在もフィン・ウゴル協会々長のカニスト、ヘルシンキ大学にフィン・ウゴル比較言語学を講ずるトイヴォーネン教授以下のメンバーは、ハンガリイと共にフィン・ウゴル学の伝統を辱しめぬものがあり、フィン・ウゴル協会の Mémoires や Journal も独ソ戦勃発までは1年2・3冊は必ず発行されて居た（最近はラヴィラ Paavo Ravila、ハルヴア Uno Harva の活躍がめざましい)。

ハンガリーにおける近年のフン研究について

　本号の内田吟風氏の「今世紀におけるフン問題研究の回顧と明日への課題」に関連して、近年ハンガリーで出版されたフン族の研究書があるので、これを簡単に紹介しておく。

　書名は Attila és hunjai. Szerkesztette Németh Gyula. Budapest, 1940.（「アッチラとそのフン族」ネーメト編）といい、ハンガリー語で書かれ、330頁に及ぶかなりの大著である。編者ネーメト（Németh Gyula）氏はブダペスト大学教授で、著書に Göschen 叢書の "Türkische Grammatik" などがあり、トルコ語学者として知られている人。

　内容は、

1．ネーメト「序文」
2．リゲティ　（Ligeti Lajos）「アッチラのフン族の起源」
3．リゲティ「アジアにおけるフン族（匈奴）」
4．ヴァーツィ　（Váczy Péter）「ヨーロッパにおけるフン族」
5．エックハルト　（Eckhardt Sándor）「伝説にあらわれたアッチラ」
6．ネーメト「フン族の言語」
7．フェティヒ　（Fettich Nándor）「フン族の考古学的遺物」
8．ネーメト「フン族とマヂャール（ハンガリー）族」

の各章から成り、執筆者は何れもブダペスト大学の教授乃至講師（当時）である。

　この著は、個々の研究論文の集成ではなく、詳細なフン族概説ともいうべきもので、序文によれば、神話伝説上フン族と特に関係の深いハンガリーの一般読者のために、アッチラ全盛期から1500年を算える1940年を記念して書かれたものである。その個々の内容については、東洋史の専攻でない私には批判の限りでないが、最近までの各方面の研究の成果を広く採用している点、今後のフ

ン研究の基礎として大いに役立つことは疑いない。就中、フン族のヨーロッパ出現から衰亡までの歴史、アッチラ伝説の考察、フン族の考古学的研究などについての各章が殊に詳しい。尚、研究者にとって特に便宜なのは、巻末50数頁に亘って付せられたフン族関係研究書目で、これは本文中の各題目に応じて、夥しい数の参考書名及び論文名を挙げ、その各々に簡単な解題を加えたものである。

ハンガリーのアジア研究

　広義のアジア研究のうち、ハンガリーの学界で最も盛んな部門は、ハンガリーと系統を同じくするウラル系諸言語・諸民族の研究である。

　いわゆるウラル・アルタイ系諸言語の研究は、1709年のポルタワの戦でロシアの捕虜となり、約10年間のシベリア生活を送ったスウェーデンの軍人ストラーレンベルグ（Philip Johann Tabbert von Strahlenberg, 1676-1747）をパイオニアとし、19世紀半ばにシベリアや欧露の原住民の間で長期間の現地研究を行ったフィンランドのカストレン（M.A. Castrén, 1813-52）によって一応の学問的水準に達したといえよう。

　このカストレンと同じ時期に、ハンガリーのレグリ（Reguly Antal, 1819-58）も西部シベリアの現地調査を行い、主としてオビ・ウゴル族（マンシ、ハンティ）の言語・民俗資料を蒐集している。カストレンもレグリも、長期の調査旅行の労苦から病を得て早世しているが、カストレンの遺稿の多くが彼の同僚シーフネル（Anton Schiefner）の手によって、"Nordische Reisen und Forschungen"（12 Bde）（1853-62）というシリーズとして間もなくロシア学士院から刊行され、日本の学界にも早くから知られていたのに比べ、レグリの蒐集した資料の大部分は未整理のまま残され、その後少しずつ発表されてはいたものの、彼の草稿の完全な公刊は、第二次大戦後まで、約1世紀という永い時を待たねばならなかった。

　レグリがシベリア研究を志した動機には、ハンガリー民族（マジャル族）の起源を究め、遠隔の地に自国民の親縁民族を求めようとする、19世紀前半のロマンティックな民族主義があった。彼はシャイノヴィチ（Sajnovics János, 1733-85）、ジャルマテイ（Gyarmathi Sámuel, 1751-1830）ら前代のハンガリー学者の説を継いで、ハンガリー語と広義のフィン語との同系論を現地研究によって証明しようとし、後年のフィン・ウゴル―ウラル比較言語学の先駆者となった

のである。

　レグリの死後、ハンガリー学士院の委託でその遺稿の一部を整理・刊行し、彼の志したハンガリー語の系統論研究の後継者となったのはフンファルヴィ（Hunfalvy Pál, 1810-91）であり、この研究を更に発展させて、ハンガリー語をふくめたフィン・ウゴル比較言語学への道をひらいたのがブデンツ（Budenz József, 1836-92）であった。

　ブデンツはドイツの出身で、はじめ印欧比較言語学と古典文献学について研鑽を積んだが、当時のいわゆるウラル・アルタイ同系論への興味と、大学時代のハンガリーの友人からの示唆によってハンガリー語の研究を志し、フンファルヴィの援助のもとにハンガリーへ移住して、フィン・ウゴル比較言語学の歴史に大きな功績をのこした。

　ブデンツの多数の業績のうち、最も有名なのは『ハンガリー・ウゴル語比較辞典』（Magyar-ugor összehasonlító szótár, 1873-81）だが、このほか形態論の分野にもすぐれた論考が多い。彼の最も重要な功績は、印欧比較言語学の方法を導入してフィン・ウゴル諸言語の同系論を確立したことにある。尚、このほか、ハンガリー民族の起源問題に関して、当時のハンガリーの有名な東洋学者ヴァーンベーリらのトルコ系説を言語学の成果から反駁して、フンファルヴィとともにハンガリー民族のフィン・ウゴル起源を論証したことも、広くハンガリー社会に大きな関心をひきおこした点で、彼の功績の一つに数えられよう。

　一方、レグリの精神を継いで、欧露やシベリアの親縁諸民族の地に赴いて現地研究を行ったハンガリーの学者たちには、ラップ語のハラース（Halász Ignác, 1855-1901）、ハンティ（オスチャーク）語のパーパイ（Pápay József, 1873-1931）、マンシ（ヴォグル）研究のムンカーチ（Munkácsi Bernát, 1860-1937）らがあり、彼らの蒐集した厖大な言語・民俗資料に基づいて、フィン・ウゴル語比較研究を集大成したのがシンニェイ（Szinnyei József, 1857-1943）であった。シンニェイの主著は、Göschen叢書に入っている"Finnisch-ugrische Sprach-wissenschaft"（第2版, 1922）で、これはフィン・ウゴル語学における最初の包括的な比較文法として、部分的な修正を加えれば今日も尚その価値を失っていない。

　私がハンガリーへ留学していた第二次大戦前後、ブダペスト大学のフィン・

ウゴル比較言語学の講座は、シンニェイを継いだジライ（Zsirai Miklós, 1892-1955）教授が担当していたが、現在はラコー（Lakó György）がその地位を受け継いでいる。ジライにはフィン・ウゴル族概説の大著（Finnugor rokonságunk, 1937）や、諸民族名に関する研究がある。第二次大戦後は、セゲド（Szeged）、デブレツェン（Debrecen）の大学にもフィン・ウゴル比較言語学の講座ができ、セゲドにはサモイェード語のハイドゥー（Hajdú Péter）、デブレツェンにはマンシ語のカールマーン（Kálmán Béla）らのすぐれた学者がいる。ことに、ハイドゥーの『ウラル言語学入門』（Bevezetés az uráli nyelvtudományba, 1966）は、大学の講義用テキストとして書かれた概説だが、サモイェード語研究の成果をとりいれた最も新しいウラル語比較研究で、更に完全な形での公刊が期待されている。

　一方、本来のオリエンタリスティークの分野でのハンガリーの学界活動については、明治30年代にハンガリーへ留学された白鳥庫吉博士による紹介や、20世紀はじめの十数年間にわたって刊行されたハンガリーの東洋学雑誌"Keleti Szemle"を通じて、日本の学界にも割合に早くから知られていた。

　ハンガリーの東洋学者で、国際的に最も広く知られているのは、チベット学者のケーレシ・チョマ（Kőrösi Csoma Sándor, 1784-1842）（フランス風に書けば Alexandre Csoma de Körös）であろう。彼の計画したアジアへの大旅行も、その動機はレグリと同様、ハンガリー民族の原住地を何処かに見出そうとするロマンティックな民族主義の精神に基づくものであった。1819年ハンガリーを出発した彼は、トルコ、イラン、アフガニスタンなどを経て、1823年チベットへ入り、約7年間の滞在の後カルカッタへ出て、その研究成果を英文のチベット文法とチベット・英語辞典として発表した。彼は1842年再度のチベット入りを前にしてダージリンで客死し、念願のハンガリー民族の起源問題の解決には成功しなかったが、チベット学者としてはヨーロッパの学界におけるパイオニアの一人となった。

　ケーレシ・チョマは、ハンガリーが生んだ学界の偉人として、彼の母国では大変人気があり、その生涯や業績について書かれた著作も数多いが、ケーレシ・チョマの一生の足跡をたどって、生地のトランシルヴァニアからダージリンま

でのルートを自ら再調査して書いたバクタイ（Baktay Ervin）の伝記（1962）が最も詳しい（この本に関するエピソードとして、その中に東京の或る仏教大学に置かれているというケーレシ・チョマの胸像の写真がのって居り、これが第二次大戦前大正大学へ寄贈されたものであることは明かとなったが、戦後の所在については未だ詳らかでない）。尚、ケーレシ・チョマと関連のある学界事業には、ハンガリーの東洋学の学会として古い歴史をもつ「ケーレシ・チョマ協会」（Kőrösi Csoma Társaság）があり、また彼の名を冠する学術雑誌としては、前述の "Keleti Szemle" の続刊に当る "Kőrösi Csoma-Archivum" が両大戦間の時期に刊行されて居り、更に第二次大戦後には、「ケーレシ・チョマ小文庫」（Kőrösi Csoma Kiskönyvtár）という東洋学の叢書が発刊された。

このほか、ハンガリー出身の著名な東洋学者には、中央アジア旅行記など多くの著作のあるトルコ学者ヴァーンベーリ（Vámbéry Ármin, 1837-1913）、イスラムとユダヤの歴史・文化について多面的な業績をのこしたセム学者のゴルツィーヘル（Goldziher Ignác, 1850-1921）、インド・中央アジア・新疆などの考古学的探険で知られ後に英国へ帰化したシテイン（オーレル・スタイン）（Stein Aurél, 1862-1943）、トルコの言語・民俗の研究家で "Keleti Szemle" の編輯メンバーだったクーノシュ（Kúnos Ignác, 1860-1945）らがある。

尚、ハンガリーのアジア研究の業績の一つに、19世紀末に行われたシベリア・中央アジア・コーカサスへの学術調査隊の派遣という事業があるが、これは当時の政治家で文筆家だったジチ（Zichy Jenő, 1837-1906）の尽力で組織されたもので、民族移動時代のハンガリー民族の遺跡を現地研究によって究めようとする目的をもち、その成果は浩瀚な報告書として刊行されている。

現在のハンガリー学界における東洋学の大家としては、ネーメット（Németh Gyula, 1890-）とリゲティ（Ligeti Lajos, 1902-）が挙げられよう。

ネーメットは、Göschen叢書の "Türkische Grammatik"（1917）（近年英訳も出た）で知られているトルコ語学の権威だが、ハンガリー古代史にもすぐれた業績があり、その中でも、ハンガリー民族が現在の住地へ来住するまでの民族移動の経路を、これと交渉のあった諸民族の民族名研究によって証明しようとした『建国ハンガリー（マジャル）族の形成』（A honfoglaló magyar-ság kialakulása, 1930）は、学界に大きな反響を生んだ力作である。尚、ネーメット編集の下に夫々の分野の専門家が分担執筆した『アッティラとフン族』（Attila és Hunjai, 1940）も、一般向きに書かれた概説書ながら、ハンガリーの東洋学の高い水準を示す好著といえよう。

リゲティはペリオの許で学んだ蒙古学者で、第二次大戦前、内蒙古・アフガニスタンなどで蒙古諸方言の現地研究を行い、来日したこともある。蒙古語に関する多数の論文があり、「元朝秘史」のハンガリー訳も出している。ブダペスト大学では内陸アジア部門を主宰し、その下に、中国（チョンゴル Csongor Barnabás やガラ Galla Endre）、蒙古（カラ Kara György、レーリンツ Lőrincz László）、トルコ（カクク Kakuk Zsuzsa、ボドログリゲティ Bodrogligeti András）の三つの学科がある。

ブダペスト大学の東洋関係では、このほか、セム部門のツェグレーディ（Czeglédy Károly）らが居り、セゲドの大学には蒙古学のローナ・タシュ（Róna-Tas András）がいるが、ハンガリーの東洋学のもう一つのセンターは、アカデミー附属図書館の東洋部で、ここには19世紀以来、ハンガリーの東洋学者たちの旧蔵書が代々収められ、しかも幸いこの図書館は戦災を受けなかったので、現在では東洋学の研究者にとっての最も貴重なコレクションとして広く利用されている。尚、このアカデミー図書館には、東洋部長のトルコ学者ベシェ（Bese Lajos）、蒙古学のケーハルミ（Kőhalmi Katalin）のほか、アポル（Apor Éva）、エチェディ（Ecsedy Ildikó）らの若い東洋学者が所属している。

このほか、日本の学界にもよく知られている東洋学者に、アカデミー言語学研究所のチベット語学のウライ（Uray Géza）、数年来東ベルリンの大学へ出講しているハザイ（Hazai Gyorgy）、近年なくなったトルコ史のフェケテ（Fekete Lajos, 1891-1969）が居り、東洋学関係の雑誌にはアカデミー刊行の"Acta Orientalia"などがある。

最後に、日本研究について触れると、日本に永く留学してこの分野の第一人者だった東洋美術館長のホルヴァート（Horváth Tibor, 1911-72）が物故し、永年大学で日本語を担当していたマコル（Major Gyula）も定年退職したので、現在はフェレンツィ（Ferenczy László）（日本美術）、ハラ（Halla István）（日

本文学）らの若い世代の研究者が中心となっている。

　ハンガリーの東洋学界にとって、最近での大きな損失は、シベリアのシャーマニズム研究で国際的にも高く評価されていた民俗学者ディオーセギ（Diószegi Vilmos）の訃（1972）であろう。ディオーセギは、ハンガリーの著名な民俗学者オルトゥタイ（Ortutay Gyula, 1910-）門下の逸足で、日本では論文集 "Glaubenswelt und Folklore der sibirischen Völker"（1963）の編者として、或いは彼のシベリア紀行『シベリアの地にシャーマンを求めて』（Sámánok nyomában Szibéria földjén, 1960）の英訳によって知られているが、彼には『ハンガリーの民衆文化に見られるシャーマニズムの残存』（A Sámánhit emlékei a magyar népi műveltségben, 1958）という主著や、シャーマニズム概説などの著作があり、それ以外にも約1年間のシベリア旅行の際に採録した貴重な民俗資料コレクションと、厖大な数のスライドが未発表のまま残された筈である（このコレクションは、彼の死後、ブダペストの民俗学博物館へ移管されたときいている）。没年49歳という若さだったし、また、第二次大戦中私がブダペストの大学で日本語を教えていた頃、彼はその学生の一人だったという個人的な思い出もあり、彼の訃をきいて一入哀惜の念にたえない。

ハンガリー語の古文献

　ハンガリー民族（自称はマジャル Magyar）は、ウラル山脈以西、カマ河流域附近と推定される彼らの故地を離れ、長期にわたる民族移動を経て、896年に現在の国土であるカルパチア盆地へ入った。当時のハンガリー民族は未だ文字をもたず、従って自らの手による記録は残していない。

　ただし、この時期においても、ハンガリー民族と直接に交渉をもつか、或いは彼らのことを伝聞した先進民族の文書—10世紀から11世紀ごろのアラビア人・ペルシャ人や東ローマの諸文献—には、ハンガリー民族についての記録がのこされて居り、その中には民族名や人名など断片的な言語資料もふくまれている。

　これらの文献のうち、ハンガリー語研究の観点から最も重要なものは、Konstantinos Porphyrogennetos の名で知られている東ローマ皇帝コンスタンティノス七世（在位、945-959年）の著作「帝国統治論」（De administrando imperio）である。この著作の表題はふつうラテン名で呼ばれるが、内容は中世ギリシャ語で書かれて居り、950年ごろの成立と推定されている。この「帝国統治論」は、コンスタンティノス七世が、後継者たる息子ロマノス（二世）のために、東ローマ帝国領に接する周辺地域の地誌と、その地域に居住する多くの異民族の動静を記述したもので、ハンガリー民族の初期の歴史に関しても多くの重要な記載が見出される。この著作の中では、ハンガリー人を、本来の民族名《マジャル》ではなく、民族移動の時期ハンガリー人がその支配下に属していたテュルク族の名称（Τοῦρκοι）で呼んでいるが、全53章のうち15の章にその記載がある。特に詳しいのは第38、第39、第40の3章で、黒海北岸の住地から現在の国土へ来住するまでの、9世紀半ころのハンガリー民族の移動の経路や部族構成についての記述があり、その中には人名・部族名・地名などの固有名詞がかなり多く見出されるし、少数の普通名詞もあって、初期のハンガリー語研究にとっては貴重な資料となっている。

尚、この「帝国統治論」の写本は、パリの国立図書館に2種、ヴァティカンの文庫に1種が所蔵されて居り、そのほかモデナのエステ家文庫に一部分の写本があるという。また、17世紀以来、多くの刊本と数種の翻訳があるが、ハンガリーでは MORAVCSIK が1950年に、ギリシャ語原文とハンガリー語全訳とを公刊している[1]。

　一方、ハンガリー人自身の手になる文書としては、西方のローマ教会からハンガリーにキリスト教を受入れたイシュトヴァーン一世（在位、997-1038）の治世以後、宗教的文献や公文書・年代記の類がラテン語によって書かれるようになった。ただし、これらの文書のうち、初期のものは堙滅してしまったらしく、11-12世紀ごろのものとしては、コデックス（古写本）が8種、公文書の類が約40種残っているにすぎない。

　これら初期のラテン語文書のうち、ハンガリー語研究にとって最も重要なのは、「ティハニュ修道院建立文書」（A tihanyi apátság alapítólevele）（1055）である。この文書は、エンドレ一世（在位、1046-60）が、バラトン湖のティハニュ（Tihany）半島に建立されたベネディクト会の修道院に対して、土地・人員などの寄進を指定した証書で、羊皮紙に書かれた原文は、現在パンノンハルマ（Pannonhalma）のベネディクト会修道院に保存されている。この文書中には、接尾形をふくむ58のハンガリー語の単語が記されて居り、初期ハンガリー語の研究には不可欠の重要な資料として知られる。

　また、この時代にラテン語で書かれた年代記の類も、ハンガリー語の言語資料として重要である。現存の最も古いハンガリー年代記は、1200年前後の成立と推定される氏名不詳の作者によるもので、中世ヨーロッパ諸国に多く見られる Gesta の形式で書かれている。この無名の作者（Anonymus）については、ベーラ（Béla）王の書記職で、名前の頭文字が P であることだけが分って居り、ハンガリーの学界では以前から、ベーラ二世（在位、1311-41）説とベーラ三世（在位、1172-96）説とがあったが、現在では後者の説のほうが有力で、この作者はベーラ三世時代のエステルゴム（Esztergom）の首席司祭 Petrus という人物であったろうと推定されている。

　尚、このアノニムスのゲスタは、それ以後に書かれた幾つかのハンガリー年

代記、例えば、KÉZAI Simon のゲスタ（13世紀後半）や、KÁLTI Márk の「彩飾年代記」(Képes Krónika)（14世紀中葉）と、内容において多くの共通点を示しているので、おそらくこれらはすべて、すでに堙滅してしまった更に古い時期の原典、Gesta Ungarorum に由来するものと考えられる。

以上は、ハンガリー語の地名・人名や若干の普通名詞をふくむラテン語又はギリシャ語文書であるが、ハンガリー語（マジャル語）自体によって書かれた文献の歴史は、12世紀末の Halotti Beszéd にはじまる。

最古のハンガリー文書として知られるこの Halotti Beszéd és Könyörgés「死者への言葉と祈り」は、ラテン語の写本「プライ・コデックス」(Pray-kódex) の第154葉 a 面に挿入されているハンガリー語の文章で、当然ラテン文字で書かれ、本文の部分（死者への言葉）が26行で使用語数は227語、本文のあとに付けられた祈りの語句が6行で47語、合計すれば32行で274語（重複してあらわれる単語を除けば190語）をふくむ。

Halotti Beszéd の全文は、埋葬の際に司祭が死者に対して述べる宗教的な弔詞で、本文をなす死者への言葉の部分は、プライ・コデックスの中にあるラテン文の自由訳であり、末尾の祈りの文句はラテン文の忠実な直訳である。

尚、「プライ・コデックス」という名称は、この写本をはじめて学界に紹介したのが PRAY György (1723-1801) であったことから名付けられたもので、その内容は、ベネディクト会士のためのミサ典礼文など種々の宗教的行事に関する記載から成り、Halotti Beszéd はこのコデックスの埋葬儀礼の部に記されている。[2]

「プライ・コデックス」は、12世紀末から13世紀はじめにかけて、ハンガリーのベネディクト会士たちの手になったもので、その中の Halotti Beszéd の部分が書かれたのは1192-95年頃と推定されている。「プライ・コデックス」に関する由来書によれば、このコデックスははじめ各地の教会のミサに用いられ、その後ポジョニュ（現在のチェコスロヴァキア領ブラティスラヴァ）の教会図書館の蔵書となったが、1813年にブダペストの国立セーチェーニ図書館 (Országos Széchenyi Könyvtár) へ寄贈されて今日に及んでいる。

年代的に Halotti Beszéd の次に挙げられるハンガリー語の古文献は、これよ

り約１世紀後の「古ハンガリー語の『マリア哀歌』」（Ó-magyar Mária-siralom）（1300年ごろ）である。これは、"Sermones" というラテン語文書の中に記されているハンガリー文で、このコデックスの第134葉ｂ面にあり、左欄の23行、右欄の14行、併せて37行を占め、語数では132語をふくむ。

このハンガリー文「マリア哀歌」は、同じコデックスの第199葉ａ面にあるラテン語の宗教詩 Planctus Sanctae Mariae（その作者は明らかでないが、12世紀フランスの Godefridus de Sancto Victore〔Geoffroi de Breteuil〕ともいわれる）の自由訳で、ハンガリー語で書かれた最古の詩であり、ラテン語からの直訳的な Halotti Beszéd に比べれば、文体の上でも純粋なハンガリー語の特色を示して居り、初期ハンガリー語（即ち古マジャル語 Ó-magyar）の研究、特に形態論・文論の領域には最も貴重な資料である。

この宗教的内容の "Semones" の成立年代は、1280-1310年の間で、その場所は北イタリアの都市、おそらくボローニャであったらしいが、この文書中のハンガリー文「マリア哀歌」の筆者は、当時ボローニャ大学へ留学していたハンガリー人のドミニコ会士の１人であったろうと推定されている。

このコデックスは、ミュンヘンの古書籍商 Jacques ROSENTHAL が1910年にイタリアのトスカナで入手したが、第一次大戦後の1922年、ドイツの賠償委員会によって購入され、大戦初期にドイツ軍が破壊したベルギーのルーヴァン大学への寄贈図書の中に加えられて、現在もこの大学の図書館に所蔵されている。

このコデックス中のハンガリー文の最初の発見者は、この賠償図書の目録作成に携わったミュンヘンの古文書学者 Georg LEIDINGERであったが、彼の同僚 Franz BABINGER によってこの言語がハンガリー語であることが確認され、更にベルリン在住のハンガリー文学史家 GRAGGER Róbert と、本国から派遣された古文書学者 JAKUBOVICH Emil がこれを詳細に検討して、テキストと研究を公刊した。[3]

年代順でこれに次ぐハンガリー語の古文献は、14世紀はじめに書かれた「ジュラフェヘールヴァール資料（註解）」（Gyulafehérvári Sorok〔Glosszák〕）である。これは、現在ルーマニア領の南部トランシルヴァニア地方の都市アルバ・ユリア（Alba Iulia）（ハンガリー名はジュラフェヘールヴァール）にあるバッ

チャーニュ文庫（Batthány-Könyvtár）所蔵のラテン語文書 "Sermones Sacri" 中に記された短い文句で、このコデックスの第50葉 a 面に5行、第125葉 a 面に4行、第154葉 a 面に6行、合計15行のハンガリー文がある。

このラテン語文書には、説教のための種々な宗教的内容の詩句がふくまれているが、その中からの3つの部分をハンガリー語に翻訳したものが、この「ジュラフェヘールヴァール資料」である。

この資料の書かれた年代は、1310-20年頃と推定され、筆者についてはフランシスコ会士 János 説が有力である。

このハンガリー文がラテン語コデックスの中から発見されたのは1898年で、国立セーチェーニ図書館員 VARJÚ Elemér が、当時ハンガリー領だったジュラフェヘールヴァールのバッチャーニュ文庫の蔵書を整理中これを見出し、ハンガリー科学アカデミーの部会でその報告を行っている。[4]

これに次いで古いハンガリー語資料は、14世紀中葉の「ケーニヒスベルクの断章と細片」（Königsbergi Töredék és Szalagjai）である。[5]

この2つの資料は、本来それらの記されていた文書が破棄され、その若干の断片が単なる羊皮紙として、他のコデックスの製本用の材料に利用されていたのを、後世の学者が発見したものである。このうち、「断章」の方は、14世紀頃のドミニコ会士の手になる或るラテン語文書の製本の際、表紙の裏に挿入された1葉の羊皮紙に残っていたハンガリー文で、この羊皮紙の表面に9行のハンガリー文があり、他の部分はラテン語である。

「細片」の方は、製本の補強用に、同じコデックスの脊皮に貼布されていた4枚の羊皮紙細片に発見されたハンガリー文で、これは1葉の羊皮紙を縦に裁断したものであり、その4片を合せて並べれば、左右2段で55行のハンガリー文を読むことができる（ただし、完全に残っているのはそのうち21行だけで、他の34行には裁断の際に切り落された欠落部分がある）。

「断章」「細片」の何れも、宗教的内容のラテン文からのハンガリー訳で、その確実な成立年代はわからないが、ハンガリー文の言語学的検討と古文書学的研究により、大体14世紀半ばに書かれたものと推定されている。

これらの資料は、もともとラテン語とハンガリー語の両方で記されたコデッ

クスの断片であり、この原コデックスは14世紀中にハンガリーからポーランドのウロツワフ（Wrocław）へ持ち出され、おそらくハンガリー語を解さない者の手に渡って裁断されて、他のコデックスの製本の材料に用いられたものと考えられる（現存するこの第2のラテン文コデックスについては、14世紀末にウロツワフにあったという記録がある）。

ハンガリー語の「断章」の発見者は、ケーニヒスベルクの牧師 Franz HIPLER で、1863年、プロイセン王家図書館の蔵書を調査した際、16世紀以来ここに所蔵されていた前記のラテン文コデックス中の1葉に、未詳の言語で書かれた部分があるのを見出した。この資料は、館長の Julius ZACHER やその友人であった言語学者 August Friedrich POTT の注目をひき、やがて高名な東洋学者 Hans Conon von der GABELENTZ によってハンガリー文であることが明らかになったので、そのコピーがハンガリーの科学アカデミーへ送られ、これを研究した TOLDY Ferenc が「ケーニヒスベルクの断章」と名付けて、同年学界に発表した。

更にこれより約30年後の1894年、ハンガリー科学アカデミーの SZILY Kálmán の慫慂により、ケーニヒスベルク大学図書館長の Paul SCHWENKE が、前記のコデックスを解体したところ、脊皮の裏からハンガリー文の記された羊皮紙の断片が発見され、これを研究したハンガリーの学者たちによって、前の「断章」と区別して「細片」と名付けられた。

この2つの言語資料は、現在、ソ連のカリニングラード（旧名ケーニヒスベルク）の大学図書館に保存されている。

14世紀半ばのこの「ケーニヒスベルクの断章と細片」以後、ハンガリー語のみで記されたコデックス類がはじめてあらわれて来る15世紀の後半まで、約1世紀間のハンガリー語資料はほとんど残っていない。この期間のいわば唯一の残存記録が、近年発見された「マロシュヴァーシャールヘイ資料」（Marosvásárhelyi Sorok）である。

この資料は、ルーマニア領トランシルヴァニアの都市トゥルグ・ムレシュ（Tîrgu Mureş）（ハンガリー名マロシュ・ヴァーシャールヘイ）のボヤイ図書館（Bolyai Tudományos Könyvtár）所蔵の「コンツ・コデックス」（Koncz-kódex）――14世紀後半のラテン語文書――の中に記されている短いハンガリー文をいう。

この文書の第102葉ｂ面の下端の余白に1行（次の1行は製本の際に大部分が切り落されて解読不能）、第103葉ａ面の上端の余白に6行の走り書きのハンガリー文があり、その中にふくまれている語数は45（重複する語を除けば35）である。

このハンガリー文は、第102葉ｂ面にあるラテン文聖書の列王紀下第17章の一部分をハンガリー語で要約したものであるが、それの書かれた年代は15世紀の初頭と推定されている。

この言語資料は、1956年、前記ボヤイ図書館の館長 FARCZÁDY Elek によって発見され、更にハンガリーの学者 SZABO T. Attila によって詳細な研究が発表された。(6)

前述したように、「マロシュヴァーシャールハイ資料」を例外として、ハンガリー語文書の歴史には、14-15世紀にかけて約1世紀の空白期がある。これは、その時期に書かれたハンガリー語の文書がたまたま堙滅したためであり、この頃すでにラテン文字によるハンガリー語文書はかなりあらわれていたのではないかと考えられる。その推定の1つの根拠は、この時期にラテン語・ハンガリー語対訳語彙集がかなり作成されていることであって、現存するものだけでも、「ケーニヒスベルク語彙集」（Königsbergi Szójegyzék）（14世紀後半に作成され、159のラテン語の単語、100のハンガリー語の単語をふくむ）、「ベステルツェ語彙集」（Besztercei Szójegyzék）（14世紀末か15世紀はじめのもので、1316語のハンガリー語彙がふくまれている）、「シュレーゲル語彙集」（Schlägli Szójegyzék）（15世紀初頭の手稿で、2140語のハンガリー語彙を記載）、「ショプロン語彙集」（Soproni Szójegyzék）（1430-40年頃の語彙集で、その一部分しか現存しないが、217語のハンガリー語彙をふくむ）の4種がある。

現存文書のうちで、ハンガリー語のみで書かれた最古のものは、15世紀中葉の「ヨーカイ・コデックス」（Jókai-kódex）である。

この文書は81葉から成り、聖フランシスコの生涯が述べられているが、これは "Speculum perfectionis" 及び "Actus Beati Francisci et pociorum eius" というラテン語文書のハンガリー訳であり、従って言語的にはラテン語の影響がかなり著しい。

これは、フランシスコ会の原始会則派 (Observantine) 修道士の指導下にあったベギン会 (Beguine) 修道女たちのために書かれたもので、現存の文書は15世紀半ばの写本であり、失われた原本の成立年代はおそらく14世紀末ごろと推定されている。
　この文書は、1851年、ウィーンの Adolf Ehrenfeld が入手し、ハンガリーの Toldy Ferenc の研究によって、その言語史的・文学史的な価値が学界に知られた。はじめは、「エーレンフェルト・コデックス」、又は「フランシスコ伝説」という名称で呼ばれていたが、1925年、ハンガリー政府がこれを購入し、有名なハンガリー作家 Jókai Mór (1825-1904) の生誕百年を記念して、「ヨーカイ・コデックス」と命名した。現在はブダペストの国立セーチェーニ図書館に所蔵されている。
　15世紀後半のハンガリー語文書としては、このほか7種の文献が現存しているが、そのうちの3種は内容的にも相互に関連があり、文献史的観点からも重要な資料である。
　このうち、年代順で第1の文書は、ウィーンの宮廷文庫の旧蔵書であったことから、「ウィーン・コデックス」(Bécsi-kódex) の名で知られているもので、現在はブダペストの国立セーチェーニ図書館にある。この文書は、最初の研究者 Révai Miklós を記念して、「レーヴァイ・コデックス」(Révai-kódex) とも呼ばれる。これは堙滅した原本から1450年頃に写されたもので、旧約聖書の一部のハンガリー訳である。
　第2のものは「ミュンヘン・コデックス」(Müncheni-kódex) といわれ、現在もミュンヘンのバイエルン国立図書館に所蔵されている。これは新約聖書の4福音書のハンガリー訳で、1466年に筆写されたものである。この文書を最初に研究したハンガリーの学者 Jászay Pál の名をとって、「ヤーサイ・コデックス」(Jászay-kódex) と呼ばれることもある。
　第3の文書は、旧約聖書の詩篇のハンガリー訳で、15世紀末に筆写されたものといわれ、旧蔵者 Apor Péter の名によって、「アポル・コデックス」(Apor-kódex) と命名されている。現在は、ルーマニア領トランシルヴァニアの都市スフントゥ・ゲオルゲ (Sfîntu Gheorghe)（ハンガリー名シェプシ・セントジェ

ルジ Sepsi-szentgyörgy）の国立セーケイ博物館の蔵書となっている。

この3つの文書に用いられているハンガリー語は、同じ方言的特徴を示し、綴字法も共通なので、これらは同一の筆者の手になるものと推定される。近年の研究によれば、これらの文書の原本は、15世紀のはじめ、プラハ大学に学んでフス派の宗教改革運動に加ったハンガリー人 Pécsi Tamás と Újlaki Bálint の手になるもので、これを「フス聖書」（Huszita Biblia）と呼ぶ。このハンガリー最初の聖書翻訳が行われた年代は1416年から1441年の間と見られている。

16世紀に入ると、更に多くのハンガリー語コデックスが見られ、一方印刷された書物もあらわれるようになり、内容的にもラテン語の影響が著しい宗教的文書の時代に代って、Balassi Bálint（1554-94）らを先駆とする民族文学の時代がはじまることとなる。

参考文献

Jakubovich Emil és Pais Dezsö : Ó-magyar olvasókönyv. Pécs, 1929.

Mészöly Gedeon : Ómagyar szövegek nyelvtörténeti magyarázatokkal. Budapest, 1956.

Szabó Dénes : A magyar nyelvemlékek. 2. kiádás. Budapest, 1959.

Bárczi Géza : A magyar nyelv életrajza. Budapest, 1963.

註

（1） Biborbanszületett Konstantín : A birodalom kormányzása. Agörög szö veget kiadta és magyarra fordította Moravcsik Gyula. Budapest, 1950.

（2） Bárczi Géza : A Tihanyi apátság alapítólevele mint nyelvi emlék. Budapest, 1951.

（3） Gragger Róbert : Ómagyar Máriasiralom. 〔Magyar Nyelvtudományi Társaság Kiadványai. 19sz.〕 Budapest, 1923.

（4） Varjú Elemér : AGyulafehérvári kódex. 〔Akadémiai Értesitő. Budapest, 1899.〕

（5） B. Lőrinczy Éva : A Königsbergi Töredék és Szalagjai. 〔Nyelvészeti Tanulmányok, III〕 Budapest, 1953.

（6） Szabó T. Attila : A Marosvásárhelyi Sorok és Glosszák. Budapest, 1958.

ハンガリー語の辞書

　ハンガリー語（マジャル語）は、現在話されている地域からいえばヨーロッパの言語だが、系統的にはウラル語族に属して居り、広義のアジア系言語と言ってもいい。ウラル語族に属する言語は、このほか、北欧のフィンランド語（スオミ語）、エストニア語、ラップ語などから、ヨーロッパ・ロシアのモルドヴィン、マリ、ウドムルト、コミ諸語、シベリアのサモイェード語にいたるまで、その数はかなり多いが、系統的にハンガリー語と最も近い関係にあるのは、西部シベリアのオビ河地域に住む少数民族、ハンティ（オスチャーク）族とマンシ（ヴォグル）族の言語である。

　ハンガリー人の祖先は、彼らの原住地と推定されるウラル山脈附近から、長期間にわたる民族移動時代を経て、9世紀末に現在の東ヨーロッパの土地へ入り、やがてキリスト教を受入れてそこに定住したのだが、この間いろいろな民族と接触してその文化的影響を受けた。したがって、ハンガリー語の語彙の中には、チュルク語（広義のトルコ系諸語）、スラヴ諸語、ドイツ語など、それぞれの時代に影響を受けた諸言語からの借用語がかなり多い。

　ハンガリー語で書かれた最も古い文献は12世紀末のものだが、初期のハンガリー文書の多くは宗教的な内容のラテン語文書の翻訳にすぎず、真の国民文学がおこったのは16世紀以後のことに属する。一方、ハンガリー語の学問的な研究が広く行なわれるようになったのは19世紀に入ってからで、現行の辞書も大体この時期以後に編纂されたものである。

　19世紀以来の主要な辞書を挙げると、先ず古語辞典では、Szarvas, Simonyi 共編の Magyar nyelvörténeti szótár〔ハンガリー語史辞典〕（Budapest, 1889-93）と、その補遺をなす Zolnai：Magyar oklevélszótár〔ハンガリー古文献辞典〕（Budapest, 1902-04）があり、初期文書中のハンガリー語彙を収録している。

　方言辞典には、諸方言からの資料を集めた Szinnyei の Magyar tájszótár〔ハ

ンガリー方言辞典〕(Budapest, 1893-1901) という2冊本の大きな辞典があり、特定方言の辞典としては、サモシュハート、オルマーンシャーグ、セゲド諸方言やチャーンゴー (ルーマニア国内に住むハンガリー人) 方言の語彙がそれぞれ別個に公刊されている。このほか、近年、ハンガリー科学アカデミーから新たな方言辞典と方言地図を出版する計画が立てられ、方言地図のほうは既に完成して、全6巻のA magyar nyelvjárások atlasza 〔ハンガリー方言地図〕(Budapest, 1968-) が現在刊行中である。

語源辞典としては、20世紀のはじめ、当時のアカデミーから発刊された、ハンガリー語学者 Gombocz とスラブ語学者 Melich 共編の Magyar etymologiai szótár 〔ハンガリー語源辞典〕がある。この辞典は、それまでのハンガリー語の史的研究の成果を集大成した大規模な語源辞典として計画され、1914年に第1分冊が出て、大体毎年1冊の刊行が予定されていたが、その後第一次、第二次大戦のため中断され、更に編纂者の死去という事情も重なって、第17分冊 (1944) (geburnus の項) までしか出ていない。この語源辞典の編纂は未完成のまま中止され、既発表の部分を利用して新たにアカデミーの言語研究所で二種類の語源辞典 A magyar nyelv történeti-etymologiai szótára 〔ハンガリー語史的語源辞典〕(Budapest, 1967-) (全3巻) と、A magyar szókészlet finnugor elemei. ―Etymologiai szótár 〔ハンガリー語彙のフィン・ウゴル要素―語源辞典〕(Budapest, 1967-) (全4巻) が刊行されている。このほか、収録語数はやや少ないが唯一の完成した語源辞典として重要なものに、Bárczi の Magyar szófejtő szótár 〔ハンガリー語源辞典〕(Budapest, 1941) がある。

一般的な国語辞典としては、19世紀後半に Czuczor と Fogarasi の A magyar nyelv szótára 〔ハンガリー語辞典〕(Pest, 1862-74) (6 冊本) という大辞典、その縮刷版ともいうべき Ballagi の A magyar nyelv teljes szótára 〔ハンガリー語完全辞典〕(2 冊本) (Pest, 1867-73) などがある。これらは刊行年代が古いので現代語の辞典としては不十分だし、語源の説明などには誤りも多いが、このうち Czuczor-Fogarasi の大辞典は用例も豊富で、ハンガリー語辞書の歴史では重要な業績の一つに数えられる。しかし、それ以後、新しい現代語辞典の必要は一般にみとめられながら、1940年に出た Balassa の A magyar nyelv szótára

〔ハンガリー語辞典〕(Budapest, 1940)(2冊本)まで国語辞典の編纂は行なわれなかった(1930年代には Bencze の編纂でもう一つの国語辞典が計画され、第二次大戦中にほとんど完成したが、戦火のためその草稿は堙滅してしまった)。Balassa 辞典は比較的小さい規模のもので、一般向の現代語辞典としては便利だが、学問的意味では不十分な点が多い。現在までの代表的なハンガリー語辞典は、近年科学アカデミーから刊行された A magyar nyelv értelmező szótára〔ハンガリー語註解辞典〕(Budapest, 1959-62)(全7巻)である。これは Bárczi と Országh を中心にアカデミー言語研究所によって編纂された大辞典で、独立項目としては約6万語を含み、各項目ごとに詳しい語釈と、文学作品からの豊富な用例を載せている。尚、この辞典を基礎とした1冊本の国語辞典 Magyar értelmező kéziszotár (Budapest, 1972) も最近アカデミーから刊行された。

ハンガリー語と他の国語との対訳辞書も、古くから数多く出版されているが、19世紀末から第二次大戦頃までに出たこの種の辞書のうち、主なものを次に挙げておこう。

Ballagi：Neues vollständiges ungarisches und deutsches Wörterbuch. (Budapest, 1899-1902)

Kelemen：Grosses Handwörterbuch der ungarischen und deutschen Sprache. (Budapest, 1912²)

Yolland：A Dictionary of the Hungarian and English Languages. (Budapest, 1905-24)

Sauvageot：Dictionnaire générale français-hongrois et hongrois-français. (Budapest, 1932-37)

Кахана；Венгерско-русский словарь (Москва, 1946)

以上は絶版書なので古本でしか手に入らないが、次に挙げるのはハンガリー科学アカデミー出版の現行の辞書類で、日本でも容易に入手できる。

Országh：Magyar-angol szótár. (Hungarian-English Dictionary)

Halász；Magyar-német szótár. (Hungarian-German Dictionary)

Eckhardt：Magyar-francia szótár. (Hungarian-French Dictionary)

Hadrovics—Gáldi：Magyar-orosz szótár.（Hungarian-Russian Dictionary）

これらにはそれぞれ大辞典・中辞典・小辞典の三種があり、大辞典の見出し語の項目数は10万－15万、中辞典は3万－5万、小辞典は約2万で、戦前の辞書に比べ、戦後の社会変革を反映した新語が多く採録されている点に特色がある。尚、同じ編纂者たちによる英洪、独洪、仏洪、露洪辞典もあり、これもそれぞれ大中小3種の辞典が刊行されている。

このほか、アカデミー出版の辞書には以下のような小辞典（ラテン語のみ中辞典）や各種の術語辞典がある。

Györkösy：Magyar-latin szótár（ハンガリー・ラテン）

Gáldi：Magyar-spanyol szótár（ハンガリー・スペイン）

Hercegh：Magyar-olasz szótár（ハンガリー・イタリア）

Stelczer：Magyar-cseh szótár（ハンガリー・チェコ）

Hadrovics：Magyar-szerb-horvát szótár（ハンガリー・セルボクロアート ）

Pechan：Magyar-eszperantó szótár（ハンガリー・エスペラント）

ハンガリー語の入門書としては、古くはHartleben語学叢書のGörg：Praktisches Lehrbuch der ungarischen Spracheや Krebsz：Magyarische Grammatik；"Methode Gaspey-Otto-Sauer"叢書のNagy：Ungarische Konversationsgrammatikや Kont：Petite grammaire hongroiseがあったが、現在では手に入れにくい。比較的新しいものにはWhitney：Colloquial Hungarian（London, 1950）やBoronkay：Einführung in das Ungarische（Leipzig, 1967）, Sauvageot：Premier livre de hongrois（Paris, 1965）などがある。近年のハンガリー語入門書の中では、Bánhidi-Jókay-Szabó：Lehrbuch der ungarischen Sprache（Budapest, 1965）と、その英語版Learn Hungarian（Budapest, 1965）が、構成・用例とも新味があって最もすぐれている。

これまでに書名を挙げた辞典や入門書のうち、多くのものはすでに絶版になって、現在は本国でも手に入れることが難しい。しかし、ハンガリー語がいわゆるウラル・アルタイ系言語の一つとして明治以来日本の学者の関心をひいていたせいか、こういうハンガリー語の古い辞典や文法書を日本の古書街で見つける機会もないとはいえない。戦前のことだったが、筆者は神田の古本屋で、上

述の Czuczor-Fogarasi の 6 冊本の大辞典と、Ballagi の洪独・独洪辞典の揃いを別々に手に入れたことがある。Ballagi 辞典のほうには、「明治二十四年之を求む、匈牙利国バーボルナ」と毛筆で署名してあったが、バーボルナは有名な厩舎のある土地だし、ハンガリーの馬を御料馬として日本へ輸入した話もきいているから、この辞典は馬の買付けに行った役人か軍人の旧蔵書だったのだろう。Czuczor-Fogarasi の方は、どうして日本に入ったのかは分らないが、専門家にしか用のないこういう原語の大辞典までこの時代にわざわざ日本へ買って来てくれた人物に、後世の我々は大いに感謝しなくてはなるまい。

ハンガリイ民族の起源

　一民族の起源に関する研究に、史学のみならず人類学、考古学、民族学、神話学等の知識の必要な事は言う迄もない。就中この問題の解明に有力な根拠を与えるものは言語学である。勿論語族の概念と民族の概念とは同一でないが、語族の異同が民族の系統に何等かの関連を持つ事は疑い得ないであろう。又、比較言語学的研究により祖語に由来すると認められた語彙は Urvolk の社会組織・文化状態を推定する手懸りとなり、外来の借用語は他民族との接触及びこれに伴う文化の輸入を示すのである。

　ハンガリイ民族は、現在の住地に入る以前、欧露のステップ地帯をトルコ系遊牧諸民族と共に東より西へ数世紀にわたって移動して来た歴史を持つ。従って当時のギリシャ及び近東の史書に現れる諸民族名の研究は、民族の由来を論ずるに当って最も重要な典証となる。[1]

　以下主にハンガリイの言語学者の説を参照して建国以前のハンガリイ民族の状態を略述するが、筆者に西洋史・東洋史の知識が乏しいため、諸説の単なる紹介に止る事をお断りして置く。

　ハンガリイ語の系統論は、フィン・ウゴル比較言語学の問題である。[2] この語族内の親縁関係は次の図で現される。

```
                        ┌─フィン(ズリエーン、ヴォチャーク、チエレミス、モルドヴィン、フィン、ラップ)
         ┌─フィン・ウゴル─┤
ウラル語族─┤               └─ウゴル(ハンガリイ、ヴォグル、オスチャーク)
         └─サモエード
```

　このウラル語族とアルタイ語族（トルコ、トゥングース、蒙古）との Urverwandtschaft を推定して所謂ウラル―アルタイ語族が成立する（これには異論もある）。[3]

ハンガリイ語がフィン・ウゴル語族のウゴル派に属し、西シベリアのヴォグル、オスチャーク族の言語と最も近い関係にある事は疑を容れない。

　ハンガリイ民族（自国では Magyar と言う）がフィン・ウゴル系に属する事は、現在確定的になって居るが、以前にはトルコ系説を唱えた者もあった。50年程以前に行われたフンファルヴィ（Hunfalvy Pál）、とヴァームベーリ（Vámbéry Ármin）の論争(4)は、フィン・ウゴル説とトルコ説との争である。フンファルヴィは上述の言語学的論拠に基いてフィン・ウゴル系を主張したに対し、ヴァームベーリは史書の研究を基礎としてトルコ・タタール起源説をとった。(5)今ここにヴァームベーリの説と、それに対するシンニエイ（Szinnyei József）の反駁(6)を挙げよう。

　ヴァームベーリ説の要点の第一は、ギリシャ及び近東の史書の若干がハンガリイ人をトルコ人と記して居る事実であるが、これは当時の史家が種々の民族に共通の名称を与えて居た例が多い故（種々の遊牧民族をトルコ人或はスキト人と記した）トルコ説の証拠にはならぬ。第二、フィン・ウゴル民族は狩猟・漁撈を営むのみの平和な民族である。反之、ハンガリイ民族は遊牧諸民族と闘いつつヴォルガ地方からドナウ河迄移動して来た争闘的な歴史を持つ。故にトルコ・タタール民族に属するに相違ないというのであるが、この論は民族性の発展・衰頽の可能性を認めない事になる。現にフィン・ウゴルの他の民族も戦史を有するのである。更に又、「矢」「弓」等の単語の起源がフィン・ウゴル祖語に遡り得る事実から、Urvolk 時代既に彼等は争闘的であったと推測出来る。第三、最古のハンガリイの人名、Álpád, Zoltán, Geiza 等がトルコ起源である。これに対しては次の如き弁駁が可能である。即ちこれらの記載を残した史家はすべてハンガリイ人ではない故、耳馴れない人名等は聞き誤ったかも知れぬ。一方、これらの人名を精確に聴取したにしてもギリシャ文字・アラビヤ文字では正確に転写し得なかったであろう。又たとえこれらのトルコ起源の名前である事が証明されても、直ちにハンガリイ民族がトルコ民族だとはいえない。支配層がトルコ系であったか、或はトルコ族との接触の際にトルコ系人名が輸入されたか、という推定も不可能ではない。

　以上の如くヴァームベーリ説の論拠は言語の側から反駁出来る。

次に、フィン・ウゴル民族の原住地は何処であったか。この問題に関しては、ヴォルガ河中流地帯、大体今日のバシキル族の住んで居る地方とする見解が有力である。パーソネン（Heikki Paasonen）は更に東部の、ウラル山脈の欧亜両洲に跨る地帯を原住地と見るが、これも大体類似の説である。これらの北方説に反対し、コーカサス地方にフィン・ウゴルの原住地を求めるのはムンカーチ（Munkácsi Bernát）である。[7] 彼はハンガリイ語に於けるコーカサスの Ossetisch（Alanisch）語よりの借用語を研究し、これが他のフィン・ウゴル諸語に共通なる事実から、フィン・ウゴル族の故地をコーカサス北方、ヴォルガ・クバン両河間と見た。

ムンカーチの説を簡単に紹介する。彼は先ずハンガリイ民族のトルコ族起源説、アルタイ山地方原住所説を不可とする。例えば、クーンは Onogur を Onujgur と解釈する事に基いてトルコ系起源を主張するが、On-ujgur と On-ugor (On-ogur) の民族名は on（トルコ語で「10」の意）だけが共通であるに過ぎない。又ウイグル族はアルタイ地方に居ったのであるが、Onogur はウラル山脈以西の民族である。加之、ハンガリイ語中のトルコ的要素はウイグル語の特質を持って居ない。又一方、この Ongur と Magyar とは同一民族ではない。Onogur はトルコ系であり、Magyar はその言語が示す如くフィン・ウゴル系である。この両者は民族移動の際に相接触し、Onogur は Magyar に融合してしまったのである。尚マルツァリ（Marczali）、ナヂ（Nagy Géza）等もトルコ系起源を説き、ハンガリイ語の最古の要素はトルコ語であり、後に Chasaren の言語（これをウゴル族として居る）に強く影響されて今日の如くなったと見るが、この説はトルコ系の Chasarisch をウゴル語族として居る事だけで誤とわかる。

ムンカーチに従えば、Onogur の原住所がヴォルガ中流・バンキリヤ地方で、彼等は Sabinen に逐われ5世紀後半にコーカサス北方の地に南下し、ここで Magyar との接触が始った。トルコ系言語の影響がフィン・ウゴル諸語の中特にハンガリイ語のみに強い点から、Onogur の南下の時期より以前に Magyar が他の同系民族から独立した事が推定される。これに反し、Alanisch, Kaukasisch の影響は他のフィン・ウゴル諸語にも共通である故、フィン・ウゴル原民族の共住地をコーカサス付近と考え得るのである。

結論として彼の説を次の如く総括する事が出来る。第一、フィン・ウゴル民族の原住所はコーカサス北方の森林・河川の多い地方であった。第二、この原民族はこの地で狩猟・漁撈に従事して居た。第三、借用語の研究によると、彼等はこの原住地で二民族の影響を受けた。コーカサス語（Alanisch-Ossetisch）の影響は主として東方派に著しく、アーリヤ（インド・ゲルマン）語の影響はこの民族の Fischerei, Jagd に限られて居た原始的文化状態を Vienhzucht に進歩せしめたのがインド・ゲルマン民族であった事を示して居る。第四、フィン・ウゴル民族がこの原住地から北方へ移動したのは大体紀元後4世紀間で（この原因は、民族の増加による水利の不足と遊牧生活による争闘などであろう）、この時期は Onoguren (Bulgaren) のコーカサス出現より以前である。第五、フィン・ウゴルの原地に最後迄残ったのはハンガリイ民族であった。彼等は Onogur の影響により争闘的民族となり、この2民族は殆んど融合してしまった。この両民族の一部がヴォルガ中流に移り後の "Magna Hungaria" となり、他は9世紀に Lebedia, Etelköz を経て今日のハンガリイへ入った（再びコーカサスに戻ってアルメニア北部に住んだ Magyar もある）。

　以上のムンカーチの説は、ハンガリイ語に於けるコーカサス要素研究の重要性を示教して居る点に傾聴すべきものがあるが、そのコーカサス起源説はあまり賛同者を持たないようである。

　次にヴォルガ中流原住地説を検討する。これはハンガリイのシンニエイ、ネーメト、ゴムボツ（Gombocz Zoltán）、フィンランドのセテレ（E.N. Setälä）等近時の主要なフィン・ウゴル言語学者の多数によって認められて居る。前述の如くヴォルガ河・カマ河合流点付近、現在バシキル自治共和国の地域と見る説である（パウレル Pauler Gyula はバシキル人とハンガリイ人を同一民族と見た）。この原住地からウゴル族が東方に移動して行ったことも諸説の大体一致する所であって、ハンガリイ族は当然このウゴル派に属して居たと考えられる。

　ウゴル族の東方移動の結果、その一部をなすマヂャル族はブルガル・トルコ族（ウラル河地帯及びこれに接する西シベリア地方）と接触した。この接触によりマヂャル族が今迄の狩猟・漁撈の他に農耕・飼畜を知った事は、借用語の研究から明かである[8]。

マヂャル民族が次に史上に現れるのは、6・7・8世紀頃のコーカサス地方である。481年マヂャル族はブルガル・トルコ族と共に、西シベリアの地からコーカサスへ移動した。

このブルガル・トルコ（Onogur—今日の Ungarn 等の名はこれに由来して居る）とは如何なる民族であったか。ネーメトはハンガリイ語に於けるブルガル・トルコ起源の借用語をトルコ西部方言のチュヴァーシュ語と比較して、両者間に音声史的特徴の一致を認め、以ってブルガル・トルコ語をチュヴァーシュ古語と決定して居る。二三例を挙げれば、

「輪」（オスマンリ）jüzük；（チュヴァーシュ）śərə；（ハンガリイ）gyűrű.
「風」（オスマンリ）jäl；（チュヴァーシュ）sil；（ハンガリイ）szél,
「数」（トルコ）san；（チュヴァーシュ）sum；（ハンガリイ）szám.

このブルガル・トルコ人をヨーロッパ侵入の後敗退して来たフン族とする見解があるが、言語の研究によるとフン族はトルコ語の z 方言（Gemeintürkisch）、ブルガル・トルコは上の「輪」の例で分る通り r 方言に属する。従ってマヂャル・フン同一視説は誤である。しかし、ハンガリイの伝説や民衆意識の中に漠然と保たれて居るフンとの同祖感は、コーカサス時代に於ける両民族の密接な接触を物語るものであろう。

このコーカサス時代、マヂャル族がブルガル・トルコ族の影響によって遊牧民族となったことは明かであるが、彼等は以前の狩猟・漁撈の定住生活を全然捨ててしまったのであろうか。漁撈に関するプリミティヴな語彙、例えば hal（魚）、fal（壁—古くは堰）、háló（網）、tat, hajó（舟）等、多数がフィン・ウゴル或はウゴルの Urzeit に由来して居る。5世紀より9世紀にかけブルガル・トルコ族と共に西方へ移動を続けたマヂャル民族が全く Nomaden 化して居たものとすれば、その500年間にこれらの語彙の大部分は忘れられ消失してしまった筈である。これらの語彙が今日のハンガリイ語に残って居る事実は、彼等の遊牧生活が半遊牧生活ともいうべきものであった事を示して居ると言えよう。

9世紀に入って以来のハンガリイ民族の歴史は比較的明かになって居る。紀元後830年、彼等はコーカサス北方、アゾフ海・ドン河・クバン河に囲まれた3世紀間の住処を去って西方に移り（ペチェネーグ族 Besenyö の圧迫のため）、

Levediaの地（ドン河・ドニエプル河の間）に約50年間住んだ。次いで再びペチェネーグ族の侵入を避けて西進し、889年にはドニエプル・セレト・ドナウ三河中間の Etelköz に移ったが、896年更に西方の現在のハンガリイの土地へ入った。これを Honfoglalás (Landnahme) と言い、ここにはじめて今日のハンガリイ国家の基礎が確立したのであった。この建国民族にブルガル・トルコ等のトルコ系要素の加って居る事は否定できないが、民族的にも言語上からも中心はマヂャル族であった。

　最後に、"Magna Hungaria" に就いて一言する。 1237年ドミニクス教団の Julian によってヴォルガ中流地方に発見されたハンガリイ語を話す民族の事が記録にあらわれて居る。これが、"Hungaria Magna" である。

　これに関してはヴァームベーリやマルクワルト (J. Marquart) の如く否定説をとるものもある（トルコバシキル族をマヂャルと誤って信じたものとする）。又、パウレルの説によれば、マヂャル族とバシキル族とは同一民族であって、黒海方面へ移動した南方派は古い言語を保ち、ヴォルガ中流地方に残った北方派はトルコ化してしまったものである。

　ネーメト、ゴムボツ、ムンカーチ等の主な言語学者は、この地には実際にマヂャル族が居ったという説をとる。マヂャル族の主部はコーカサスから Levedia へ移動して行ったが、一部は再びヴォルガ中流地方へ北上した（この場合もブルガル・トルコ族と共に）。彼等は少くとも Julian の時代迄は以前の言語を保って居たが、その後ヨーロッパに向う蒙古族・トルコ族の侵入により固有の言語を失い民族的にも混合してしまった。今日のバシキル族の部族名 Jenej, Jurmaty はハンガリイの Jenő, Gyarmat と同源であろう。

　マヂャル族の他の一部 Szavárd (Zuard) が889年、 Levedia から東帰してコーカサス南部、アルメニア地方に入った記録もある。

　建国以後に於いては、13世紀の蒙古人の襲来（これに伴うクマン族の移住）、永年にわたるトルコの侵入、大戦まで続いたゲルマン化政策、等がハンガリイの民族と言語に影響を与えて居る。

註
(1) 諸民族名の研究に関してはネーメト (Németh Gyula) が専攻のトルコ語学の知識から詳細に論じて居る。
即ち以下の如し。
Németh：A honfoglalómagyarság kialalulása.（ハンガリー建国民族の成立）1930.
(2) フィン・ウゴル学一般について詳しいものにジライ (Zsirai Miklós) の大著がある。
Zsirai：Finnugor rokonságunk.（フィンウゴルとハンガリイ）1937.
(3) Ural-Altai 説、Indo-Uralisch 説（ウラル語族とインド・ゲルマン語族との親縁性を認める）双方の歴史に関しては、
Sauvageot, Aurélien：Recheches sur le vocabulaire des langues ouralo-altaïques. 1935.
Collinder, Björn：Indo-uralisches Sprachgut. 1934.
夫々の序論に詳しい。
(4) Vámbéry：Der Ursprung der Magyaren. 1882.
Hunfalvy：Vámbéry's Ursprung der magyaren. 1883.
(5) クーン (Kuun Géza) (後出) もトルコ説で、ハンガリイ族をウイグル起源と見る。
(6) Szinnyei：Die Herkunft der Ungarn. 1923.
(7) Munkácsi：Árja és kaukázusi elemek a finn-magyar nyelvekben.（フィン・マヂャル語に於けるアーリヤ及びコーカサス要素）1901.
Munkácsi：Die Urheimat der Ungarn. (Keleti Szemle, tom. 6, 1905)
(8) Gombocz：Die bulgarisch-türkischen Lehnwörter in der ungarischen Sprache. 1912.
に詳しい。
(9) Schünemann Konrad：Hunnen und Ungarn. (Ungarische Jahrbücher. Bd. 5, 1925)
(10) ショイモッシ (Solymossy Sándor) は、ハンガリイ語の魚名、tok, söreg（鰈鮫の種類）等はブルガル・トルコ起源の借用語であり、而もこれらは黒海・カスピ海に産する、故にマヂャル族が北方の故地を去ってブルガル・トルコ族と接触した後もコーカサス、レベデイア、エテルクズ等の黒海沿岸の各地で漁をして居た事が分る、と述べて居る。
Solymossy：A honfoglalás előtti magyarság etnikumához.（建国以前のマヂャル族について）(Emlékkönyv Munkácsi Bernát. 1930)

尚 Ibn Rustah や Gardêsî 等にもマヂャル族は冬季に入ると河川地帯に定住して漁をしたという記事がある。

ハンガリーの言語地図

　1968年以来刊行中だったハンガリーの言語地図が、昨年（1977年）の第6巻で所期の出版計画を達成した。その題名は次のとおりである。

　　A magyar nyelvjárások atlasza.『ハンガリー（諸）方言地図』（Budapest, Akadémiai Kiadó, 1968-77.）

　この言語地図は、ハンガリー科学アカデミー・言語学研究所の事業として、国語学界の長老バールツィ（Bárczi Géza）ら九名から成る「ハンガリー言語地図委員会」が調査資料の集録を行い、整理・編輯は委員のデメ（Deme László）とイムレ（Imre Samu）が担当した。

　ハンガリーでの言語地図作成の歴史は、第二次大戦以前にさかのぼる。バールツィの報告によれば、1940年代のはじめまでには、すでに調査項目や調査地点の選定もかなり進んでいたが、戦争のため事業は中断されてしまった。戦後の1949年、この言語地図の計画は再び日の目を見ることとなり、その後さまざまな曲折を経て漸く現在の形で刊行された。

　この言語地図は6巻（函）に分けて出版されている（出版部数は各巻1400～1450部）。作成された地図（縦34センチ、横49センチ）の総数は1162葉で、そのほか、各巻のはじめに、地図の解説、全項目のリスト、調査地点の一覧表などが付いている。

　各々の地図の左肩には、〈項目番号〉〈項目名（正書法で記載）〉〈そのフランス語訳〉〈項目の種類（調査の際の注目点に応じて、FON〔音声〕、MORF〔形態〕、LEX〔語彙〕の3種がある）〉と、〈質問文（項目によっては絵による説明が付く）〉が記されている。

　2、3の例を挙げれば、

１　árpa「大麦」orge　LEX

　　〔質問文〕春蒔きのものと秋蒔きのものとがある穀物は何ですか？（豚

の飼料にするが，ビール醸造に用いられる種類もある。)

968. kő「石」pierre　FON
　　　［質問文］ぬかるみにならないように大通りへ敷くものは何ですか？
969. kövek「石（複数）」pierres　MORF
970. kővel「石で」avec des pierres　MORF
971. köves「石の」pierreux　MORF
　　　［質問文は略す］

　調査地点の数は、国内が324、国外が70で、国内の調査地点については、前記の委員会のメンバーがそれぞれ分担をきめ、現地のインフォーマントの協力を得て調査を行った。なお、ここで「国外」のハンガリー語（マジャル語）地域というのは、他国へ移住したハンガリー人コロニーではなく、第一次大戦後の領土割譲によって隣接諸国（ルーマニア、チェコスロヴァキア、ユーゴスラヴィア、ソ連、オーストリア）へ編入された本来のハンガリー人居住地域のことである。調査地点の数が、国内（9万3000平方キロ、人口約1000万に対して324地点）に比べ、国外、たとえばハンガリー人が多く住んでいるルーマニア領のトランシルヴァニア地方において不均衡に少い（マジャル語人口約150万に対し僅か22地点）のは、少数民族問題にからんで隣接国内の現地調査の許可が得にくかったためという。

　調査結果の地図への記入方法については、この言語地図計画の初期にはいろいろなシステムが検討され、『日本言語地図』で用いられているような符号式による地図のサンプルも作られたが、最終的には音声記号による記入方法が採用された。

　この記入方法は、日本語とちがい、その言語分布が比較的せまい地域に集中しているハンガリーのような場合には適当な選択だったといえよう。ただし、多音節から成る長い単語や、一地点で幾つもの異なる報告のあった単語など、記入の際に広いスペースを必要とする項目については、特に通常の二倍の大きさの地図が使用されている。

　なお、ついでに付言すれば、ハンガリー語以外のウラル系諸言語では、ケットゥネン（L. Kettunen）によるフィンランド語（スオミ語）の言語地図（1940

年)(地図112葉)と、サーレステ(A. Saareste)によるエストニア語の言語地図(1955年)(地図88葉)がある。

ムンカーチとウドムルト語研究

　最近、ソ連のロシア共和国に属するウドムルト自治共和国の首邑イジェフスクで、『ムンカーチの贈り物』と題する本が出版された。縦横ともに15センチの真四角なクロース装幀の小型本で、頁数は192ページ、刊行部数は5,000である。

　この『ムンカーチの贈り物』のタイトル・ページには、"МУНКАЧИЛЭН КУЗЬЫМЕЗ—MUNKÁCSI AJÁNDÉKA—ПОДАРОК МУНКАЧИ"（Ижевск,《Удмуртния》、1983）のように、ウドムルト語・ハンガリー語・ロシア語の三つの題名が並べて記されているが、題名のみならずこの本に収録されたすべての文章が、この三言語の対訳の形式になっているのは、多民族国家であるソ連の出版物の中でも珍しい企画だと思う。

　ウドムルト自治共和国で出版されたこの本に、何故ハンガリー語の対訳がついているのかという疑問は誰でも抱くだろうが、その理由は、題名に挙げられているムンカーチ（Munkácsi Bernát, 1860-1937）という人が、19世紀後半、ウドムルト族の地に現地研究を行い、厖大な言語民俗資料を蒐集・発表したハンガリーの言語学者であったことによる。ウドムルト語は、ハンガリー語（マジャル語）と同系のウラル語族に属する言語だが、ウドムルト語研究のパイオニアともいうべきハンガリーの学者ムンカーチを記念するこの出版は、ウドムルト学界による親縁民族ハンガリーへの感謝のしるしとも見ることができる。

　この本の構成は、ムンカーチの知友だったハンガリーの言語学者ジライの頌辞と、同じくハンガリーの民俗学者ヴィカールのムンカーチ頌詩とが巻頭をかざり、そのあとにこの本の編集者ウワーロフがムンカーチの小伝を執筆している。

　この本の主要な部分は、ムンカーチ自身による既発表の調査報告など三篇の文章と、彼が集録したウドムルト族の民謡や口承文学のテキストから成り、巻

末にはムンカーチの著作目録と、口承テキストのウドムルト人報告者の人名索引がついている。このほか、ムンカーチの肖像や、彼の調査当時の現地撮影などの写真が11葉、文中に掲載されている。

巻頭の頌辞の筆者ジライ (Zsirai Miklós, 1892-1955) は、1930～50年代のブダペスト大学の言語学教授で、『我が（ハンガリーの）フィン・ウゴル系親縁諸民族』(Finnugor rokonságunk, Budapest, 1937) という大著がある。（このジライ教授は、私のハンガリー留学時代〔1940～42〕に指導を受けた恩師だが、当時の講義の中でムンカーチの業績を讃えられたことも、この本を読んで懐しく思い出した）。頌詩のヴィカール (Vikár Béla, 1859-1945) は、ハンガリーの民俗音楽研究家で、フィンランドの民族詩「カレワラ」のハンガリー訳者として知られる。尚、この本の編集者であり、ムンカーチ評伝を書いているウドムルトの民俗学者ウワーロフ (Анатолий Н. Уваров) の経歴は詳らかでないが、この小伝の中で、ウドムルト族の言語・民俗研究に関するムンカーチの業績を紹介し、彼に対して敬愛と感謝の言葉を捧げている。

そのあとの、ムンカーチ自身の筆になる文章は、青年時代の現地調査旅行の記録「ヴォチャーク族の間で」(A votjákok közt) (1892-93)（「ヴォチャーク」はウドムルト族の旧称）、第一次大戦当時ロシア兵でハンガリーの捕虜になったウドムルト族出身者を調査した報告「エステルゴムの捕虜収容所にて」(Az esztergomi fogolytáborban) (1916)（エステルゴムは収容所のあったハンガリーの地名）、ロシア革命後のウドムルト族の民族文化について述べた「近年のヴォチャーク語文学」(cújabb votják irodalom) (1927) の三篇で、何れも嘗つてハンガリーの学術雑誌に発表された論文からの抜萃である。

この本の後半には、ムンカーチが蒐集したウドムルト族の口承文学資料が、上述のように三つの言語の対訳で収録されているが、その内訳は、短い民謡が47篇（「婚礼の歌」「兵士の歌」など五つのグループに分類されている）と、やや長い英雄伝説1篇（「カルメズの英雄たち」）とである。

ムンカーチ・ベルナート（ハンガリーの人名は「姓・名」の順序）は、1860年生れのハンガリーの学者で、その研究対象は、民族移動時代のマジャル族

（ハンガリー民族）の他民族との接触や借用語の問題から、ハンガリーの親縁民族であるフィン・ウゴル（ウラル）系諸族〔ウドムルトやマンシ〕の言語民俗研究にいたるまで、きわめて広汎な領域にわたっている。

　青年時代から彼の一貫したプリンシプルは、現地調査による資料蒐集をすべての研究の出発点とすることであった。彼の最初の言語学的業績は、「モルドヴァのチャーンゴー族の方言」（A moldvai Csángók nyelvjárása. Budapest, 1881）だが、これはルーマニアのモルダヴィア地域の一部で話されているハンガリー語チャーンゴー（Csángó）方言の研究である。

　ムンカーチのウドムルト族への関心は、ロシア民俗学者ガヴリロフ（Б. Гаврилов）の『カザン県及びヴィヤトカ県のヴォチャーク族の民間詩、儀礼、民間信仰』（Произведения народной словесности, обряды иповерья вотяков Казанской и Вятской губерний. Казань, 1880）という資料に接したことにはじまる。彼はこの資料に基づいて「ヴォチャーク語資料集」（Votják nyelvmutatványok. 1883-84）を、ハンガリーの学術誌『言語学報告』に発表し、翌1885年には、ハンガリー学士院の援助を得て、ウドムルト族の現地調査を目的とするロシアへの研究旅行に出発する。

　ムンカーチは先ずカザンへ赴き、ここのセミナリウムで学んでいたウドムルトの青年たちと知り合い、彼らをインフォーマントとして言語調査に没頭する。その中の一人にニコライ・イワノフというすぐれた学生がいて、ムンカーチは彼と親交を結び、相携えてウドムルト族の住む町や村を訪れ、多くの言語・民俗資料を採録した。

　約4ヶ月にわたるこの現地調査の成果は、彼のハンガリー帰国後、『ヴォチャーク族の民間詩伝承』（Votják népköltési hagyományok. Budapest, 1887）及び、『ヴォチャーク語辞典』（Votják nyelv szótára. Budapest, 1892-96）（4巻本）の大著として公刊された。

　尚、このあとムンカーチは、民族移動時代のハンガリー族と接触をもったと推定されるチュルク系のチュワシュ族を、カマ河流域の住地に訪ねて、この地においても若干の現地調査を行ったが、その成果は後に「チュワシュの言語学的ノート」（Csuvas nyelvészeti jegyzetek, 1887-90）という論文で発表されてい

る。

　更に1888年、ムンカーチは、言語的にハンガリーと最も近い親縁関係にある西部シベリアのマンシ族（旧称ヴォグル族）の現地研究を行った。オビ河流域の広い地域に散在するマンシ族の村々を踏査したこの研究旅行の成果は、厖大な言語・民俗資料の蒐集として後世にのこされたが、これらの一部は、やがて大冊の『ヴォグル族の民間詩蒐集』（Vogul népköltési gyüjtemény. Budapest, 1892-1921）（4巻）をはじめ、数十篇の論文によって発表された。

　尚、第一次大戦中、ムンカーチが、ハンガリーの捕虜収容所で、ウドムルト族出身のロシア兵たちの言語調査を行ったことは前に述べたが、この調査報告の中で彼は、久しぶりにヴォチャーク語による会話の機会を得たことを喜び、青年時代に現地で知り合ったウドムルトの旧友たちの消息を懐しく耳にした、と記している。

　ムンカーチが数次の現地調査で蒐集した資料は、あまりにも大量であったため、彼の死後も未公刊のままのこされたものが多い。これらの遺稿のうち、最も重要な語彙集をふくむマンシ語資料の一部は、第二次大戦後になってハンガリーの言語学者カールマーン（kálmán Béla）の手で整理・発表され、一方、ウドムルト関係の民俗資料は、ムンカーチの教え子で協力者だったフォコシュ・フックス（Fokos-Fuchs Dávid）によって、『ヴォチャーク族の民俗慣習と民間詩』（Volksbräuche und Volksdichtung der Wotjaken. Helsinki, 1952）の題名で、フィンランドのフィン・ウゴル協会叢書の一冊として公刊された。

随　　想
――書物と人々――

シロコゴロフのトゥングース語辞典

　シロコゴロフ教授（1889-1939）はロシアの民族学者で帝政時代にたびたびシベリアの学術調査を行い、特にトゥングース・満洲族について多くの資料を蒐集したが、ロシア革命後は中国へ移り、民族学・人類学・言語学など多方面にわたる著書・論文を続々と発表して、国際的にもその名を広く知られた。昭和8年には夫妻で来日したこともあり、その主著のうち、『北方ツングースの社会構成』（川久保悌郎・田中克己訳）（岩波書店、昭和16年）、『満洲族の社会組織』（大間知篤三・戸田茂喜訳）（刀江書院、昭和42年）が邦訳されている。

　ここに挙げた『トゥングース語辞典』は、縦36センチ、横25センチの大冊。内容はトゥングース語とロシア語の対訳辞典（トゥングース・ロシアの部が296頁、ロシア・トゥングースの部が100頁）で、シロコゴロフ教授の蒐集・編集した草稿によって夫人が筆写したノートを原寸大の写真版にしたもの。保谷の日本民族学協会から昭和19年（1944）に出版され昭和28年には再版が出ている。

　この辞典は、シロコゴロフ教授が未発表のままのこした大量の遺稿の一部で、アルタイ言語学にとっては貴重な資料だが、この資料が日の目を見るまでには私自身もいくらかの役割をつとめたので、私の蔵書中でも愛着の深いもののひとつになっている。

　戦時中の昭和18年の春、私は江上波夫先生の助手として、そのころ勤めていた研究所から派遣されて1ケ月ほど北京に滞在した。この辞典の原稿は、そのときシロコゴロフ未亡人から寄託されて私たちが日本へ持ち帰ったのだが、夫人はその数ケ月後に急死され（他殺という噂だったが真相は分らない）、シロコゴロフ教授のほかの遺稿も旧蔵書もすべて湮滅してしまったらしい。

　シロコゴロフ夫人は北京の街の景山の麓に住んで居られ、私は2回ほどお訪ねした。話し好きな気さくな方だったが、戦前のヨーロッパ婦人らしい風格があって、ヨーロッパの留学生活から帰国して間もなかった私は大変なつかしい

気持になったことを覚えている。そのとき、この辞典の次には、今タイプで自分がコピーしている故人の別の遺稿もぜひ日本で出版してもらいたいと言って、大部な原稿を見せられたが、これは晩年のシロコゴロフ教授がライフ・ワークとして完成したという大著、『民族学』の一部だったらしい。この原稿もおそらくそのまま世に出ないで湮滅してしまったのだろう。

日本へ来たハンガリー人
　　―幕末から明治まで―

　先日、部屋の中の本や雑誌の山を整理していたら、大分以前に或る会合で話をするため準備した古いメモが出て来た。その話自体は、今までに知られている事柄を年代順にならべただけのものに過ぎないのだが、せっかくメモが見つかったことでもあり、一応ここでその要旨をまとめておくことにしよう。

　日本へ最初に来たハンガリー人は、今までのヨーロッパ側の史料によれば、イェルキ（Jelky András）（1730？-83）という人物であるらしい。
　イェルキは、ハンガリー中部のドナウ河畔の町バヤで仕立屋の息子として生まれ、若い頃に故郷を離れて遍歴、オランダで軍隊に入り、海賊や難船など様々な苦難を切り抜けてジャワ島のバタヴィア（現在のジャカルタ）へ辿り着く。ここで彼はその商才によって認められ、オランダ政府の役人として商談のため日本へ派遣されたといわれる。
　後年（1775年）、イェルキはヨーロッパへもどり、ヴィーンやブダに住んだが、その冒険家としての活動と、アジア各地での豊富な体験によって、当時のヨーロッパでの一廉の有名人となり、オーストリアのマリア・テレジア女帝にも謁見を許されたという。
　イェルキの数奇な生涯は、すでに彼の在世中に、本人からの聞き書といわれる『アンドレアス・イェルキ氏の物語』（1779）というドイツ語の自伝が出ているが、その後も様々な改訂版が流布して広く読まれた。更に19世紀になると、彼の祖国ハンガリーでも、作家ヘヴェシ（Hevesi Lajos）による『バヤの若者イェルキ・アンドラーシュの驚くべき冒険』（1872）が青少年向きの読みものとして人気を博し、イェルキは「ハンガリーのロビンソン」と呼ばれるようになった。
　尚、イェルキの事蹟に関しては、近年も彼の故郷のバヤで新たな研究が出て

いる。それはバヤの民俗博物館長ショイモシュ（Solymos Ede）の『イェルキ・アンドラーシュとは誰か』(1983) で、これによるとイェルキの日本寄港説にはまだ文献的確証が欠けているので、更に長崎のオランダ商館関係史料などの再検討が必要だとしている。

　幕末の日本へ来たもう一人のハンガリー人は、やはり遍歴の生涯を送った冒険家として、同じころ欧米で有名だったベニョフスキ（Benyovsky Móric）(1746?-86) である。

　ベニョフスキは、ベルボヴァ（現在はスロヴァキア領）に生まれたハンガリー人。当時のポーランドで蜂起した反ロシアの反乱軍に加わり、捕虜となってカムチャツカへ流されたが、1771年、仲間を募って船を奪い海路脱走する。途中、阿波の日和佐、奄美大島、台湾の沿岸で食糧や水を補給しながらマカオに上陸、そこに暫く滞在した後、フランスへ向う。ここで仲間と別れたベニョフスキは、フランス政府に雇われて、マダガスカルの植民地政策に協力したが、フランス側との不和からヨーロッパへもどる。その後、バイエルン継承戦争に従軍したり、アメリカへ渡って貿易に携わったりしたが、最後には再びマダガスカルへ赴いて、今度は反フランス派の蜂起を指揮、一時はこの島の支配者と称したが、フランス軍に攻められて戦死した。

　ベニョフスキの遺した回想録（フランス語）は、彼の死後間もなく英訳版『マウリティウス・アウグストゥス・ド・ベニョフスキーの回想録と旅行記』(1790) として出版されて、当時の読書界に大きな反響を引きおこし、やがてヨーロッパの諸言語にも相次いで翻訳され、ベニョフスキの名を広く欧米に知らしめることになった。

　ハンガリーでも、ベニョフスキを扱った作家には、詩人グヴァダーニ（Gvadányi József）らがあり、中でも19世紀ハンガリーの国民的作家ヨーカイ（Jókai Mór）は、ベニョフスキの評伝（1887）のほか、回想録のハンガリー訳をも自ら手がけている。

　ベニョフスキの事蹟については、日本の読書界では、平凡社の「東洋文庫」叢書の一冊として『ベニョフスキー航海記』（水口志計夫・沼田次郎編訳）(1970) が出て、その詳細が広く知られるようになった。この本の中には、カ

ムチャツカから日本を経てマカオに至る航海記の邦訳と、ベニョフスキ関係史料が収録されて居り、訳者たちの解説によって、これまでの研究史も知ることができる。

ベニョフスキは、当時の冒険家にありがちな誇張癖・虚言癖の強い人物だったらしく、彼の航海記にも、航路や日付に関してはかなりの創作が加えられていることは明らかだが、日本沿岸への寄港の事実については、阿波や奄美大島の寄港地から長崎出島のオランダ商館宛に書かれた書翰の研究によって確証されている。尚、ロシア人の南下を知らせて、林子平の『海国兵談』などに見える国防意識の高まりを日本にもたらしたこの書翰の筆者は、日本側の史料ではハンベンゴロという「異国人」だが、これも明治の三宅米吉以来の研究によって、ハンベンゴロとベニョフスキは同一人物であることが確認された。

明治の開国以後の来日ハンガリー人については、何らかの分野での著名な人物のみをえらんで2・3挙げておこう。

明治の初年には、ハンガリーの貴族で地理学者だったセーチェーニ（Széchenyi Béla）（1837-1918）が来日している。彼は自分の資金で、1877年、内陸アジア調査隊を組織し、約3年間に亘ってインド、チベット、中国の各地で地理学的な調査を行った。日本に関しては、比較的短期間の滞在だったが、その時期が西南戦争直後の政情不安の時代であり、東京では竹橋事件の当日に際会して、事態の収拾に疲労困憊した伊藤博文と会見したという証言を遺している。尚、この調査隊の報告書は、後に隊員のクレイトネル（Kreitner Gusztáv）によって出版された。

ハンガリーの音楽家では、1886年（明治19年）にヴァイオリニストのレメーニ（Reményi Ede）（1828-98）が来日して、明治天皇の御前演奏や鹿鳴館の演奏会に出演している。

レメーニは、ブラームスの共演者として知られたヨーロッパ楽壇の名手。当時は未だアジアへの演奏旅行などは考えられなかった時代だから、日本の政府がわざわざ鹿鳴館のために招んだのだろうか。だが、その頃の日本の新聞は、レメーニを「墺国の伶人」（オーストリアの音楽家）と紹介して、ハンガリー人とは扱っていない。これは当時の日本人の意識では、ハンガリーはオースト

リア・ハンガリー二重帝国の一員であって、独立国とは思われていなかったからかも知れない。それでもレメーニの名声は在留の外国人には広まっていたとみえ、横浜の英字新聞にはこの音楽会の記事がかなり詳しく載っている。

　明治末年ごろの異色ある来日ハンガリー人には、バラートシ・バログ (Baráthosi Balogh Benedek)（1870 – 1945）がいる。彼は民俗学者・旅行記作家として、何度か東アジアを旅行し、多くの旅行記を遺した。日本へは1903年と1914年に来ているが、14年の時には北海道各地を踏査して、その際蒐集したアイヌ関係資料は、現在ブダペストの国立民俗学博物館に収蔵されている。戦乱や移転などのため長年埋もれていたこのコレクションは近年整理されて、1996年にはその一部が北海道で展覧されたそうだ。

〔ハンガリーの人名は、日本と同様に「姓・名」の順序〕

ロッツ・コレクションについて

　欧米の学者や蒐書家の遺したコレクションで、日本へ将来されたものの中では、中国・東洋学関係のモリソン文庫（東洋文庫所蔵）、経済学のメンガー文庫（一橋大図書館）、音楽史のカミングス文庫（南葵文庫旧蔵、現在は個人所蔵）や、インド学のマックス・ミュラー文庫（震災の際に東大で焼失）などが有名だが、このほかにも、第一次大戦直後のインフレーション時代のドイツやオーストリアからはさまざまな分野のコレクションが日本へ入っているにちがいない。

　第二次大戦後は、欧米でも新しい大学や図書館がふえたせいか、有名なコレクションは公共の施設におさめられることが多くなったようだが、以前はよく海外の大きな古書店から、知名の学者の旧蔵書売立目録を送ってきたものだった（特に1930年代のドイツにこの種の売立が多かったのは、おそらくナチスによるユダヤ人学者追放という暗い時代背景があったからだろう）。そういうコレクションの一部は当然日本へも入り、今でも個人の蔵書となっているものが多い。

　言語学関係の欧米学者の旧蔵書についても、英語・ドイツ語・フランス語学のような部門のコレクションなら、日本の各大学・図書館の蔵書中に珍しくはあるまい（その中で、最も大きなコレクションは、英語学の市河三喜博士が留学中に購入されたという英国の音声学・言語学者ヘンリー・スウィートの旧蔵書だったろうが、これは関東大震災で焼失してしまったときいている）。

　ただし、日本の大学に講座がなく、従って、研究者の数も少ない小国の言語については、まとまったコレクションが購入されたという話はほとんどきかない。その意味で、最近アメリカから将来されたハンガリー語を中心とするウラル言語学の故ロッツ教授旧蔵書（関西外語大で購入予定）は、異色あるコレクションとして、今後は広く北方アジア諸言語研究の分野にも、貴重な資料とし

て役立つことが期待される。

　このコレクションの旧蔵書ジョン・ロッツ（John Lotz）（ハンガリー風にいえばロッツ・ヤーノシュ Lotz János）は、アメリカへ移住したハンガリー人を両親として、1913年ミルウォーキーに生まれた。7歳の時に両親と共にハンガリーへもどって教育を受け、1935年ブダペスト大学を卒業、1937年には優秀な成績で哲学及び言語学の学位を得ている。

　1935年から47年まではスウェーデンに住み、ストックホルム大学のハンガリー講座を担任した。ちょうどこの時期に、ナチス・ドイツの圧迫を避けてチェコからスウェーデンへ移ったロマン・ヤーコブソンの教えを受け、ウラル語学における構造主義的パイオニアの一人となった。

　戦後の1947年、アメリカへ渡ってコロンビア大学でハンガリー語を教え、やがて一般言語学およびウラル・アルタイ諸言語部門の主任として1967年までコロンビア大学教授。その後、1971年までワシントンの応用言語センター所長もつとめ、1973年8月に60歳で没している。

　ロッツはアメリカの学者としては地味な人柄だったらしく、発表論文の数こそ少ないが、何れも珠玉の労作であり、ことに彼がスウェーデン時代に書いた『ハンガリー語の言語体系』（Das ungarische Sprachsystem. Stockholm, 1939.）は、ハンガリー語に関する構造主義的研究のすぐれた成果として、今日も高く評価されている。

　ロッツは書斎の学者であり、フィールドワークにはあまり縁がなかったようだが、彼の蔵書内容からも明かなように、自分の専門分野にかぎらず、極めて広い学問的関心の持主だったといわれる。母国ハンガリーの学界にも知己が多く、客員教授として度々ブダペスト大学へ出講していた。

　コレクションの内訳は、ウラル語学関係と一般言語学の二部に分れる。

　ウラル語学の方は、単行本と論文を併せて約2500種、雑誌・定期刊行物が約50種、論文抜刷が約900種、そのほか若干の言語研修用レコード類から成っている。

　単行本・論文では、ハンガリー語学関係のものは洩れなく集められて居り、ハンガリー語以外のウラル系諸言語に関する研究書も、ハンガリーで刊行され

たものはほとんど揃っている。そのほか、若干の文学書もあり、主なハンガリー作家の作品は一応見ることができる。

　雑誌類では、ウラル語学に関するものは、ハンガリー、フィンランド、エストニアをはじめ、その他の諸国で出ているものまですべて網羅されて居り、ハンガリーの国語学・方言学の定期刊行物もほとんど入っている。ことに19世紀以来の歴史をもつ、ハンガリーやフィンランドの言語学関係の諸雑誌（"keleti Szemle" など約10種）が、すべて初号から揃っているのは大変ありがたい。

　尚、有名な学者の遺したコレクションの中には、各国の学者たちから寄贈された論文抜刷の厖大な蒐集が必ずあるものだが、このロッツ・コレクションにも、約900種（一般言語学関係を加えれば3000種以上にのぼる）の抜刷がふくまれ、貴重な研究資料となっている。

　また、一方の一般言語学部門のコレクションには、単行本・論文が約2500種、雑誌・定期刊行物が約100種、論文抜刷が約2200種、そのほか、未刊行の報告書草稿などが含まれる。

　この一般言語学関係の単行本の中には、日本のどこの大学にもあるような、近年の言語学の概説書は比較的少なく、古代エジプト語、古代インド語やエトルスクのような古典語から、ドラヴィダやエスキモーのようなヨーロッパ以外の現代語にいたるまで、多種多様な諸言語の文法書が入っていて、ロッツの視野の広い学風をうかがわせる。

　雑誌の部門では、現在刊行されている世界各国の言語学雑誌が、ほとんど初号から揃って居り、ことに北欧諸国の雑誌の多いのが特色といえよう。

シベリアの旅行記

　現在のシベリアには、ロシア人のほかに、それぞれ異なる言語を話す30以上の民族が住んでいる。彼らのうちには、ウクライナ人やユダヤ人のようにあとから移住して来たものもあるが、大部分はロシア人が入って来る前からシベリアに住んでいた民族である。

　こういうシベリアの原住民たちの多くは、ソヴェートになってから始めて文字をもったわけで、今世紀のはじめまでは自分たちの手による記録を残していない。従って、彼らの民俗や言語の歴史を知るには、19世紀以前にシベリアを訪れたロシアや諸外国の探険家・学者たちの旅行記や調査報告の類が、何よりも貴重な研究資料なのである。

　シベリアに住む多くの原住民について、はじめて正確な知識をヨーロッパに伝えたのは、ストラーレンベルクの『ヨーロッパとアジアの東北部』(1730) という本である。この著者はスウェーデンの軍人で、カール十二世のロシア遠征に従い、ポルタヴァの戦いで捕虜となって13年間シベリアで抑留生活を送り、その期間にシベリア・欧露の原住民を調査したり、シベリア地図を作ったりした。時のピョートル大帝も彼の才を惜しんで、ロシアの官吏になることをすすめたという。この本は当時のヨーロッパの学界に大きな反響をひきおこしたが、今日でもシベリア研究には欠くことのできない重要な文献である（このストラーレンベルクについては、彼の同国人ストリンドベルイの図書館員時代に書いた論考がある）。

　これと同時期の著名なシベリア旅行家に、ストラーレンベルクの親しい友人だったドイツの医者メッサーシュミットがある。彼はピョートル時代にロシアへ招かれたドイツの学者の一人で、ロシアのアカデミーの委託をうけて、1720年から約7年間シベリア各地を踏査し、厖大な旅行日誌や調査報告をのこした。しかし、その草稿の大部分は、いろいろな事情で未公刊のままアカデミーのア

ルヒーフに収蔵されてしまい、2世紀半もすぎた近年になって漸く東独から出版されはじめたばかりである。

これについで、シベリア探険史に有名なベーリングが登場する。彼はピョートル時代にロシアへ来たデンマーク生れの外国人で、二度のカムチャツカ探険を指揮して名声を博した。第一回の探険では、アジアとアメリカが海峡で隔てられていることを始めて明かにし、二回目は大規模なシベリア探険の海上隊としてアラスカ沿岸まで到達したが、帰途ベーリング島で多くの隊員と共に壊血病で死んだ。この時の生残りのひとりに、ステレルという狷介な若い自然科学者があり、動植物から住民の習俗にまで及ぶすぐれた記録『カムチャツカ誌』をのこした。また、もう一つの『カムチャツカ誌』を書いた高名なクラシェニンニコフも、まだ若い学生としてこの探険に参加していた。陸上隊の方の中心は、植物学者グメーリンと歴史家ミルレルで、グメーリンには『シベリア旅行記』の著があり、シベリア紀行の古典の一つとして知られている。

18世紀後半になると、金星の太陽面通過という天文学上の現象が二回あって、観測の好適地としてのシベリアが各国の学者の注目をひいた。第一回観測(1761)の機会にシベリアを踏査したのは、フランスの天文学者シャプ・ドートロシュで、『シベリア旅行記』と題する豪華版の大冊をあらわしている。第二回(1769)の時は、新たにシベリア探険隊が組織され、その隊員の一人だったパラスが『ロシア帝国諸地方旅行記』を書いた。パラスはまた、エカテリーナ女帝の命をうけて、『全世界言語比較語彙』という大きな単語集を編んだが、その改訂版を作る際に、丁度ペテルブルグに来ていた例の『北槎聞略』の漂流民大黒屋光太夫が、日本語の部分の訂正に協力したというエピソードがある。

これと同じ頃、ポーランド独立運動に参加してカムチャツカ流刑になったハンガリー生れのベニョフスキーという人物が、同志たちと図って軍艦を奪い、日本や琉球を経てヨーロッパへ脱出した事件があった。日本ではハンベンゴロウの名で知られているこの冒険家の有名な回想録にも、シベリアやカムチャツカのことがかなり詳しく出て来るが、彼の記述には興味本位の誇張が多いので資料としての価値に乏しい。

18世紀末には、世界周航中のラペルーズの艦隊がカムチャツカに寄港し、若

い通訳として乗組んでいたレセップス（スエズ運河建設者の伯父）が、ここから陸路シベリアを経てフランスへ帰国した。ラペルーズの一行はその後南太平洋で行方不明になったが、レセップスの携行した草稿によって『世界周航記』が公刊され、レセップス自身もカムチャッカ・シベリア紀行を書いてヨーロッパ諸国で広く名を知られた（ラペルーズ艦隊の遺品は、約40年後になって、フランス海軍のデュモン・デュルヴィル――例のミロのヴィナスの発見者――によって漸く確認された）。

　19世紀に入ると、ロシアをはじめヨーロッパ諸国の学者たちによるシベリアの現地調査が盛んになり、各民族ごとに民俗・言語資料が蒐集されはじめた。比較的広い調査を行った人だけでも、ミッテンドルフ、ラドロフ、カストレン、シュレンクらがあり、それぞれ詳細な旅行記を含む大部の調査報告を出版している。

　一方、北方航路への関心が高まるにつれて、シベリア沿岸の航海記も多く出るようになったが、その中で日本にもよく知られているのは、スウェーデンの地理学者ノルデンシェルドの『ヴェガ号欧亜周航記』だろう。ヴェガ号は北方航路を開いたのち、1879年（明治12年）日本へもしばらく寄港したが、その際に、ノルデンシェルドの蒐集した書籍・地図類は現在ストックホルムの王立図書館に所蔵され、ヨーロッパでは有数の和本のコレクションとして知られている。

　このほか、19世紀後半の著名なシベリア旅行記の一つに、アメリカのジョージ・ケナン（同名の元駐ソ大使の外祖父）の『シベリアの天幕生活』がある。これは、その頃シベリア経由でヨーロッパまで電線を敷設しようと企てた露米電信会社の予備調査隊の記録で、この事業は大西洋の海底電線の開通で全く無駄に終ったが、このためケナンは後年シベリア研究の専門家となり、『シベリアの流刑制度』という名著をあらわした。チェーホフは、このケナンの著を読んで樺太旅行の計画を立てたという。

　明治以後になると、日本人のシベリア旅行記もあらわれるようになったが、これらは大抵ただシベリアを通過しただけの旅日記にすぎないので、原住民の研究資料としてはほとんど役に立たない。ただし、その中でも、榎本武揚の

『シベリア日記』(明治11年)だけは、その周到な準備といい、精密な観察といい、それまでのロシア人やヨーロッパ人の多くのシベリア紀行に劣らないすぐれた旅行記録として資料的価値も高い。

戦前のブダペスト大学

　私がハンガリーへ留学したのは、半世紀前の1940～42年で、それも第二次大戦中の慌しい時期だったから、今の若い人たちの留学に比べれば決してよい時代だったとはいえまい。だが、戦火に脅かされて心労の多かったこの2年半の学生生活は、私にとって、かえって忘れ難い貴重な思い出ともなっている。
　ハンガリーは、1941年の独ソ開戦以後、ドイツ側について参戦したが、始めのうちはまだ空襲もなかったので、大学の講義も平常通り行われていた。
　私が在学したブダペスト大学（当時の正式の名称はパーズマーニュ・ペーテル大学）のキャンパスは、市内を流れるドナウ河東岸の中心街にあり、河の西岸の山手に住んでいた私は、学校への往復にはいつでも、ドナウの長い鉄橋を歩いて渡り、ブダペストの街の四季の景観を楽しんだ。
　その頃のブダペスト大学にはまだ、第一次大戦前のオーストリア・ハンガリー二重帝国時代からの老先生たちも何人かは残って居られた。
　その一人、東洋語学のプレーレ（Pröhle Vilmos）さんは、明治30年代に暫らくハンガリーに留学された白鳥庫吉先生と親しい付合いがあったとのことで、研究室の壁にはいつも、白鳥先生からの贈りものだという浮世絵がかかっていた。
　また、ゲッシェン叢書の『トルコ語文典』で、日本の学界にも知られていたネーメト（Németh Gyula）先生もまだ健在で、そのオルホン碑文解読は評判の講義だったから、フィンランドのカラフカ君（ラムステッドの晩年の弟子）やハッサン・エレン君（後年のアンカラ大学教授）ら、国外からの聴講者も多かった。ネーメト先生は、私の住んでいた大学の学生寮のパーティーなどでよくお目にかかったが、我々若い学生がつまらない質問をしても、一々丁寧に説明してくださる親切な方だった。
　言語学科にはラジツィウス（Laziczius Gyula）さんという異色の先生も居ら

れた。若い頃に文芸評論家としてドストエフスキー論などを書いて認められ、一方ではプラハ派の言語理論を学んで、大先輩のトルベツコイに手ごわい論争相手として気に入られたという気鋭の論客だった。

　私はハンガリーへ行く前に、このラジツィウスさんの音韻論の論文を翻訳して或る雑誌に載せていたので、先生の講義（印欧言語学史）をききはじめて間もなく、その抜刷を臆面もなく教室で差し上げた。だが、あとで気がついたら、当時の日本は国際的な著作権条約に加入していなかったので、著者に無断で発表してしまっていたわけだ。しかも、まわりの学生にきくと、ラジツィウス先生はハンガリー人には珍しく狷介な、大変気むずかしい人物で、同僚の先生たちにも煙たがられているのだという。

　こんな噂を耳にしてからは、先生の講義をきいていても何となく居心地が悪くなり、近付きがたい存在として敬遠したまま時が経った。ところが、私が帰国する少し前のことだったろうか、国立歌劇場へレスピーギの「焔」という珍しいオペラをききに行ったら、思いがけず隣の席にラジツィウス先生が入って来られた。

　咄嗟のことで私が話題に困っていると、先生は教室とはまるで別人のように気楽なオペラ歌手の品評などはじめられ、大変後味のいい一夕を楽しませてくださった。小国の知識人の象徴のような、ラジツィウス先生の変転と不運の生涯を私が知ったのは、はるか後年、先生の没後も大分経ってからのことだった。

　戦後の1965年、二十何年ぶりでハンガリーを訪れた時には、私が教えを受けた先生たちの大半は、すでになくなったり、或いは国を去ったりして、ブダペスト大学（戦後はエトヴェシュ・ロラーンド大学と改称）の講座は私と同年輩の、次の世代の人たちが中心になっていた。それから更に四半世紀が過ぎた現在では、もうどの部門でも昔の先生たちの孫弟子の時代になっているようだ。

ブダペスト大学

　東ヨーロッパには、14世紀に創立されたチェコのプラハ大学やポーランドのクラクフ大学のように、古い歴史をもつ有名な大学があるが、ここで紹介するハンガリーのブダペスト大学も、それとならんで、東ヨーロッパの代表的な大学の一つに数えられている。

　私がブダペスト大学へ留学したのは25・6年も昔のことだし、その上第二次大戦を境にハンガリーの教育制度にも大きな変化があったので、今日のハンガリーの学生生活を語るにはほかに適任の方があると思う。ここではただ、昨年（1965年）の秋、戦後はじめてブダペスト大学を訪ねた際の短期間の見聞を記して責を果すこととする。

　はじめに、一応この大学の沿革・構成などについて述べておこう。

　現在のハンガリーには、綜合大学がブダペスト（法・文・理学部）、デブレツェン（文・理学部）、セゲド（法・文・理学部）、ペーチ（現在は法学部のみ）の各都市にあり、そのほか単科大学として、医科大学が4校（ブダペスト、デブレツェン、セゲド、ペーチ各大学の医学部が近年独立したもの）、工業大学が4校（ブダペストに2校、ミシュコルツ、ヴェスプレームに各1校）、農業大学が1校（ゲデレー）、経済大学が1校（ブダペスト）、それぞれ国内各都市に置かれている。それらの大学はすべて国立で、そのうち最も規模の大きいのがブダペスト大学である。

　ブダペスト大学は、正式の名称を「エトヴェシュ・ロラーンド大学」（Eötvös Loránd Tudományegyetem）という（エトヴェシュ・ロラーンドは19世紀末の有名な物理学者で、文部大臣もつとめ、教育制度の改革を行った人である）。この大学の前身は、1635年カトリックの学僧パーズマーニュ・ペーテルによって、ナジソンバトという町（現在はチェコ領）に設立され、はじめはイエズス会士を中心とする神学部と哲学部だけだったが、やがて法学部、医学部も開設

され、その後、18世紀後半にブダペストへ移転して今日に及んだ。

　ハンガリーの国土は、19世紀半ばの独立戦争と、20世紀に入ってからの2回の世界大戦で大きな被害を受けたが、このブダペスト大学もその災禍を免れることはできなかった。ことに第二次大戦の末期には、ブダペスト市街が独ソ両軍の激戦場となり、幸いに大学の建物の破壊はその一部だけにとどまったけれども、教員・学生には多くの犠牲者を出した。

　第二次大戦後には、社会各分野の急激な変転に応じて、大学の機構や制度にもいろいろな改革が行われた。たとえば、1950年には神学部が廃止され、1951年には医学部が独立の単科大学となり、同じ年に、従来の哲学部が2学部に分れて、哲学部（文学部）と自然科学部（理学部）とになった。したがって、現在のブダペスト大学は、法学・哲学・自然科学の3学部をもっていることになる。

　1959－60年度の統計によると、ブダペスト大学全体の講座数は100、教員数は564名、学生数は昼間部2467名、夜間部103名、通信教育部2218名である。学生の在学年数は各学部とも5年で、一学年は二学期（前半学期が9月－12月、後半学期が2月－5月）に分れ、毎学期14週ずつの講義が行われる。入学のときには選抜試験があり、学部によっては近年かなりの競争率に達しているという。大学の5年間の課程を終えると国家試験があって、これに合格すれば学位又は教員資格が与えられる。尚、大学の教官は、戦前には、一講座についてそれぞれ、正教授、助教授、講師（独墺における Privatdozent）を置く制度だったが、戦後の学制改革で、教授、ドツェンシュ（日本の大学の助教授に当る）アジュンクトゥシュ（専任講師に当る）という職制に改められた。このほか助手、外人講師などが、各研究室に所属していることは、戦前と変らない。

　ブダペスト大学の建物は、ほかのヨーロッパの古い都市にある大学と同様、学部ごとに市中の数ケ所に分散している。このほか、古い歴史をもつ独立の大学図書館があって、これも幸いに第二次大戦の戦火を免れ、貴重な古写本のコレクションをふくむ約95万冊の図書を所蔵している。

　次に、私の所属していた哲学部（文学部）を中心に、この大学の戦前と現在とを比較してみよう。

私の留学していた時代の学生便覧を見ると、1940－41年度の文科系の学科は、次のような種目に分けられていた。

（1）哲学、美学・教育学、（2）ギリシャ・ラテン文献学、（3）ハンガリー語・ハンガリー文学、（4）一般・比較言語学、（5）東洋語学、（6）近代諸言語・文学（これはゲルマン、ロマンス、スラヴの三学科に分れる）、（7）歴史（ハンガリー史、世界史、美術史、音楽史などをふくむ）、（8）地理学、民俗学。

これに対して、現在（1965－66年度）の文学部の学科目は、下記のように細かく分れ、35科目になっている。

ハンガリー語・ハンガリー文学—英語・英文学—ドイツ語・ドイツ文学—フランス語・フランス文学—イタリア語・イタリア文学—ルーマニア語・ルーマニア文学—スペイン語・スペイン文学—ロシア語・ロシア文学—ブルガリア語・ブルガリア文学—チェコ語・チェコ文学—ポーランド語・ポーランド文学—セルボクロアチア語・セルボクロアチア文学—スロヴァキア語・スロヴァキア文学—ウクライナ語・ウクライナ文学—ラテン語・ラテン文学—ギリシャ語・ギリシャ文学—インド語・インド文学—イラン語・イラン文学—アラビア語・アラビア文学—トルコ語・トルコ文学—モンゴル語・モンゴル文学—チベット語・チベット文学—中国語・中国文学—フィン・ウゴル語学—歴史学—哲学—心理学—教育学—民俗学—考古学—美術史—芸術学—古文書学—図書館学—社会主義研究。

このように、学科の区別や専攻の選び方にはかなりの変化があったようだが、個々の講義題目を見ると、この学部における学問的関心が戦前・戦後を通じて一貫していることがわかる。その一つは、ルーマニア、チェコ、スロヴァキア、セルボ・クロアチアなど、近隣の東ヨーロッパ諸民族の言語・文学・歴史研究であり、もう一つの分野は、フィン・ウゴル諸語の研究を中心として、トルコ語学、モンゴル語学などをふくむ、いわゆるウラル・アルタイ諸言語の研究である。このうち、第一の分野の東ヨーロッパ研究が盛んなのは、ハンガリーの置かれている地理的位置から見て当然のことだが、一方のウラル・アルタイ語研究の伝統は、ハンガリー（マジャル）語が、ほかのヨーロッパ語とはちが

い、フィンランド語やシベリアのヴォグル（マンシ）語、オスチャーク（ハンティ）語、サモイェード語などと同じウラル語族の一言語だという、自国語の系統への関心からおこったものである。

教授陣の内容を見ると、先ずウラル・アルタイ語学の領域では、トルコ語のネーメット教授が国際的に最も有名である。ドイツの「ゲッシェン叢書」から出た『トルコ語文典』(1917) は、著者の27歳のときの労作だそうだが、名著として日本にも早くから知られていた。教授はすでに80歳に近く、近年は大学の講座から離れ、アカデミー附属の言語学研究所長の職にある。このネーメット教授には、むかし学生時代に私いろいろ指導を受けていたので、今度久しぶりでお目にかかるのを楽しみにしていたのだが、あいにく病臥して居られ、その機会を逸したのは誠に残念だった。

現在の東洋諸言語研究の指導的地位を占めているのは、蒙古学者のリゲティ教授で、大学で蒙古語・チベット語を教えるかたわら、科学アカデミー副総裁の要職にある。若いころからしばしば内陸アジアへ調査旅行を試み、昭和15年には数ケ月来日した。近年、「元朝秘史」のハンガリー訳を出している。

この大学の日本学の講義は、戦前の数年間ウイーン大学客員教授の岡正雄氏が担当され、私も学生時代に2年ほど日本語の講師を兼ねたことがある（このときの東洋語学科の主任はすでに高齢だったプレーレ教授で、明治時代にハンガリーへ留学された東洋史の白鳥庫吉博士の思い出をしばしば語られたことを記憶している）。この大学の日本語講座は、戦後十何年もの空白の期間を経て数年前に復活し、現在ブダペスト在住の羽仁協子氏と工芸博物館のマヨル氏によって会話・文法の講義が行われているが、まだ中国語のように独立した一講座にはなっていない。

ハンガリー語学に最も関係のふかいフィン・ウゴル語学の部門では、かつて私の指導教官だった主任のジライ教授、ゼミナール担当のジェルケ講師、言語理論のラジツィウス教授らが、戦後相次いで病没するという不幸が続いたが、現在ではラコー教授を中心とする若手のスタッフによって、この講座の輝かしい伝統が守られている。

一方、戦後の東ヨーロッパ研究を見ると、東欧各国の言語・文学研究がそれ

それ独立の講座をもち、戦前に比べて研究者の数も大幅にふえた。東欧史の分野では、すでに戦前からビザンチン史の大家として知られていたモラフチク教授が健在でギリシャ学科の主任教授をつとめている。

また、大学文学部の外部的な研究施設としてアカデミー附属の言語学研究所、文学史研究所、歴史学研究所が近年設立され、それぞれ多くの研究成果を発表している。

はじめに書いたように、昨年の秋、私は25年ぶりでブダペストを訪ねた。この25年間のハンガリーには、第二次大戦や、戦後のインフレ、政治・経済の変革、ブダペストの動乱など、さまざまな大事件があったので、昔の学生時代の友人たちともほとんど文通が絶えたままになっていた。私が一番たのしみにしていたのも、こういう友人たちとの再会だった。

ブダペスト市街は、戦争で完全に破壊されたときいていたが、現在では大部分が修復されて、街の景観はほとんど昔と変らない。ことに大学の建物は、一部をのぞけば運よく戦火を免れたので、その附近を歩いていると、25年前の学生時代がまるでつい昨日のことだったような気がする。ただ、哲学部が戦後二つの学部に分れたため、自然科学の部門がもとの建物にのこり、文学部はドナウ河畔の新しい場所に移った。

今度の約一ケ月のブダペスト滞在中、この文学部の研究室にはたびたび通った。いつも訪ねたのは、友達の多い東アジア関係や言語学の研究室だが、通りがかりにほかの学科の研究室の名札を見ると、中堅どころの教授クラスには見覚えのある名前が多い。昔の学生時代、私はこのブダペスト大学の学寮（コレギウム）に住んでいたのだが、見覚えのある名前というのは皆そのころ同じ寮にいた学生仲間らしい。昼食をたべにここの校内食堂（メンザ）へ行くと、いつも昔の顔見知りがたくさんいて、いろいろな思い出話のできるのが大変たのしかった。彼らのひとりひとりにこの25年間の体験をきくと、この国の人たちの戦中・戦後の生活の変転は、日本の私たちの比ではなかったことがわかる。だが、そんな苦労をしていながら、彼らが意外に気の若いのには感心した。昔、大学の教室や学生寮で一緒だった若い学生たちが、今度会ってみると禿頭や白

髪の紳士になっていて時の流れを感じたが、実際に話をしてみると、見かけだけは年より若く見える同年輩の日本人より、かえって彼らの方がはるかに気持が若い。これは人生観のせいか生活環境のせいか分らないが、ちょっと羨しいことだった。

　今度の滞在では、学生とゆっくり話し合う機会は少なかったが、向うの大学の先生たちの家にはたびたび招ばれたので、学者の生活については或程度知ることができた。月給は少壮教授級で4500フォリント（7万円）位ということだから、日本よりいくらか安いけれども、物価は一般に安いようだし、社会的地位からいえば大学の教師は日本に比べかなり高い方だといえる。ただ、学問的生活に欠くことのできない書物の入手については、日本の方がむしろめぐまれているようだ。ハンガリーの図書館は学術書や学術雑誌に関してはかなりよく揃っているが、外貨の関係もあって外国書の新刊は個人では中々手に入れにくい。ハンガリーの古本屋の店先が、いつも雑沓しているのはそのせいかもしれない。

ハンガリー科学アカデミー図書館

　ハンガリーにおける蒐書の歴史は、中世のパンノンハルマ（Pannonhalma）、エステルゴム（Esztergom）など、各地の修道院の文庫にはじまる。15世紀後半には、マーチャーシュ王（Mátyás）（在位、1458-90）の宮廷のコルヴィナ文庫（Bibliotheca Corviniana）が、ヨーロッパ有数の豪華な蔵書として広く知られたが、王の死後次第に散逸し、現在ではその旧蔵コデックスの約三分の一が、世界各国の図書館に分散して残存するにすぎない。

　近代的な意味でのハンガリー最初の図書館は、1802年にセーチェーニ（Széchényi Ferenc）によって設立された「国立セーチェーニ図書館」（Orsżágos Széchényi Könyvtár）（ブダペスト）であり、この図書館は、その蔵書の数においても現在ハンガリー第一の地位を占めている。これに次ぐ主要な図書館としては、それぞれかなり古い歴史をもつハンガリー科学アカデミー図書館、ブダペスト大学（エトヴェシュ・ロラーンド Eötvös Loránd 大学）図書館、首都図書館（設立者の名によってサポー・エルヴィン Szabó Ervin 図書館とも呼ばれる）などが挙げられるが、ここでは、特に東洋学関係のコレクションで有名な科学アカデミー図書館を紹介しておこう。

　この図書館は、正式の名称を「ハンガリー科学アカデミー図書館」（Magyar Tudományos Akadémia Könyvtára）という、機構上は科学アカデミーの附属施設であり、場所もアカデミーの建物の中に置かれているが、アカデミー会員あるいはその関係者のみの利用に供されているわけではなく、一般の研究者に対しても開かれた学術図書館である。

　最初の蔵書の基盤となったのは、1826年、ハンガリー科学アカデミーの初代院長テレキ（Teleki József）が寄贈した家蔵の図書3万冊で、正式にはこの1826年を図書館発足の年としている。その後、民間の諸コレクション、アカデミー物故会員の蔵書などの購入や受贈、海外の学術機関との交換などによって、

収蔵図書の数量・種類とも、年を追って増大した。

20世紀に入って、第一次大戦直後のインフレ時代には蒐書事業も一時停頓したが、更に大きな危機は、第二次大戦中の市街戦による脅威であった。大戦の末期、ブダペストは独ソ両軍の戦場となり、ことにアカデミーの周辺では、激しい戦闘が行われたので、疎開できなかった大部分の蔵書は湮滅の運命かと思われたが、幸い、アカデミー本部の建物が奇蹟的に破壊を免れ、図書館の蔵書もほとんど被害を受けずに残った。

アカデミー図書館の所蔵総点数は、1975年末現在で、1404,665点。その内訳は、書籍796,897冊、定期刊行物203,647冊、写本・手稿類388,362点、マイクロフィルム15,759種となっている。

この図書館の蔵書の中心をなすのは、主として、代々の学者の旧蔵書から成る東洋学関係文献、前記コルヴィナ文庫本をふくむ古写本・インキュナブラ類、ハンガリー諸学者の遺した草稿や書簡、アカデミー関係の公文書・記録類、12,500種にのぼる内外の定期刊行物（外国雑誌約5,000種をふくむ）、などの諸部門の厖大な蒐集である。これらの大部分はそれぞれ、様々な分野の個別コレクションを、アカデミー図書館が購入あるいは受贈によって蒐集した成果で、その分野の研究者にとっては計り知れないほど貴重な資源となっている。

なお、上に挙げた東洋学文献、マニュスクリプト・インキュナブラ、公文書、定期刊行物の4部門は、この図書館の機構では、受入、整理、閲覧、複写、会計などと同列の、それぞれ独立した一部局になって居り、専属のスタッフによって運営されている。

このうち、日本の学界にも関係の深い東洋学部門について述べると、書籍約32,000部（44,000冊）、学術雑誌約800種、写本類約5,000点を所蔵し、その中には、国際的に有名なハンガリーの東洋学者たちの旧蔵書はほとんど洩れなく含まれている。

東洋学部門の主要なコレクションには、次のようなものがある。

（1）チョマ・コレクション。―チベット学のパイオニアとして知名のケーレシ・チョマ（Körösi Csoma Sándor, 1784-1842)（ヨーロッパ風にいえばAlexandre Csoma de Körös）が、現地で蒐集した多数のチベット語写本と書物。

（２）カウフマン・コレクション。―ヘブライ語学者カウフマン（Kaufmann Dávid）の旧蔵書で、11世紀の古写本をふくむ594点の写本と2,000冊の書物から成る。

（３）ヴァームベーリ・コレクション。―トルコ学者・中央アジア旅行家として知られたヴァームベーリ（Vámbéry Ármin, 1832-1913）の、トルコ語・ペルシャ語・アラビア語の古写本を中心とする660点のコレクション。

（４）シュテイン・コレクション。―考古学者として国際的に活躍し、後に英国へ帰化したシュテイン（Stein Aurél, 1862-1943）（オーレル・スタイン）の遺贈による内陸アジア関係の旧蔵書コレクション。

（５）ケーグル・コレクション。―東洋学者ケーグル（Kégl Sándor, 1862-1920）の寄贈した、ペルシャ語古写本など11,000点のコレクション。

（６）ゴルドツィーヘル・コレクション。―有名なイスラム学者ゴルドツィーヘル（Goldziher Ignác, 1850-1921）の遺した、13,600通に及ぶ書簡類のコレクション。

このほか、アカデミー図書館の支部として、科学アカデミー附属施設（約50の研究所・研究グループ）の図書館が国内各都市に置かれている。

アカデミー図書館の出版物としては、「ハンガリー科学アカデミー図書館報告」（既刊77冊）、「アカデミー図書館手稿・写本類目録」（8冊）、「学位論文目録」（5冊）、「アカデミー図書館マイクロフィルム目録」（6冊）などのシリーズがあり、またこれとは別に、東洋学部門からは、「ケーレシ・チョマ協会」（国際的に有名な蒙古学者リゲティ Ligeti Lajos を会長とするハンガリーの東洋学会）との共同編輯で "Budapest Oriental Reprints", "Keleti Tanulmányok (Oriental Studies)", "Bulletin of the Csoma de Körös Symposium" など東洋学関係の叢書が出ている。

ハンガリー科学アカデミーの建物は、ブダペスト市街の中央部、ペシュト側のドナウ河畔に臨むルーズヴェルト広場にあり、図書館は、その１階の両翼と２階の一部を占めている。このアカデミーの建物（1865年完成）は、いろいろな学会や講演会にも使われるので、戦前の留学生時代から私には親しみの深い

場所なのだが、ことに近年は、ハンガリーを訪れる度に、ここの図書館のお世話になることが多い。この機会に、館長のロージャ（Rózsa György）氏や、東洋学部門のセイドヴィツ（Szeidovitz Éva）女史の、年来の御厚意への感謝の念を記しておきたい。

［参考文献］
Fejezetek a 150 éves Akadémiai Könyvtár. történetérből.（Budapest, 1976）
A Magyar Tudományos Akadémia Könyvtára, 1826-1976.（Budapest, 1977）

シベリア研究の資料

　ハンガリー語、フィンランド語、ラップ語や、シベリアのサモイェード語などを含むウラル語族の研究は、近年その比較の方法がますます精密になり、一方では極北のユカギルやチュクチなど、いわゆる旧シベリア諸言語との同系論へも研究がすすめられている。

　もともと学生時代に私がハンガリー語をはじめたのも、そのころ有力だった日本語系統論（ウラル・アルタイ説）への興味からだったが、その後だんだん関心が広がって来て、このごろではシベリアの少数民族の言語や民俗の問題にも少しずつ首を突込むようになった。

　しかし、こういうシベリアの原住民たちは、20世紀になるまで文字を持たず、従って自分たちの手では記録を残してはいないから、昔の探検家や学者のシベリア旅行記や調査報告がかけがえのない貴重な研究資料になるわけだ。だが、この種の文献は、第二次大戦以後、欧米でも稀覯本になってしまい、手に入れるのがなかなかむずかしい。最近オランダなどで複製版がぽつぽつ出はじめたが、それも予約制なので、個人ではちょっと取寄せにくい。

　ところが、東京の古本街をマメに歩いていると、ときどき思いがけない掘出物を見つける。この1・2年だけでも、古いところではエカテリーナ二世時代のロシアのパラスや、スエズ運河建設者の伯父に当るレセップスの旅行記、19世紀ではカストレン、フィンシュ、ノルデンシュルド、ケナンらのシベリア紀行類が、神田の古本屋や古書展で意外に安く手に入った。それにしても、こういう特殊な旅行記の類までもれなく取寄せて読んでいた、明治以来の先覚たちのたくましい知識欲には、改めて敬服せざるをえない。

ハンガリー語の古文献

　ハンガリー語（マジャル語）の最も古い記録は、10世紀から14世紀ごろまでのギリシャ語・ラテン語文書中に見える10種類ほどの断片的資料である。この一つ一つを自分の目でたしかめたいというのが私の長年の念願なのだが、現在その多くはハンガリー以外のヨーロッパ各地にちらばっているので今までに実物を見ることができたのはほんの一部分にすぎない。

　一番古いのは10世紀半ばの東ローマ皇帝コンスタンチノス七世の『帝国統治策』というギリシャ語の文書で、この中にはハンガリー語の人名・地名などが記録されている。この文書は11世紀の写本がパリの国立図書館にあるが、未だ見る機会を得ない。第2の資料は、ハンガリーのバラトン湖畔にあるティハニュ修道院の建立文書（ラテン語）で、これは先年この修道院（現在は博物館）を訪ねた時、原寸通りの複製を見ることができた（原本は現在、別の修道院にある）。

　ハンガリー文で書かれた最古の文献は、12世紀末ごろのラテン語の教会文書中にある「死者への言葉」という32行の短い資料で、ブダペストの国立図書館に所蔵されている。昔、私がこの町で学生生活を送っていたころは、ちょうど戦時中だったので、こういう貴重な文献は公開されていなかったが、一昨年ハンガリーを訪れたとき閲覧の機会を得てようやく多年の念願を果たすことができた。

　14世紀のハンガリー語資料では3つの文書が残っており、それぞれ数奇な運命を経て国外各地に分散している。その一つはベルギーのルーバン、一つはルーマニアのトランシルバニア地方の町アルバ・ユリア、もう一つはソ連のカリーニングラード（旧ケーニヒスベルク）にあるが、いずれも私は未だ見ていない。

　これらの文献については、近年、本国のハンガリーで写真版のコピーが作られたので、研究上の不便はなくなったわけだが、やはり、いつかはまた、こう

いう未見資料をゆっくり訪ね歩きたいと思っている。

フィン・ウゴル学会に出席して

　バルト海沿岸エストニアの首都タリン市で8月末の1週間開かれた第3回フィン・ウゴル学会に出席した。この学会は、フィン・ウゴル系民族（ウラル民族ともいい、ハンガリー、フィンランドと、ソ連邦内の15、6の少数民族が含まれる）の言語・民俗研究の国際会議で、5年ごとに開かれる。

　エストニア、フィンランド、ハンガリーの代表を中心に400人を越える出席者があり、日本からは小泉保（言語学）、菊川丞（民俗学）両氏と私の3人が参加した。

　前回に比べて目立ったのは、ソ連邦内の少数民族の学者の数が著しくふえたことだ。主催地のエストニアは当然としても、ヨーロッパ・ロシア地域のモルドウィン、マリ、コミ、ウドムルトなどの諸民族からもそれぞれ十数人の研究発表があり、今後、これら現地出身の学者がますますふえることが予想された。これは、少数民族が自民族の言語文化を保存し、推進していこうという気持のあらわれだといえよう。

　南シベリアのカマス語（トナカイ使用民族として有名なサモイェード族の南方派の一言語）を話す老女が出席したことも学会の大きなトピックスだった。この言語は、今世紀の前半に絶滅したと一時伝えられていたが、近年エストニア学者によってその残存が確かめられ、それの最後の一人というこの老女が今度の学会へ招待されたわけだ。80歳ぐらいの高齢だそうだが、意外に元気で、大勢の学者を前にしてあいさつを述べて、参会者たちの祝福と拍手をうけたのは感動的な光景だった。

　会期中、タルトゥ（旧名ドルパート）という古い大学町への見学旅行があって、町の劇場へ招かれたところ、その演目の中に日本の舞踊劇（プログラムによれば、山田耕筰の編曲で、主役に千児奈が登場）があったのにはちょっとおどろいた。日本へかぶきの研究に来たことのある人が振付けたのだという。日

本とは全く縁がなさそうなこのエストニアにも意外に日本研究家がいるらしい。
　タリンで知合いになったテレビ局のシサスク君という青年も、日本語が話せるだけでなく、今までに遠藤周作の『海と毒薬』、安部公房の『砂の女』、三島由紀夫の『宴のあと』をエストニア語に訳しており、現在は開高健の『日本三文オペラ』を翻訳中だ、といっていた。
　この人たちはみなモスクワかレニングラードの大学で日本語を学んだそうだが、その動機となったのは、タルトゥ大学にヌルメクンドさんというポリグロットの老教授がいて、この人から日本語の手ほどきを受けたことにあるらしい。

第三回国際ハンガリー言語学会

　この学会は5年ごとにハンガリー国内で行われることになって居り、その第3回が昨1977年の8月23日から5日間、ハンガリー東北部の都市ニーレジュハーザで開催された。

　今度の学会は、ハンガリー科学アカデミー言語学研究所とハンガリー言語学協会との共催のもとに開かれ、運営委員長は協会会長（ブダペスト大学教授）のベンケー（Benkő Loránd）氏が担当した。学会のパンフレットによれば、参加者の総数は274名、その三分の一は女性である（国内の参加者にはギムナジウムの国語教師が多いようだ）。国外からの参加者は約80名だったが、その半数以上はルーマニア（トランシルヴァニア地方）、ユーゴースラヴィア、チェコスロヴァキア、ソ連などの隣接諸国に住むハンガリー系の人たちであり、この点にもヨーロッパにおける少数民族問題の複雑さを実感することができた。

　このほか英・米・仏、東西ドイツ、スウェーデン、フィンランドなど13か国からの参加者があり、日本からは留学中の神部武宜・田代文雄・千賀徹・深谷志寿の諸君と筆者が参加した。

　今学会のテーマは「ハンガリー語の文法」で、最初の3日間の午前が全体会議、他の時間には4分科会が並行して開かれた。全体会議の講演題目は、「ハンガリー語の史的文法研究と課題」、「ハンガリー語記述文法研究の現状と課題」、「ハンガリーの学校教育における文法の位置」などであり、各分科会では100を超える発表と討論が行われた。

　学会のあとのエクスカーションでは、コトニウス縁りの町シャーロシュパタク、ワインの町トカイなどへのバス旅行があり、在外ハンガリー人たちへの主催者側のこまかい心づかいと、父祖の国へ里帰りした人たちの率直な喜びようが印象にのこった。

　尚、この学会の会期中に、更に広い領域（言語学・文学・民俗学などをふく

む)の「ハンガリー学」の国際的連絡を目的とする「国際ハンガリー学会」の創立総会が開かれ、スウェーデンのヴィクマン教授(ウプサラ大学)が初代会長にえらばれた。

初 出 一 覧

féi szem（片目）考, 国学院大学国語研究会編『国語研究』(No.9), 大和文庫, 1959年12月、pp.23-33.

フィン・ウゴル語の語頭のＳ音について,『言語研究』(No.15), 1950年4月, pp.27-39.

フィン・ウゴル諸語の母音調和,『人文科学の諸問題』, 關書院, 1949年11月, pp.145-149.

ハンガリー語, 市河三喜・高津春繁共編『世界言語概説』(下巻), 研究社, 1955年5月, pp.638-687.

ウラル語族, 服部四郎編『言語の系統と歴史』岩波書店, 1971年2月, pp.227-246.

ラズィツィウス・ジュラ：一般音韻論,『方言』(No.8-1), 春陽堂, 1938年, pp.11-45.

ラズィツィウス・ジュラ―人と業績（日本言語学会講演手稿）, 1978年.

レグイとその業績,『金田一博士古稀記念　言語・民俗論叢』, 三省堂, 1953年5月, pp.951-967.

ハンガリーの言語学,『言語学人辞典』(Vol.6), 二省堂, 1996年1月, pp.1076-1084.

ハンガリイに於ける言語學・民俗學研究の近況,『民族学研究』(新1-1), 1943年2月, pp.32-46.

ハンガリーにおける近年のフン研究について,『季刊民族學研究』(No.14-3), 1950年2月, p.256.

ハンガリーのアジア研究,『通信』(No.22), 東京外国語大学アジアアフリカ言語文化研究所, 1974年10月, pp.5-7.

ハンガリー語の古文献,『松山商大論集』No.25-6, 1975年2月, pp.1-10.

ハンガリー語の辞書,『學燈』(No.65-3), 1968年3月［小林英夫編『私の辞書』

丸善, 1973年12月, pp.234-240に再録]

ハンガリイ民族の起源,『民族學研究』(No.5-3), 1939年5月, pp.315-323.

ハンガリーの言語地図,『日本の言語学』(No.6月報2), 大修館書店, 1978年10月, pp.5-6.

ムンカーチとウドムルト語研究,『窓』(No.58), ナウカ, 1985年6月, pp.7-9.

シロコゴロフのトゥングース語辞典『日本古書通信』(No.35-5), 日本古書通信社, 1947年9月, p.1.

日本へ来たハンガリー人—幕末から明治まで,『日本古書通信』(No.834), 1999年1月.

ロッツ・コレクションについて,『學燈』(No.74-7), 丸善, 1977年, pp.24-26.

シベリアの旅行記,『群像』, 1966年5月号, pp.270-271.

戦前のブダペスト大学, 東京外国語大学アジアアフリカ言語文化研究所編『異文化との出会い』, 平凡社, 1994年, pp.186-188.

ブダペスト大学,『国際文化』(No.144), 国際文化振興会、1966年6月、pp.10-12.

ハンガリー科学アカデミー図書館,『學燈』(No.75-12), 丸善, 1978月12月, pp.40-43.

シベリア研究の資料,『朝日新聞』1965年7月15日（夕刊）

ハンガリー語の古文献,『朝日新聞』1967年6月24日（夕刊）

フィン・ウゴル学会に出席して,『朝日新聞』1970年10月30日（夕刊）

第三回国際ハンガリー言語学会,『言語』, 1978年2月, pp.63.

あとがき

　徳永康元先生は2003年4月に急逝されたが、先生はご自身の言語学関連の論考などをまとめておきたいというご希望を1980年代からお持ちで、故千野栄一氏が先生とご相談の上で信頼できる底本や未刊の原稿類を準備し、2000年までには版元を含め、下準備が整いつつあったと聞いている。

　先生は珠玉の小品を多数書かれていて、それらは比較的早く『ブダペストの古本屋』(1982年 恒文社)、『ブダペスト回想』(1989年 恒文社)、『ブダペスト日記』(2004年 新宿書房)として上梓された。また、文学と音楽にも強い関心を寄せ、文学に関しては多くの翻訳がある。中でも、『リリオム』(1951年 岩波書店)と『ラチとらいおん』(1965年 福音館書店)は今も版を重ねている。他方、言語学の論文などは、千野氏の逝去(2002年)もあり、単著としてまとめられたことはなかった。先生の論考は実証性が極めて高く、また、民族学的知見にも裏付けられた傑作であり、1冊の書物にすることによってその散逸を避け、フィン・ウゴル学に志す人たちの利用に供することは大変意義が深いと考える。

　千野栄一氏が逝去された後、我々3名がその遺志を引き継いだ。我々の怠惰の故に刊行が遅れたが、やっと先生と奥様の御霊前に本書を捧げることができ、一同安堵している。

　徳永先生の年譜は上記の『ブダペスト日記』を、また、業績・事績などについては下記の追悼文を参照していただきたい。

　　東京外国語大学アジアアフリカ言語文化研究所『通信』108/109号 pp.1-7,
　　日本言語学会『言語研究』124号 pp.209-211.

日本ウラル学会『ウラリカ』14号 pp.3-5.
ナウカ『窓』125号 pp.18-21.

　表記は、特に読みづらい旧字・旧仮名遣いを新字・新仮名遣いにあらためた他は、なるべく原文のまま収録した。

　本書を刊行するにあたり、松園万亀雄、富盛伸夫、伊藤眞、中島由美の諸賢からさまざまのご支援をいただいた。また、出版事情が厳しい中、本書の意義を理解され、刊行をお引き受けくださった汲古書院の坂本健彦、石坂叡志両氏にも深甚の謝意を表したい。

　2010年1月

石井　米雄
佐藤　純一
長野　泰彦

片　目　考
　　―徳永康元言語学論集―

2010年3月12日　初版発行

著　者　徳　永　康　元
発行者　石　坂　叡　志
整版印刷　富士リプロ㈱
発行所　汲　古　書　院

〒102-0072 東京都千代田区飯田橋2-5-4
電話03(3265)9764　FAX03(3222)1845

ISBN978-4-7629-1221-4 C3080
Takashi TOKUNAGA　©2010
KYUKO-SHOIN, Co., Ltd. Tokyo.